L'Europe et l'Asie

Actes de la IXe Chaire Glaverbel d'études européennes 2003-2004

P.I.E.-Peter Lang

Bruxelles · Bern · Berlin · Frankfurt am Main · New York · Oxford · Wien

Textes réunis par
Michel DUMOULIN & Geneviève DUCHENNE

L'Europe et l'Asie

Actes de la IXe Chaire Glaverbel d'études européennes 2003-2004

« Actes de la Chaire Glaverbel d'études européennes »
N° 5

PRESSES INTERUNIVERSITAIRES EUROPÉENNES
Bruxelles, 2003
1 avenue Maurice, 1050 Bruxelles, Belgique
info@peterlang.com ; www.peterlang.net

ISSN 1377-476X
ISBN 90-5201-263-6
D/2004/5678/38

Information bibliographique publiée par « Die Deutsche Bibliothek »
« Die Deutsche Bibliothek » répertorie cette publication dans la « Deutsche Nationalbibliografie » ; les données bibliographiques détaillées sont disponibles sur le site http://dnb.ddb.de.

Table des matières

Liste des abréviations

AASCC	Association of Southeast Asian Nations Security Community
ACFTA	Association of Southeast Asian Nations-China Free Trade Area
ACP	Pays d'Afrique, des Caraïbes et du Pacifique
ADB	Asian Development Bank
AEC	Association of Southeast Asian Nations Economic Community
AFTA	Association of Southeast Asian Nation Free Trade Area
AIC	Association of Southeast Asian Nations Industrial Complementation
AIJV	Association of Southeast Asian Nations Joint Ventures
AIP	Association of Southeast Asian Nations Industrial Projects
APEC	Asia Pacific Economic Co-operation
ASBL	Association Sans But Lucratif
ASC	Association of Southeast Asian Nations Security Community
ASEAN	Association of South East Asian Nations
ASEAN 4	Indonésie, Malaisie, Philippines, Thaïlande
ASEAN 5	Indonésie, Malaisie, Philippines, Thaïlande, Singapour
ASEAN 10+3	Association of Southeast Asian Nations, Chine, Japon, Corée
ASEM	Asia-Europe Meeting
ATC	Agreement on Textiles and Clothing
AWEX	Agence Wallonne à l'Exportation
BIT	Bureau International du Travail
CE	Communauté Européenne
CEPT	Common Effective Preferential Tariff
CFSP	Common Foreign and Security Policy
CGRI	Commissariat Général aux Relations Internationales de la Communauté française de Belgique
COREPER	Permanent Representatives Committee
CRC	Convention on the Rights of the Child
CRC-OP-AC	Optional Protocol to the Convention on the Rights of the Child on the involvement of children in Armed Conflict
CRC-OP-SC	Optional Protocol to the Convention on the Rights of the Child on the Sale of Children, child prostitution and child pornography

CU	Customs Union
EAFTA	East Asia Free Trade Area
ECB	European Central Bank
EEC	European Economic Community
ECPR	European Consortium for Political Research
ETE	Export Tax Equivalents
ETP	Executive Training Program
EU	États-Unis d'Amérique
EU	European Union
FLA	Fair Labour Association
FDI	Foreign Direct Investment
FTA	Free Trade Aera
GATT	General Agreement on Tariff and Trade
GCFTA	Greater Chinese Free Trade Area: Chine, Hong Kong, Taiwan
GDP	Gross Domestic Product
GEPE	Groupe d'Études Politiques Européennes
GNI	Gross National Income
GSP	Generalised Schemes of Preferences
HS	Harmonized Commodity Description and Coding System
HSBC	Hong Kong and Shangai Corporation
ICCPR	International Covenant on Civil and Political Rights
ICESCR	International Covenant on Economic, Social and Cultural Rights
IDE	Investissement Direct Étranger
IEE	Institut d'Études Européennes
IFRI	French Institute for International Relations
IL	Inclusion List
KJFTA	Korea Japan Free Trade Area: Corée et Japon
LDCs	Least Developed Countries
NAFTA	North American Free Trade Area
NEAFTA	Northeast Asian Free Trade Area: Corée, Japon, Chine, Hong Kong, Taiwan
NEI	Nouvelles Économies Industrialisées
NIEs	Newly Industrializing Economies
PME	Petites et Moyennes Entreprises
OCDE	Organisation de Coopération et de Développement Économiques
OECE	Organisation Européenne de Coopération Économique
OIT	Organisation Internationale du Travail

OMC	Organisation Mondiale du Commerce
ONG	Organisation Non-Gouvernementale
ONU	Organisation des Nations Unies
OTAN	Organisation du Traité de l'Atlantique Nord
PDM	Part de Marché
PIB	Produit Intérieur Brut
PNB	Produit National Brut
PPA	Parité du Pouvoir d'Achat
PPP	Purchasing Power Parity
PRC	People's Republic of China
PSC	Political and Security Committee
PTA	Preferential Trading Arrangements
MFA	Multifibre Arrangement
MSAR	Special Administrative Region Macau, China
NPC	National People's Congress
SAARC	South Asia Association for Regional Co-operation
SAR	Special Administrative Region
SCE	Spécialistes en Commerce Extérieur
R&D	Research and Development
TEPSA	Trans European Policy Studies Association
TGV	Train à Grande Vitesse
TREATI	Trans-Regional EU-ASEAN Trade Initiative
UE	Union Européenne
UEM	Union Économique et Monétaire
UCL	Université catholique de Louvain
UDHR	Universal Declaration of Human Rights
ULB	Université Libre de Bruxelles
USA	United States of America
VER	Voluntary Export Restraint
WEU	Western European Union
WMD	Weapons of Mass Destruction
WNIS	Western Newly Independent States
WTO	World Trade Organization
ZLE	Zone de Libre Échange

Avant-propos

Michel DUMOULIN

Président de l'Institut d'études européennes –
Pôle européen Jean Monnet, Université catholique de Louvain

L'Asie est multiple. C'est un lieu commun. Située par les Grecs anciens à l'est d'une ligne partant de la Mer noire au nord et aboutissant à la Méditerranée au sud, l'Asie a donné lieu, au fil du temps et des « découvertes », à la multiplication d'appellations destinées à rendre compte de la diversité d'un continent qui, à peine plus grand que l'Amérique (44 millions de km² contre 40 millions), compte aujourd'hui plus des trois cinquièmes de la population mondiale.

Asie mineure, Asie du Sud, Asie du Sud-Est[1] ou « angle de l'Asie » entre l'Inde et la Chine, ne rendent pas intégralement compte de la diversité et de la complexité du continent. En effet, si l'Inde est incluse dans l'Asie du Sud, la Chine et le Japon paraissent bien être considérés comme des entités spécifiques. Enfin, même si cette question n'est pas abordée dans le présent volume, il faut au moins rappeler que, pour certains, l'Asie ne commence pas à l'est de l'Oural.

Dès lors, bien que la remarque puisse s'appliquer à bien d'autres cas, il est évident que, plus que jamais, la mise en perspective historique de la situation actuelle de l'Asie est indispensable (Pierre-Henry De Bruyn, Jean-Guy Daigle). Il ne s'agit pas seulement de rappeler la richesse des civilisations et des cultures asiatiques. Il importe en effet d'être attentif au mouvement de décomposition des grands empires (chinois, des Indes, ottoman, perse), et de ses effets, tout au long du XIXe siècle et d'une grande partie du XXe. Or, dans le même temps ou peu s'en faut, la montée en puissance du Japon provoque l'affrontement avec la Russie (1905) avant que l'enjeu du Pacifique ne le provoque avec les États-Unis.

---

[1] L'appellation est récente. Elle désigne l'espace constitué par les empires coloniaux britannique, français, hollandais et américain conquis et dominés par le Japon, que les puissances alliées entendent reconquérir. C'est en 1943 que l'amiral Mountbatten est nommé à la tête du *South East Asia Command*. Cf. Michel Bruneau, « Asie du Sud-Est », in Y. Lacoste (dir.), *Dictionnaire de géopolitique*, Paris, 1995, p. 212.

La défaite du Japon en 1945 ne signifie pas, on le sait, le retour au passé. La succession des indépendances dans les empires coloniaux britannique et hollandais, la guerre d'Indochine, la proclamation de la république populaire de Chine, sont autant de signaux des bouleversements profonds à inscrire dans la durée qu'a connu l'Extrême-Orient. La même observation peut naturellement être faite au sujet du Proche et du Moyen-Orient[2].

Mais l'ambition de la IXe chaire Glaverbel d'études européennes n'était pas de traiter de l'ensemble du continent asiatique. Une seule année académique n'y aurait pas suffi. Et même en se bornant à l'Inde, à la Chine et au Japon, sans négliger des études de cas – Macau (Violet Soen), Bangladesh (Karen De Clercq), il tombe sous le sens que la prétention d'être exhaustif n'était pas inscrite au programme des travaux.

Ceci étant, le poids démographique et le développement industriel, commercial et financier de nouvelles puissances d'Asie orientale (Michel Cartier) constituent un enjeu et un défi pour l'Europe. Celle-ci paraît à la fois fascinée, aujourd'hui comme hier, et inquiète, du fait, notamment, de la concurrence des nouvelles économies.

Or, comme le développe Philippe Paquet, l'ignorance des Européens le dispute à la fascination. Le déficit de connaissances – linguistiques, culturelles, historiques, sociales et autres encore – relatives à cette partie du monde est inquiétant.

Dès lors, s'il existe bel et bien beaucoup d'opportunités de développer les relations entre l'Union européenne et l'Asie (Malcom Subban) dans le contexte d'une gouvernance mondiale en relation avec un ordre international à la croisée des chemins (Mario Telò), il importe à tout le moins qu'une pédagogie de l'Asie soit mise en place. Certes, la mise en place des droits sociaux fondamentaux en Asie est une légitime préoccupation (Michel Woitrin). Certes, aussi, le respect des droits de l'homme, en Chine et ailleurs, au même titre que l'embargo sur les ventes d'armes (Veerle Wuleputte), sont autant de composantes de relations à propos de l'avenir desquelles il faut s'interroger (Eneko Landaburu, Jacques Bourrinet, Young-Chul Park). Mais en connaissance de cause. C'est, modestement, l'objectif poursuivi par ce recueil qui, selon ce qui est devenu une tradition, réunit les contributions d'experts avérés et de jeunes diplômés en études européennes de l'Université catholique de Louvain.

---

2 À noter que le dictionnaire dont la référence figure à la note précédente ignore cette typologie.

Une nouvelle direction pour les relations de l'Union européenne avec l'Asie

Eneko LANDABURU

Directeur général des relations extérieures à la Commission européenne, Bruxelles

Avant de développer plus en détails les relations entre l'Union européenne et l'Asie, il semble important de féliciter le Professeur Dumoulin pour avoir pris l'initiative cette année de mettre à l'affiche les relations Europe – Asie comme thème central de la conférence d'ouverture de la Chaire Glaverbel. L'initiative de l'Institut d'études européennes nous donne l'occasion de dresser un panorama des relations actuelles entre l'Union européenne et l'Asie, et ceci d'autant plus volontiers que le renforcement des liens politiques et du dialogue avec l'Asie dans son ensemble constitue une priorité de l'Union et de sa Commission.

Quand nous parcourons la littérature traitant des relations entre l'Asie et l'Europe, il est très fréquent de se voir rappeler la citation latine *ex oriente lux*, comme si celle-ci devait nécessairement être interprétée en sens unique comme un phare, source de lumière depuis l'Asie vers l'Europe. De nos jours, toutefois, nous devrions plutôt avoir à l'esprit une deuxième citation qui fait écho à la première, à savoir *ex occidente lex*. C'est un fait et une réalité reconnue par de nombreux historiens que de constater l'influence des concepts juridiques européens sur la pensée asiatique, concepts qui se sont lentement imposés à travers la jurisprudence de nos pays, alors puissances coloniales sur les pays asiatiques.

À l'heure d'aujourd'hui, il est évident que la mondialisation et l'interdépendance tracent entre l'Asie et l'Europe une autoroute à deux sens qui dépasse largement les échanges des biens et des services auxquels on a trop voulu cantonner nos relations. Les bénéfices de cet échange ne se limitent plus aux seuls profits matériels réalisés par les deux partenaires, mais profitent déjà également et largement au reste du monde. Nous pensons ici aux idées et au dialogue, tant politique qu'économique et culturel, qui, grâce aux nouvelles technologies de la société de l'information, voyagent et se propagent dans tous les foyers. Si la propagation de ces idées est quelquefois freinée par la propagande – voire occultée par la censure – l'accès aux nouvelles technologies de l'information bouleverse ces limites et fait que ce qui ne peut pas rentrer par la porte rentre bien souvent par la fenêtre. Le débat devient inévitable et nous offre une réelle possibilité d'améliorer et de développer un dialogue politique basé sur le respect et une meilleure connaissance mutuelle. À cet effet, ce n'est pas sans fierté que nous constatons que le processus d'intégration européenne est soigneusement observé et étudié dans beaucoup de capitales asiatiques, mais également que les concepts européens de bonne gouvernance sont reçus avec de plus en plus d'intérêt dans la région, et ce, à tous les niveaux. Ce « vécu européen » constitue également bien souvent la base d'une collaboration et d'alliances au sein d'institutions multilatérales, permettant de prévenir les actions unilatérales bien souvent préjudiciables au reste du monde, y inclus en Asie.

Si nous voulons comprendre les enjeux et la dimension du dialogue Europe – Asie, il nous faut prendre la mesure du chemin parcouru entre nous et examiner la stratégie développée, ainsi que la nature des programmes en cours.

L'Europe constitue la plus grande puissance commerciale du monde. Avec une part avoisinant les 20 % des exportations mondiales et quelque 25 % dans le commerce mondial des services, l'Europe est incontestablement la source principale d'investissements directs étrangers dans le monde. L'Union européenne génère à elle seule plus de la moitié des flux d'investissements dans le monde. Grâce à notre politique volontariste, nous sommes devenus depuis plusieurs années une des forces principales pour la libéralisation du commerce mondial. Pour preuve, les accords de libre-échange que nous avons signés avec presque trente pays. Mais l'Europe n'est pas uniquement une Europe des marchands : l'Europe est devenue un acteur mondial incontesté dans la sauvegarde de l'environnement et un promoteur actif à travers des accords internationaux tels que celui de Kyoto qui, s'il n'est peut-être pas suffisant, démontre notre détermination de respecter notre environnement commun tout en nous développant économiquement. Le développement durable est un concept qui constitue un projet politique discuté, élaboré et négocié dans l'Union européenne. Supportant à elle seule le poids de plus de 55 % des efforts mondiaux de l'aide au développement, l'Europe est également la championne de la lutte contre la pauvreté et de l'appui aux réformes économiques. Nous sommes aussi, et c'est à notre honneur, le plus grand donateur du monde d'aide aux victimes de catastrophes naturelles et de conflits armés. Dans le domaine des droits de l'homme, l'Union européenne a fait œuvre de précurseur. Depuis 1990, une clause relative aux droits de l'homme est systématiquement incluse dans tous les accords bilatéraux commerciaux et de coopération que nous avons avec les pays tiers. À cet égard, il est bon de rappeler qu'à l'instar de tous nos États Membres qui ont aboli la peine de mort, nous poursuivons sans relâche nos efforts pour convaincre nos partenaires d'adopter la même attitude. Ce court rappel aura, sans nul doute, contribué à remettre en mémoire ce qui fait l'originalité du message et de l'action européenne dans le monde, ainsi que ce pourquoi nos partenaires reconnaissent en nous une grande région avec ses valeurs propres.

Si l'Union européenne représente une réelle puissance dans le monde, il n'en demeure pas moins qu'elle a encore du mal à assumer totalement son rôle. La réalité de la construction européenne et les contradictions internes qui accompagnent cet effort de titan – celui-ci consiste notamment à rassembler les peuples très disparates – ne lui permettent pas de déployer pleinement ses ailes. Face à cette Europe qui se consolide et qui ne cache pas ses faiblesses, nos partenaires asiatiques présentent des similitudes tout aussi remarquables.

L'Asie, c'est avant tout 56 % de la population mondiale (plus de 3,3 milliards de citoyens). C'est une région, un bloc énorme. L'Asie détient elle aussi une part tout à fait importante dans le commerce mondial, pas très éloignée de celle de l'Union européenne. Cette emprise s'accroît de façon considérable au fil des années – si l'on se réfère, par exemple au taux de croissance de 8 % de la Chine et de la progression de l'Inde. Le dynamisme économique de l'Asie est d'autant plus remarquable qu'elle a su, contrairement aux prédictions des plus grands économistes, trouver des solutions pour sortir des nombreuses crises économiques qui l'ont frappée au cours de ces dix dernières années. Il est incontestable que sur ce plan, l'Asie représente un partenaire important et incontournable.

À côté de cette réalité et de ce dynamisme, la démographie et la pauvreté en Asie ne peuvent nous laisser indifférents. L'Asie reste en effet un continent habité par deux tiers des pauvres de la planète. Les engagements pris par l'Union européenne lors des sommets de Monterrey et de Johannesburg prennent tout leur sens à la lumière de cette lutte contre la pauvreté. L'ambition de l'Europe est d'atteindre les objectifs de développement du Millénaire, à savoir réduire la pauvreté de moitié à l'horizon 2015.

La réduction de la pauvreté doit requérir toute notre attention, car il en va de la sécurité globale de notre planète. L'Asie constitue en effet un foyer de conflits réels ou potentiels qui sont de nature à remettre en cause cette sécurité globale que nous recherchons. À titre d'exemple, il suffit de mentionner le conflit entre l'Inde et le Pakistan, voire dans la péninsule coréenne, où les risques de prolifération nucléaire nous préoccupent bien évidemment et mobilisent toute l'énergie et la force de la diplomatie européenne pour contribuer à assurer cette sécurité globale. L'Asie est aussi essentielle à nos yeux car elle est le lieu de focalisation de dangers tels que le terrorisme international. Depuis l'Afghanistan jusqu'aux Philippines, en passant par l'Indonésie, l'Asie est une région où le risque terroriste est très élevé. Plus personne n'ignore que, depuis les événements du 11 septembre 2001, l'Europe s'est pleinement engagée à contribuer avec ses moyens et à sa manière dans la lutte contre ce fléau qui peut déstabiliser notre planète.

L'Asie est aussi digne d'intérêt pour poursuivre notre politique de défense de l'environnement et de mise en œuvre d'un projet de développement durable car, sans une politique parallèle – ou au moins proche – de la part de nos amis en Asie, il est évident que nous n'arrêterons pas les dangers extraordinairement importants qui pèsent sur le système écologique mondial.

Enfin, l'Asie nous intéresse aussi en tant que partenaire de premier choix, essentiel pour forger des alliances stratégiques et développer des positions communes, en particulier au sein des instances politiques comme l'ONU, comme l'OMC, ou comme les réunions ministérielles de l'ASEM (*Asia-Europe Meeting*). L'exemple du dialogue fructueux qui a existé lors de la préparation du sommet de Cancun entre Pascal Lamy, commissaire au Commerce extérieur, et les autorités chinoises est tout à fait significatif.

L'Asie, nous l'aurons compris, est donc pour l'Union européenne un partenaire de premier choix avec lequel il convient d'approfondir le dialogue visant à expliquer, à promouvoir et à défendre nos positions et nos valeurs, tout en consolidant les principes et les choix politiques stratégiques posés en termes de relations internationales. Alors, compte tenu de ces réalités politiques, économiques et géopolitiques, qu'a donc fait la Commission européenne ?

La Commission a proposé et fait adopter en 2001 une stratégie globale visant à développer et à consolider les relations entre l'Europe et l'Asie. Cette stratégie sert actuellement de cadre pour la mise en œuvre des relations avec ces différents pays. Elle se fonde sur la recherche de relations plus équilibrées et égalitaires avec les partenaires asiatiques et englobe aussi bien les dimensions politiques, économiques et culturelles. Quand on parle de stratégie vis-à-vis de l'Asie, il faut tout de suite tenir compte et intégrer dans notre approche l'énorme diversité de ces différents pays. L'Asie comprend en effet des pays énormes, comme la Chine et l'Inde, et des plus petits États, comme le Brunei et le Bhoutan ; des pays très riches, comme le Japon ou Singapour, mais aussi des très pauvres, comme l'Afghanistan ou la Corée du Nord. Au niveau de l'approche stratégique, cette diversité ne se traduit pas nécessairement par une altération de notre message, mais demande une adaptation des approches, voire des mesures que l'on peut prendre avec tel ou tel type de pays, selon sa réalité politique, sociale ou économique. Quels sont les objectifs de la stratégie européenne ? En premier lieu, il s'agit de contribuer à la paix et à la sécurité dans la région à travers un dialogue politique. Pour donner un exemple de la mise en place de ce premier objectif, citons le cas de la reconstruction de l'Afghanistan, où l'implication de l'Union se traduit par un engagement budgétaire à hauteur d'un milliard d'euros pendant cinq années. Ceci constitue une contribution à la paix et à la sécurité et permet à l'Union européenne d'être un acteur-clé à côté d'autres pour tenter de stabiliser un pays et de lui donner les capacités de se développer et de vivre en paix et en démocratie.

Le deuxième élément de la stratégie est de renforcer les flux réciproques de commerce et d'investissement, ainsi que de contribuer à consolider les règles régissant le commerce international et leur application. C'est par exemple le cas avec la Chine, où l'Europe met l'accent sur la mise en œuvre des règles de l'OMC. Ce dialogue, qui consolide les intérêts mutuels, est une action classique, mais n'en est pas moins important. Pour cela, l'Union aide individuellement les pays grâce à une assistance technique très ciblée et a développé un certain nombre de programmes régionaux – comme Asia-Invest – permettant la mise en place de réseaux et de projets de collaboration entre petites et moyennes entreprises.

Le troisième élément de cette stratégie est de promouvoir le développement durable en luttant contre la réalité de la pauvreté. Il s'agit d'un effort considérable, puisque pour la seule année 2003, l'Union a consacré un budget de 540 millions d'euros à la lutte contre la pauvreté et à l'amélioration de la justice sociale. Cet aspect reflète très bien l'identité européenne et la volonté de solidarité intra- et extracommunautaire, démontrant en suffisance que l'Europe n'est pas seulement une zone de libre-échange. L'Union a en effet développé durant les dernières années des politiques de solidarité interne pour que le modèle politique européen ne soit pas seulement un capitalisme ouvert à tous les vents, où les plus forts l'emportent sur les autres. Elle a également mis en place au plan interne des politiques de solidarité régionale et de cohésion, afin d'aider ceux qui sont plus dans le besoin à participer au marché intérieur. Cette réalité est connue et il est essentiel qu'elle se traduise dans les actions de la Commission en termes de politique extérieure, à travers les programmes dont il a déjà été question.

Le quatrième élément de la stratégie est de contribuer à la bonne gouvernance. Pour cela, un travail particulier est mené avec la société civile dans les pays concernés. Là aussi, la défense des droits de l'homme et la démocratisation sont une donnée essentielle de l'action extérieure et en Asie. Cette ligne politique a été accentuée avec la Commission de Romano Prodi et est très solidement mise en œuvre par le Commissaire Chris Patten.

Le cinquième élément de la stratégie est de bâtir des partenariats globaux avec ces pays dans les forums internationaux, en particulier sur les questions environnementales et de sécurité. Nous l'avons déjà mentionné.

Enfin, en dernier lieu, il s'agit de travailler pour favoriser la compréhension mutuelle entre l'Europe et l'Asie par des échanges universitaires. Il existe à cet effet des programmes tels que *Asia-Link* et *Erasmus Mundus*, qui rapprochent les universités et stimule les échanges de boursiers de hauts niveaux. On peut d'ailleurs se réjouir des efforts accomplis par l'Université catholique de Louvain dans ce domaine. Quant au rapprochement avec la société civile, un soutien substantiel est apporté à la fondation « Asie-Europe » à Singapour.

Quels sont les premiers résultats des actions menées par la Commission européenne ? Tout d'abord, l'Europe a incontestablement approfondi le dialogue politique à travers les relations bilatérales – mais aussi interrégionales – telles que l'ASEM, et des réunions ministérielles extrêmement profitables ont d'ailleurs eu lieu. Un sommet ASEM est prévu l'année prochaine à Hanoi afin de faire le point sur ces relations et, espérons-le, d'établir de nouvelles bases de développement et de progrès et d'accélérer et de consolider le dialogue politique existant.

Le deuxième point du bilan est la multiplication par dix en quelque quinze ans du commerce entre l'Union européenne et l'Asie. C'est un résultat absolument extraordinaire si l'on tient compte que cette explosion du commerce s'est produite sur fond de crise économique. Ceci démontre que la stratégie mise en œuvre en 2001 était bonne et que les échanges commerciaux tissent des liens et consolident les coopérations.

On peut donc estimer que le partenariat Europe – Asie a maintenant largement dépassé la phase d'éveil et d'intéressement mutuel en faisant évoluer et converger les intérêts réciproques.

Cependant, des défis importants restent évidemment à relever. Sans être exhaustif, il est possible d'en mentionner trois principaux. Tout d'abord, il est essentiel de continuer le travail de la consolidation de la paix et de la sécurité régionale. À cet égard, nous avons déjà mentionné l'Afghanistan, le conflit entre l'Inde et le Pakistan, ainsi que la Corée du Nord. Malgré ses propres limites, l'Union européenne n'a probablement pas d'autres alternatives que d'être toujours plus présente dans le monde, là où se déroulent les négociations pour la solution de conflits. C'est clairement son avantage.

À propos de la question nord-coréenne et des armes atomiques qui pourraient être développées – ou qui ont été développées – par ce pays, un dialogue à six a été mis en place entre les Américains, les Japonais, les Chinois, les Russes et les Coréens du Sud et du Nord pour tenter de trouver un accord entre les différentes parties. L'Europe n'est pas partie prenante à ce dialogue, mais elle est sollicitée aussi bien par les Chinois que par les Coréens du Sud pour être des intermédiaires auprès des Américains et d'autres partenaires, afin de trouver des solutions à cette menace réelle et préoccupante. Donc, même sans être un acteur de premier plan, l'Europe semble avoir un rôle à jouer et doit continuer à être présente.

Le deuxième défi est celui des progrès que les Européens doivent faire pour impliquer leurs partenaires dans une meilleure gouvernance, surtout au plan régional. L'Europe a développé depuis cinquante ans un certain modèle régional qui est vu de façon extraordinairement positive à l'extérieur. Il y a quelques semaines, l'Ambassadeur de Chine a fait preuve lors d'un déjeuner d'une extraordinaire connaissance de la réalité européenne et de toutes les négociations menées avec les pays candidats – et donc d'un intérêt considérable pour les affaires européennes. Mais ce qui était surtout frappant, c'était le diagnostic posé sur le processus d'intégration européenne et l'admiration portée aux réalisations communautaires, alors que, de ce côté, beaucoup se lamentent parce que les choses ne vont pas ou n'avancent pas assez vite à leur goût ou parce qu'un gouvernement bloque un certain élément dans une négociation ou dans la conférence intergouvernementale. L'écoute de cet homme fut particulièrement salutaire pour calmer les ardeurs d'un Espagnol impatient, par exemple lorsqu'il disait : « mais ce que vous avez fait est absolument prodigieux, c'est tout à fait extraordinaire [...]. Vous ne vous rendez pas compte, où étiez-vous il y a 50 ans ? Où êtes-vous maintenant ? Qu'est ce que vous avez réalisé ? [...] Mais c'est tout à fait exceptionnel sur le plan historique [...]. Vous savez, quand nous parlons d'histoire dans notre pays, nous parlons de siècle ». Il est vrai que les Asiatiques connaissent beaucoup la réalité européenne et que certains voudraient encore mieux la connaître pour l'adapter à leur propre façon. Ainsi, il semble que les Européens peuvent avoir un rôle positif sur le processus d'intégration régionale en Asie qui doit continuer à se développer et à s'enrichir grâce au riche patrimoine accumulé en Europe au cours de ces décennies.

Enfin le troisième défi – sans être exhaustif encore une fois – est celui de l'amélioration de la connaissance et de la visibilité de l'Europe en

Asie. En effet, au-delà des élites politiques, diplomatiques et économiques, l'Union européenne souffre d'un évident manque de reconnaissance et a tout intérêt à développer des initiatives et à prendre des actions qui la feraient mieux connaître auprès des populations des autres continents. Ceci constitue sans aucun doute un des éléments essentiels du travail de l'Europe dans le futur.

En conclusion – et sans être un « expert » dans les relations entre l'Union avec l'Asie – il semble que l'Europe doive s'engager résolument dans une nouvelle direction, constituée d'une route à deux sens, empruntée par deux partenaires qui se considèrent et qui s'acceptent comme égaux, sachant qu'ils ont tous les deux de très grandes responsabilités compte tenu de leur poids, de leur force et de ce qu'ils représentent dans la recherche et la définition de solutions de nombreux problèmes au niveau mondial. L'expérience a montré que nous pouvons, si nous le souhaitons, développer un dialogue politique, économique et culturel de qualité et partager et échanger des idées sur des grands problèmes mondiaux par une approche constructive. Elle a également prouvé que nous savons travailler ensemble à réduire la pauvreté, l'ignorance et à faire reculer l'obscurantisme et le fanatisme. C'est pourquoi il apparaît essentiel de développer plus avant notre compréhension et notre connaissance mutuelle, et des événements du calibre de la Chaire Glaverbel peuvent certainement contribuer à réduire cette lacune.

L'unité de la Chine au cours des âges

Un défi pour l'Europe

Pierre-Henry DE BRUYN

Maître de conférence, Université de La Rochelle, France

Depuis le milieu des années 1990, l'Union européenne a manifesté plus activement son intérêt pour la Chine en nommant une Commission chargée d'élaborer, par delà les approches à dominante commerciale déjà existantes, une vision stratégique à long terme vis-à-vis de ce pays[1]. Et aujourd'hui, à l'heure où l'Union tente courageusement de se doter d'une constitution européenne pour rassembler dans son ombre protectrice une population de plus de 400 millions de personnes, la Chine réapparaît à l'horizon de nos consciences européennes comme une provocation silencieuse par les quelque 1,4 milliards de personnes qu'elle réunit déjà sous son gouvernement. La Chine – tant par sa taille que par son unité pluriséculaire – apparaît donc aux membres de l'Union européenne surtout comme un enjeu futur et un défi présent.

Alors pourquoi nous tourner vers le passé ? Pourquoi nous embarrasser de l'histoire ancienne de la Chine alors que, en son présent, la connaissance que nous pouvons en avoir nous semble déjà si partielle ? La réponse réside sans doute partiellement dans l'espoir secret que l'étude de l'unité de la Chine au cours des âges pourra éclairer quelque peu la question de savoir comment tant de gens ont-ils pu être réunis durant si longtemps sous une même structure politique… Or selon les époques, plusieurs Chine(s) ont pris forme pour nos regards occidentaux.

---

1 Cette Commission a publié ses résultats en 1998 dans un document intitulé « Vers un partenariat global avec la Chine », disponible sur http://europ.eu.int/comm/external relations/china.com_98/index.htm.

Introduction

A. Quelques notions pour entrer dans le monde chinois

Sur un territoire actuel de quelque 9,5 millions de km², la République Populaire de Chine rassemble aujourd'hui 56 minorités ethniques (dont celle des Han qui occupe 91 % de la population globale). Elle offre un espace vital au relief extrêmement varié, avec d'immenses montagnes et plateaux désertiques à l'Ouest et une immense plaine sur la côte est : 84 % de la superficie de la Chine est à plus de 500 mètres et 40 % à plus de 2000 mètres d'altitude ! La Chine est également traversée par deux immenses fleuves coulant tous deux d'Ouest en Est : le Huanghe (5000 km de long) ou Fleuve jaune au Nord et la Changjiang (5500 km de long) ou Long fleuve au sud. Sur ses 15 000 km de frontières terrestres, la Chine compte quatorze pays voisins qui appartiennent à trois blocs : celui de l'ancienne Union soviétique au Nord ; celui des pays musulmans d'Asie centrale à l'Est ; et celui de l'Asie du Sud-Est au Sud. Mais, ni la géographie physique, ni l'environnement politique international n'expliquent par eux-mêmes l'unité du monde chinois.

Pour expliquer leur unité – comme beaucoup d'autres choses ! – les Chinois font appel à l'histoire. En effet, comme le souligne Pierre Ryckmans, « en Chine, l'histoire joue le rôle qui, dans les autres civilisations, est normalement dévolu à la mythologie ou à la religion : C'est à elle qu'on demande une explication totale du monde, un jugement de valeur sur la condition humaine »[2].

B. L'importance des grands mythes fondateurs

Or, à l'origine de toute histoire, les mythes fondateurs des grandes entités sociopolitiques jouent, comme chacun sait, un rôle essentiel à la constitution de leur unité. Il en est de même pour le monde chinois. Ainsi par exemple, le mythe de Pangu révèle une certaine conception monolithique du réel des Chinois depuis la plus haute antiquité. D'après la tradition, Pangu aurait été à l'origine un être divin en perpétuelle transformation connaissant neuf changements par jour et qui aurait écarté, en 18 000 ans, le ciel et la terre, formant ainsi la structure de l'univers. Ensuite son corps se serait transformé pour former l'univers actuel : sa respiration devenant les nuages, sa voix le tonnerre, son œil gauche le soleil, son œil droit la lune, ses bras et ses jambes les quatre points cardinaux, ses cinq organes les cinq montagnes sacrées, son sang les rivières, ses veines les routes, sa peau le sol, ses cheveux et ses

---

2 Dans *Dictionnaire de Civilisation chinoise*, Paris, Albin-Michel, 1998, p. 649 (Encyclopedia Universalis).

moustaches les étoiles, ses poils les herbes et les arbres, ses os et ses dents les métaux et les rochers, sa moelle les perles et les jades, sa transpiration la pluie, les insectes sur son corps caressé par le vent l'homme et la femme. Cette histoire permet aux Chinois de posséder une vision commune de l'origine du monde dans lequel ils évoluent.

Mais à ce premier mythe s'ajoute une série d'autres, beaucoup plus politiques, qui prétendent expliquer l'origine graduée de la civilisation chinoise : celui des trois souverains et des cinq empereurs (*san huang wu di*). Bien que plusieurs versions de ce mythe existent, la version la plus fréquente désigne pour les trois souverains respectivement : Fuxi (représentant l'ère pastorale), Shennong (l'ère agricole) et Huangdi (l'empereur jaune représentant l'ère de la civilisation). À ces derniers succédèrent les cinq empereurs qui eux aussi eurent surtout le mérite remarquable et remarqué de ne pas transmettre leur pouvoir et leur empire à leur propre descendance mais à celui de leurs ministres qu'ils avaient estimé briller par sa compétence. De ces huit ancêtres mythiques des Chinois, l'Empereur jaune est certainement le plus populaire et le plus célèbre.

Après eux seulement commença véritablement l'histoire chinoise constituée, selon l'historiographie officielle, par la succession de vingt-quatre dynasties ou familles dynastiques qui trônèrent l'une après l'autre à la tête du monde chinois entre le XXIIIe siècle avant notre ère et 1911, date de la naissance de la république chinoise. Mais, à cela, il faut de suite ajouter que cette grande unité légendaire de l'empire chinois a elle-même connu d'importantes périodes de scissions et de divisions. Pour ne citer que les plus importantes d'entre elles, mentionnons la longue période dite des Printemps et Automnes (722-481 av. J.-C.) puis celle des Royaumes combattants (475-256 av. J.-C.) ; celle des Trois royaumes (220-265 ap. J.-C.) ; celle des Dynasties du Nord et du Sud (316-589) ; celle des Cinq dynasties (907-960) et enfin l'époque des Song du Sud (1126-1279).

I. La Chine lointaine

A. La Chine vue sous un voile de soie à l'époque romaine

Avant de devenir depuis la fin du Moyen Âge, et surtout la Renaissance, cet « autre social » – presque mythique – de l'Occident, fascinante par sa taille, son histoire et sa culture, la Chine est apparue à nos ancêtres d'abord sous le voile mystérieux d'un voile de soie. Le nom initial par lequel les Romains désignèrent les Chinois fut celui de *Seres* qui provient du mot grec *ser* utilisé pour désigner « la soie ». À côté de ce terme on trouvera aussi plus tard en latin le nom de *Sin* qui semble être plutôt arrivé par l'Inde à partir d'un terme sanscrit utilisé pour désigner la dynastie des Qin (221-207 av. J.-C.). Et durant l'Antiquité, le monde romain est longtemps resté dans l'incertitude de savoir si les *Seres* et les habitants du royaume de *Sin* étaient ou non les mêmes[3].

En réalité, les Romains ne semblent avoir eu aucune relation directe avec les Chinois car depuis la conquête de la Syrie en 64, ils étaient entrés en contact avec le grand empire Parthe qui commanda sans partage le commerce caravanier avec l'Asie centrale. Les Parthes s'enrichirent beaucoup grâce à ce marché et firent de leur mieux pour empêcher toute relation directe entre les mondes chinois et romain. Ainsi, en 97 par exemple, les Parthes dissuadèrent Gan Ying, envoyé par le général Ban Chao, de s'engager dans le Golfe Persique en lui affirmant que personne n'était jamais revenu d'une croisière sur cette mer. C'est donc par les Parthes, et surtout par ce mystérieux tissu de soie venu de l'Orient lointain que l'Occident découvrit la Chine. Objet de luxe, la soie fut bientôt décriée par Pline et Sénèque comme un signe de décadence et plusieurs arrêts du Sénat romain iront jusqu'à en interdire le port ! Ce qui est aussi certain, c'est que les Romains, considérant la soie comme le produit d'une sorte d'arbre à laine, ignorèrent totalement le procédé de fabrication de la soie qui ne fut connu qu'au Ve siècle dans le Turkestan, puis au VIe à Constantinople et enfin au XIIe siècle en Sicile. Dès le départ, la Chine avait donc tout pour devenir mythique aux yeux des Occidentaux, non seulement en son immense unité mais même en ses produits les plus communs : les Chinois concevaient tellement peu qu'on puisse ignorer un tel procédé de fabrication qu'ils imaginèrent les Romains comme des *alter-ego* – appelés d'ailleurs en chinois les « Grands Qin » – cultivant eux-aussi des mûriers et des vers à soie…

C'est en se souvenant de l'importance de la soie dans les origines des échanges entre l'Occident et la Chine que le géographe allemand, Ferdinand von Richthofen, inventera à la fin du XIXe siècle le terme de « Route de la soie » pour désigner le vaste réseau de communication qui relia depuis les temps anciens l'Orient à l'Occident[4].

B. La route de la soie et les premiers chrétiens chinois

C'est par ces routes que bien plus tard, certains chrétiens fuiront l'Occident vers la Chine. Ce seront les Nestoriens, disciple de Nestorius, évêque de Constantinople, condamné par le concile d'Éphèse en 431 pour avoir prôné une théologie qui séparait totalement les natures humaine et divine dans la personne du Christ et refusait à Marie le titre de « Mère de Dieu », l'appelant juste « Mère du Christ ». Après des émeu-

---

[3] J. Needham, *Science et Civilisation en Chine. Une introduction*, éd. abrégée établie par Cohn A. Ronan, traduit de l'anglais, Marseille, Philippe Picquier, 1995, p. 81.

[4] J.-P. Drège, *Marco Polo et la route de la soie*, Paris, Gallimard, 1989 (Histoire, n° 53).

tes en Syrie, ses partisans s'enfuirent en Perse et y fondèrent un centre théologique, d'où ils lancèrent des actions missionnaires vers l'Est. Associés aux Juifs, puis plus tard aux Arabes, ces chrétiens nestoriens vont ensuite contrôler le système bancaire sur la route de la soie et devenir également renommés pour leur expertise médicale[5].

Tout aurait commencé au VIIe siècle. Le chrétien nestorien, Aloben, serait arrivé à Chang'an (= Xi'an) en 635 par la route de la soie sur laquelle, entre 630 et 645, les souverains Tang bâtirent des sites stratégiques (dont celui de Gaochang près de Turfan). Les écritures qu'il emmenait avec lui furent traduites par les services de la bibliothèque impériale, et, après vérification de leur orthodoxie, permission fut donnée à Aloben de construire un monastère Daqin dans le quartier Yining de la capitale et vingt et un prêtres y furent assignés. Vraisemblablement cette première pénétration idéologique d'une pensée de source occidentale eut lieu en insinuant que le christianisme n'était en fait rien d'autre une nouvelle incarnation du Dao chinois. L'idée de plénitude que les Chinois se faisaient alors de l'unité de leur empire était telle que rien de vraiment nouveau ne semblait pouvoir venir d'ailleurs que du passé chinois…

C'est de cette Chine lointaine, vaguement touchée par le christianisme, que des siècles plus tard, au XIIIe siècle, les Mongols, qui occuperont alors la Chine, enverront le chrétien *huigu* Rabban Sauma comme émissaire en Occident – avec son compagnon Marc qui deviendra patriarche de Bagdad Mar Jabalaha en 1281. Rabban Sauma rencontra successivement en 1287, le roi Philippe le Bel à Paris, le roi d'Angleterre Édouard Ier à Bordeaux et le pape Nicola IV à Rome ! Il contribua par son voyage en Occident au mythe d'un certain Royaume du Prêtre Jean que les puissances occidentales imaginaient alors, non plus par delà l'empire Parthe, mais par delà un Moyen-Orient et une Asie centrale devenue musulmane. Dans la ligne de cette légende, quelques années plus tôt, en 1253, le pape avait déjà envoyé à Karakorum, la capitale mongole au Nord-Ouest de la Chine, un père franciscain, Guillaume de Rubrouck, pour essayer de convertir le Khan Mongke à la cause chrétienne contre l'islam… Celui-ci en rapportera en Occident le premier récit de voyage d'un Occidental en Chine.

5 J. Charbonnier, *Histoire des Chrétiens de Chine*, Paris, Desclée, 1992.

II. La Chine imaginaire

A. Le cas « Marco Polo »

Peu après, un autre récit de voyage devait connaître un illustre destin. Le héros et auteur présumé de cet ouvrage, le vénitien Marco Polo, fut incontestablement l'homme qui contribua, sans doute malgré lui, plus que tout autre, à la construction d'un immense nuage imaginaire entourant la Chine[6]. D'après *Le livre des merveilles*, appelé aussi *Le devisement du monde*[7], Marco Polo, durant son séjour en prison ou en résidence surveillée à Gênes, aurait dicté en 1298, à un certain Rusticello, ses expériences en Asie de 1271 à 1295, en s'attardant surtout aux années 1275 à 1292, durant lesquelles, selon son témoignage, il aurait vécu en Chine au service de Kublai Khan, alors souverain mongol de la Chine. Or, il est étrange que l'on possède moins de renseignements certains sur la vie et l'éducation de Marco Polo que sur tout autre auteur célèbre du Moyen Âge, alors qu'au moins quatre-vingt versions de son ouvrage de l'époque ont survécu. À vrai dire, il existe cependant une preuve irréfutable de son existence : un testament rédigé à Venise le 9 janvier 1323, en présence d'un prêtre et d'un notaire, en faveur de sa femme Donata, et de ses trois filles, Fantina, Belleta et Moreta, dont seule la troisième n'était pas encore mariée. Il y mentionne aussi son serviteur, Pierre le Tartare (pas nécessairement chinois !). Cependant *Le Livre des merveilles* devait connaître un succès sans précédent durant toute la fin du Moyen Âge, on peut même dire qu'on a progressivement intégré à cet ouvrage les rares renseignements nouveaux sur la Chine qu'on parvint à glaner ci et là durant les deux siècles qui suivirent. Cela expliquerait aussi ainsi le grand nombre de versions de ce livre qu'on trouva par la suite…

Mais récemment, certains érudits ont même posé la question de savoir s'il ne fallait pas contester jusqu'au fait même que Marco Polo ait jamais été un jour en Chine. La question a été résumée de façon claire dans le livre de Frances Wood *Did Marco Polo Go To China?*[8] Les principaux arguments allant dans le sens d'une telle affirmation étant les suivants :

---

6 J. Spence, *La Chine imaginaire. Les Chinois vus par les Occidentaux de Marco Polo à nos jours*, Montréal, Presses Universitaires de Montréal, trad. de l'anglais par Bernard Olivier, 2000.

7 Ph. Ménard (dir.), *Le Devisement du Monde. Édition critique*, t. 1 : M.-L. Chênerie, M. Guéret et Ph. Ménard, *Départ des voyageurs et traversée de la Perse*, Genève, Droz, 2001.

8 Fr. Wood, *Did Marco Polo Go to China?*, Londres, 1995.

1. Marco Polo ne parle jamais du thé, ni des baguettes, ni de la calligraphie chinoise, ce qui paraît étonnant pour quelqu'un qui aurait passé dix-sept ans en Chine.
2. Il ne mentionne pas non plus ni les pieds bandés, ni la grande muraille, ni la pêche au cormoran.
3. On a l'impression qu'il ne connaissait pas le chinois car sa transcription desnoms chinois est identique à celle des voyageurs arabes.
4. Aucune des sources juridiques italiennes parlant de lui ne fait la moindre allusion d'un lien particulier explicite de Marco Polo avec la Chine.
5. Malgré le fait que son ouvrage affirme qu'il aurait été chargé par le Khan de missions officielles, aucune source chinoise ne corrobore cette affirmation…

B. Un long silence de deux siècles

Sans trancher ici la délicate question soulevée ci-dessus – à savoir s'il faut ou non considérer Marco Polo comme un médiateur historique authentique des relations entre la Chine et l'Occident –, il est incontestable qu'une des raisons importantes du succès de Marco Polo fut que le récit de son voyage – ou soi-disant périple – en Chine fut suivi par presque deux siècles de silence dans l'information qui parvint de Chine en Occident. Les facteurs qui amenèrent un déclin des échanges entre la Chine et l'Europe au XIVe siècle furent nombreux. D'abord la propagation de la peste noire en 1340 en Occident limita les risques que les voyageurs occidentaux furent prêts à affronter pour se lancer dans l'inconnu. Ensuite, la consolidation d'un pouvoir ottoman sur la plus grande partie du Proche-Orient reproduisit une situation de politique internationale similaire à celle où, en leur temps, les Parthes travaillaient activement à rendre impossible tout contact direct entre Chinois et Romains. Enfin, en Chine, il y eut d'une part la chute de la dynastie mongole des Yuan (1279-1368), insérée elle-même dans un vaste ensemble d'empires mongoles qui s'étendait jusqu'en Europe et, d'autre part, la fermeture sur elle-même de la dynastie des Ming (1368-1644), malgré quelques grands voyages entrepris au début du XVe siècle sous la direction de l'eunuque musulman Zheng He envoyé explorer le monde par l'empereur Ming Yongle (règne 1402-1425).

Au XVIe siècle, quelques contacts eurent lieu entre la Chine et l'Occident. Il faut mentionner malheureusement ici d'abord en 1521 cette ambassade portugaise qui se solda par un échec. En effet, au moment même où cette délégation s'approchait de la capitale chinoise, un capitaine portugais, Simao De Andrade, agressa verbalement et physiquement des fonctionnaires chinois. Un des Portugais de cette équipe, Galeote Pereira, fut fait prisonnier, puis acheta sa liberté en 1553 et écrivit un récit de ses expériences en donnant un aperçu des coutumes de la Chine et de son gouvernement. Et malgré qu'il ait connu les geôles chinoises, il loua la justice de ce pays… Le témoignage de Galeote Pereira inspira l'œuvre du Père dominicain Gaspar da Cruz, *Le Traité des choses de la Chine et d'Ormuz*, publié en 1569 et qui servit lui-même de base à l'ouvrage majeur du moine augustin espagnol Juan Gonzales de Mendoza, *Histoire des choses les plus extraordinaires, rites et coutumes du grand royaume de la Chine*, publié à Rome en 1585, puis en français en 1588 et lu par Montaigne ainsi que par Francis Bacon. La Chine, longtemps imaginée, commença alors à être étudiée et aussi bientôt, comme nous allons le voir, hautement controversée…

III. La Chine controversée

A. L'entrée des sciences occidentales en Chine par les Jésuites

Une nouvelle période des relations entre la Chine et l'Occident commença à la fin du XVIe siècle, lorsque le supérieur jésuite, le Père Alexandre Valignano (1539-1606) élabora une nouvelle stratégie missionnaire pour permettre à certains des membres de son ordre d'entrer en Chine. C'est en effet à lui que revient le mérite d'avoir décidé que les missionnaires que la Compagnie de Jésus voulait envoyer en Chine devrait connaître les coutumes chinoises aussi bien que la langue écrite et parlée. Et, c'est dans cet esprit qu'il ordonna que plutôt que d'essayer d'amener les convertis chinois à devenir comme les Portugais, il fallait essayer de les aider à devenir chrétiens tout en restant chinois. Après avoir donné aux jésuites du Japon le droit de porter les robes de bonzes bouddhistes Zen, il autorisa, en 1582, deux jeunes jésuites arrivés d'Italie, Michele Ruggieri (1543-1607) puis Matteo Ricci (1552-1610) à adopter en Chine la même stratégie. Quelques années plus tard, sur la demande de Ricci, il autorisa encore ce dernier en 1592, à quitter la robe bouddhiste pour revêtir la toge des lettrés confucéens…

La contribution de Matteo Ricci (nom chinois *Li Madou*) aux échanges entre la Chine et l'Occident fut tellement importante qu'il mérite ici d'être présenté davantage. Né à Macerata en Italie, en 1552, Matteo Ricci fut formé, après son entrée dans la Compagnie de Jésus, à Rome au Collège romain. Il y acquit une connaissance approfondie des sciences occidentales, grâce entre autres à un de ses professeurs, Christopher Clavius, qui était un ami de Kepler puis plus tard de Galilée. Après quatre ans en Inde, où il resta en raison de sa santé fragile, Matteo arriva à Macao en

1582, habitat à Nanchang (Jiangxi) à partir de 1595 puis à Pékin après 1601. À sa mort en 1610, il laissa derrière lui quelque deux mille chrétiens chinois et, selon ses propres mots, une porte entrouverte sur la Chine. Les Chinois lui reconnaissent le mérite immense d'être le premier occidental par lequel les sciences occidentales entrèrent en Chine. Sa popularité en Chine deviendra telle qu'on trouvera au XIXe siècle, dans un temple de Shanghai une statue le présentant comme un bodhisattva bouddhiste (*Li Madou pusa*)[9].

Il comptera d'illustres successeurs dont, entre autres, les pères John Adam Schall von Bell (1591-1666) et Ferdinand Verbiest (1623-1688) qui vont successivement être nommés pour participer à et puis diriger la très importante institution du Bureau des Mathématiciens qui contenait les quelque deux cent astronomes officiels de l'empereur chinois. Or quand on sait à quel point l'idée que ces souverains se faisaient de la façon d'exercer leur autorité sur leur immense empire dépendait du calendrier que leur fournissait ce Bureau, on comprendra aisément à quel point, en demandant à ces missionnaires de diriger une réforme du calendrier chinois traditionnel en y ajoutant les apports des sciences occidentales, les empereurs chinois ne les invitaient à rien de moins qu'à les aider à unifier leur empire. Une telle démarche, entamée par le dernier empereur de la dynastie des Ming (1368-1644) et poursuivie par les premiers souverains de la dynastie mandchoue des Qing (1644-1911), suscita en Chine de vives résistances parmi les intellectuels confucéens[10] : la Chine aurait-elle besoin de quoi que ce soit venant d'Occident pour consolider son unité ?

B. La douloureuse querelle des rites

Mais la question des relations entre la Chine et l'Occident ne va pas être débattue qu'en Chine. Elle va s'exporter en Occident sous la forme d'une douloureuse querelle des rites qui va être débattue par les grands intellectuels de ce temps le plus souvent sur des principes théoriques et dans une ignorance tragique tant de la langue chinoise que de sa culture. Au départ, existait un double problème : d'abord du point de vue rituel, fallait-il autoriser les chrétiens chinois à continuer à pratiquer les rites à leurs ancêtres et pouvait-on leur permettre de payer un respect public à Confucius lors de rituels officiels organisés dans ce but et indispensable pour acquérir diplôme ou poste ; ensuite, d'un point de vue terminologique, quel terme fallait-il utiliser pour désigner Dieu, celui de *Tianz-*

---

9 J. Spence, *Le Palais de mémoire de Matteo Ricci*, trad. de l'anglais par Martine Leroy-Battistelli, Paris, Payot, 1986.

10 J. Gernet, *Chine et Christianisme. La première confrontation*, Paris, Gallimard, 1982 (Bibliothèque des Histoires).

hu [Seigneur du ciel], relativement nouveau et choisi par Ricci, ou un autre, celui de *Shangdi* [Empereur d'en haut], plus ancien et dont l'usage était attesté depuis la plus haute Antiquité dans les livres classiques. Face à ces deux questions, Matteo Ricci et ses successeurs jésuites avaient choisi d'adopter une attitude prudente mais ouverte. Après enquête, Ricci affirma que les rituels célébrés par les Chinois en l'honneur de Confucius ou de leurs ancêtres n'étaient pas religieux car ils ne comprenaient ni prières, ni demandes, ni attentes d'interventions de la part des personnes ainsi honorées. D'après lui, ils ne comportaient même « peut-être » aucune idolâtrie… Quant au terme de « Dieu » à utiliser en chinois, la stratégie de Ricci fut de s'opposer à l'avis matérialiste du grand philosophe Zhu Xi (1130-1200). Il proposa une autre interprétation des grands classiques chinois permettant de justifier aussi l'usage du terme de *Shangdi* tout en utilisant de préférence celui de *Tianzhu*.

Après avoir adopté en 1656 une position tolérante par rapport au droit des chrétiens chinois à participer aux rituels en l'honneur de leurs ancêtres et de Confucius, le Saint-Siège romain trancha définitivement la question par la négative en 1742. Au cœur de cette querelle, l'empereur chinois Kangxi (règne 1662-1722) écrivit lui-même au pape pour expliquer qu'après étude de la tradition chrétienne, il pouvait affirmer que les rituels aux ancêtres et à Confucius n'étaient que « civils et politiques » mais ne reçut jamais de réponse ! Puisque l'Occident ne voulait pas comprendre l'importance de ces rituels pour assurer l'unité sociopolitique du monde chinois, les empereurs chinois autorisèrent dans leur empire de sévères persécutions de ceux-là mêmes qu'ils soupçonnaient désormais de menacer leur unité : à savoir les chrétiens chinois. L'Occident réagira violemment et au XIXe siècle, comme le montre le professeur Daigle dans son article, « les pays européens tirèrent parti de leur supériorité économique et technique pour imposer leur présence en Asie de l'Est comme jamais auparavant »[11].

IV. La Chine éthique

A. Confucius en son temps et son succès post-mortem

Le choix des premiers jésuites de quitter la robe des bonzes bouddhistes pour la toge des lettrés confucéens a eu des conséquences très importantes dans la perception que l'Occident savant s'est initialement faite de la Chine : il l'a vue essentiellement sous le prisme du confucianisme dont parlaient tant les lettres envoyées en Occident par ces missionnaires. Ainsi par exemple, en 1744, le philosophe G.B. Vico discu-

[11] Voir la contribution de J.-G. Daigle dans ce volume.

tant des différents régimes politiques existants sur terre, écrivit : « Pour ce qui est de l'empereur des Chinois, il règne au moyen d'une douce religion et cultive les lettres ; il est le plus humain et le plus civilisé »[12]. Et la religion dont il parlait était évidemment l'éthique, censée non-religieuse, du confucianisme.

Mais qui était au départ Confucius (551-479 av. J.-C.) sinon un sage parmi d'autres, né dans le petit pays de Lu, à l'Est de Chine, et qui à la fin des Printemps et Automnes (770-481) se promena d'un royaume à l'autre pour proposer ses services et surtout ses conseils aux différents princes qu'il rencontrait ? Confucius à l'origine était par conséquent une sorte de consultant indépendant pour politicien ambitieux. Il serait néanmoins une erreur de croire qu'à l'origine la Chine impériale, réunifiée en 221 avant notre ère par le prince Zheng du royaume de Qin et qui était assoiffé de pouvoir, put atteindre son unité actuelle essentiellement grâce au confucianisme. Loin de là ! La philosophie machiavélique qui permit à ce prince de réunir toute la Chine sous son autorité fut celle du *légisme*, formulée de façon systématique et mûre après plusieurs siècles d'évolution par Han Feizi (?-233 av. J-C.), et non point celle du confucianisme. Cela fut d'autant plus vrai qu'en 213 avant notre ère, le prince Zheng, devenu le premier empereur, ordonna que soient brûlés tous les livres attribués à Confucius !

L'événement qui allait faire le succès de Confucius ne survint que près d'un siècle plus tard quand, en 124 avant notre ère, le grand empereur Han Wudi (règne 140-87 av. J.-C.) décida d'imposer à tous les candidats fonctionnaires de son empire de passer des épreuves sur les écrits attribués à Confucius, faisant ainsi de lui, *a posteriori*, le grand formateur idéologique de l'empire chinois. On peut dire qu'avec des hauts et des bas, Confucius restera pour les Chinois, durant presque deux mille ans et cela jusqu'à la fin de l'empire chinois en 1911, « le maître de dix milles générations » ou aussi « le roi sans couronne ».

B. Le renouveau confucéen des années 1990

Pour éclaircir l'énigme de l'unité de cet immense empire, n'a-t-on pas attribué à Confucius, tant en Chine qu'en Occident, une contribution historique plus importante que celle qu'il aurait eu en réalité ? Au début du XXe siècle, en tous les cas, et surtout après le vaste mouvement culturel du 4 mai 1919, de nombreux intellectuels chinois rejetèrent vigoureusement le confucianisme comme étant la cause principale de la sclérose de la société chinoise en lui attribuant la responsabilité princi-

[12] G.B. Vico, *La Scienza Nuova*, Bari, Edizioni Laterza, 1974, p. 575 ; cité par U. Bresciani, *Reinventing Confucianism. The New Confucian Movement*, Taipei, p. III. (Variétés sinologiques, New Series 90).

pale de l'incapacité, que semblait connaître la Chine, à entrer dans la modernité. Mao Zedong accentua et généralisa tellement ce rejet du confucianisme que l'on pourrait croire que le confucianisme – en tant que mouvement philosophique et culturel – est moribond. Il est important cependant de remarquer, depuis quelques années, le renouveau vigoureux de la philosophie et des études confucéennes. Cette renaissance est due en grande partie, mais pas uniquement, à l'influence du professeur Du Weiming de l'Université d'Harvard. Ce mouvement, dont les germes les plus anciens datent de 1920, ambitionne de réclamer pour la pensée confucéenne un rôle dominant dans la société chinoise, de rebâtir le système confucéen des valeurs, et ensuite d'absorber, puis de dominer et finalement d'unifier ainsi sous sa coupe toute la science occidentale afin de parvenir à moderniser la culture et la société chinoise. Le confucianisme, aux yeux de ses défenseurs modernes, semble parfois avoir détenu dans le passé une sorte de monopole dans la représentation de la culture chinoise, monopole qu'ils rêvent de reconquérir.

V. La Chine religieuse et mystique

A. Le taoïsme religieux longtemps ignoré et décrié en Occident

Pourtant depuis le VIe siècle de notre ère, selon les termes mêmes de la langue chinoise, le confucianisme n'a jamais représenté qu'un seul des Trois enseignements (*san jiao*) à côté du taoïsme et du bouddhisme – le taoïsme étant un produit culturel et religieux du terroir chinois et le bouddhisme étant un produit importé depuis l'Inde par l'Asie centrale. Encore aujourd'hui, les Chinois parlent d'ailleurs souvent du taoïsme en disant que, contrairement au bouddhisme, c'est « leur religion » : *Daojiao, jiu shi women de zongjiao.* Or, partiellement sous l'influence des missionnaires, les Occidentaux ont durant longtemps assimilé le taoïsme religieux aux superstitions des religions populaires. En réalité, les Taoïstes – souvent assez méprisants pour les religions populaires dont ils tentent de se démarquer, tout en y puisant pourtant l'origine de leurs principales pratiques et cultes –, sont à la Chine ce que les chrétiens sont aux cultes païens en Occident : à la fois leurs héritiers secrets, leurs vainqueurs affirmés et leurs théologiens malgré eux. Ces religions populaires sont décrites par les Taoïstes sous les termes très explicites de « cultes débordants » (*yinsi*), « voie des démons » (*guidao*), ou « croyance égarée » (*mixin*) et les dieux de ces croyances sont considérés comme « dieux des vulgaires » (*sushen*).

Souvent, une distinction existe entre le *daojia* ou « philosophes taoïstes » (Zhuangzi, Laozi et Liezi qui vécurent entre le VIe et le IIIe siècle avant notre ère) et le *daojiao* ou « religion taoïste » qui prend forme surtout à partir de l'an 142 de notre ère, date à laquelle un certain Zhang Daoling reçoit la révélation de livres sacrés. Si les philosophes taoïstes ont toujours été reconnus pour la profondeur de leur réflexion par les Occidentaux, il n'en est pas du tout de même de toutes les traditions religieuses, plus ou moins sectaires, rassemblées sous le terme de *daojiao*. On peut dire que la prise au sérieux du facteur essentiel de cimentation de l'unité chinoise que toutes ces traditions ont apporté au fil des siècles remonte tout au plus à quelques dizaines d'années. Deux évènements majeurs ont contribué à cette évolution. Le premier fut la décision prise dans les années 1920 par le grand lettré et ancien ministre de l'Éducation, Fu Zengxiang (1872-1950), de faire publier et imprimer un des rares exemplaires encore existants du Canon Taoïste (*Daozang*) recopié sur ordre impérial pour la dernière fois en 1445. Mais l'élément déclencheur d'une étude approfondie de ces textes fut la prise de conscience de deux Occidentaux – Kristofer Schipper et Michaël Saso – de la complexité et la profondeur des rituels taoïstes encore pratiqués de nos jours. Tous deux purent faire cette observation après s'être fait adopter par des familles de prêtres taoïstes à Taiwan dans les années 1960 et avoir gagné ainsi le droit d'être initié au caractère secret et ésotérique de ces traditions.

B. Un réseau de cultes qui fit l'unité secrète de la Chine

Depuis lors, comme le faisait remarquer Judith Boltz en 1986, « l'héritage littéraire des traditions religieuses taoïstes est devenu un des champs en pleine croissance de la sinologie[13] » et cependant, malgré tous ces nombreux efforts, « parmi les religions du monde, le taoïsme reste sans aucun doute encore », comme le notait Livia Kohn en 2002, « celle dont nous gardons aujourd'hui la connaissance la plus incomplète et la compréhension la plus pauvre »[14].

Les études déjà effectuées dans le domaine du taoïsme permettent cependant de mieux comprendre un des noms par lequel les Chinois ont depuis longtemps désigné leur pays, à savoir celui de « Continent des esprits ». Ce terme explique un aspect fondamental de l'unité chinoise trop souvent ignoré par les études occidentales antérieures : celui d'un vaste réseau de cultes locaux reliés les uns aux autres par des liens d'affiliations exprimés et célébrés, à intervalles plus ou moins réguliers, par une pratique extrêmement répandue qui s'appelle le « partage de l'encens » (*fen xiang*). Kristopher Schipper explique cette coutume de la façon suivante :

---

13 J.M. Boltz, *A Survey of Taoist Literature. Tenth to Seventeenth Centuries*, Berkeley, Institute of East Asian Studies, 1986.

14 L. Kohn (ed.), *Daoism Handbook*, Leiden, Brill, 2002, p. XI.

> En effet, temples et communes sont affiliés par l'institution dite du *partage de l'encens*. Elle consiste à prélever, chaque fois qu'un nouveau groupe se forme, des cendres de l'encens d'un brûle-parfum dans le sanctuaire d'une communauté « mère », et à en remplir un brûle-parfum nouveau, qui sera celui de la nouvelle communauté. Ce partage exprime le lien de parenté entre les deux communautés, lien qui se matérialise à travers des échanges, économiques et culturels, et le devoir d'entraide.[15]

Cela signifie très concrètement que l'unité chinoise n'est et n'était pas purement éthique mais repose, comme en Europe depuis le Moyen Âge, sur un réseau de « paroisses » taoïstes, sans doute moins reliées entre elles que nos paroisses catholiques d'aujourd'hui mais néanmoins profondément religieuses et rituelles. Et si les « prêtres » de ces paroisses étaient à l'origine des individus mariés, transmettant leur savoir et leur expérience à leurs enfants, ils n'en constituaient pas moins une famille d'agents essentiels dans l'unification au quotidien de la population chinoise.

VI. La Chine rebelle

A. La pénétration lente du bouddhisme en Chine

Quand on parle de l'unité du monde chinois, à côté de ces « paroisses » taoïstes, il faut encore souligner l'existence des « monastères » bouddhistes. Leur importance révolutionnaire historique – comme espace alternatif à l'univers social chinois traditionnel, régenté tout entier par l'aspect familial – est aussi primordial.

C'est à partir du Ier siècle de notre ère que le bouddhisme prend lentement position dans le monde chinois[16]. Le plus ancien texte mentionnant qu'un lettré chinois aurait reçu des écrits bouddhiques d'un étranger date de l'an 2. Quelques années plus tard, en 65, un prince de Ying du royaume de Chu est dit avoir « sacrifié au Bouddha » dans sa cour de Peng Cheng. Quatre ans après, en 69, à Luoyang, l'empereur Ming des Han fit construire, dans sa capitale de Luoyang, le Temple du cheval blanc et on traduisit en chinois un premier manuel d'initiation à la doctrine du « petit véhicule ». Au siècle suivant, en 148, An Shigao, un Parthes, arriva dans cette ville et, pendant vingt ans, y propagea la foi bouddhique par des traductions fortement imprégnées de vocabulaire taoïste. Son disciple, Yan Futiao, sera le premier bonze chinois. En 166, l'empereur Huandi des Han offrit lui-même un double sacrifice à Huang-Lao (Huangdi et Laozi

---

15 K. Schipper, *Le corps taoïste*, Paris, Fayard, 1982, pp. 36-37 (L'espace intérieur).

16 K. Chen, *Buddhism in China: A Historical Survey*, Princeton, Princeton University Press, 1964.

divinisés) et à Bouddha. Puis en 193, un texte nous informe que la communauté bouddhiste de Peng Cheng, mentionnée ci-dessus, s'était déjà tellement développée qu'un riche marchand y aurait fait construire une pagode de neuf étages et obtenu pour les moines bouddhistes une dispense de corvées, ce qui prouve que ces derniers avaient par conséquent déjà acquis en Chine, au moins par endroits, à la fin du IIe siècle, un statut social d'exception. Sans poursuivre ici l'histoire de cette très progressive croissance du bouddhisme en Chine, nous voudrions surtout souligner maintenant combien ce statut social particulier du bonze bouddhiste célibataire allait initialement à l'encontre de toute la conception chinoise traditionnelle de ce que devait être la vie sociale.

Pour les Chinois, le premier scandale était que, par leurs activités, les moines non seulement n'apportaient rien à l'État, mais en plus, en refusant de s'incliner devant l'empereur, portaient également détriment à son autorité et donc aussi, par conséquent à l'unité de son empire. De plus, par son origine étrangère, le bouddhisme ne pouvait être au plus, à leurs yeux, qu'un credo barbare convenant seulement à des étrangers non sinisés mais dont les Chinois pouvaient et devraient même naturellement se passer : l'unité du monde chinois n'avait pas besoin du bouddhisme ! D'autant plus que la vie monastique, si vivement encouragée dans le bouddhisme et même considérée comme indispensable dans le cadre de la doctrine du « petit véhicule », signifiait pour les Chinois une violation des canons fondamentaux de la vie sociale et même une exhortation incompatible avec les cadres de la moralité la plus élémentaire : comme la piété filiale est considérée en Chine comme la vertu suprême et que le devoir de donner un fils à son mari pour une femme et à ses parents pour un fils est le devoir majeur d'un être humain, on comprend aisément l'importance que pouvait avoir ce genre d'arguments pour les Chinois[17].

Et pourtant le bouddhisme parvint à s'installer en Chine et d'immenses monastères bouddhistes y virent le jour, jouant même le rôle d'une puissance économique de premier plan[18]. Une partie de ce succès s'explique, sans doute, par le fait que la communauté des moines bouddhistes (*Sangha*) sut offrir aux Chinois un espace de refuge dans un monde où la loi familiale et celle de l'État constituait un cadre implacable. Pour désigner ceux qu'en Occident on nomme positivement « religieux », la langue chinoise a forgé le terme négatif de *chu jia*, qui signifie littéralement « sortir de sa famille ». Ceci explique combien le seul cadre unitaire primitivement imaginé par les Chinois était la famille et que le bouddhisme consti-

---

17 E. Zürcher, *The Buddhist Conquest of China. The Spread and Adaptation of Buddhism in Early Medieval China*, Leiden, Brill, 1959.

18 J. Gernet, *Les aspects économiques du Bouddhisme dans la société chinoise du Ve au Xe siècle*, Saïgon, EFEO, vol. XXXIX, 1956.

tua par rapport à cette façon de voir une lente révolution dont il ne faut pas négliger la violence secrète.

B. Le Falun gong : rebelle sans en avoir l'air

Ces quinze dernières années, deux événements chinois firent forte impression dans l'imaginaire populaire occidental. Il s'agit, incontestablement, des manifestations étudiantes de 1989 sur la place Tian An'men et, en avril 1999 au même endroit, des adeptes du groupe bouddhiste du *Falun gong* (« le travail de la roue de la Loi »). Ces mouvements – durement réprimés – ont montré combien cette Chine tranquille était aussi un tigre endormi, potentiellement rebel. La prédiction « quand la Chine s'éveillera, le monde tremblera ! » ne date pourtant pas d'hier...

Sans doute que, vue d'Occident, la violence, avec laquelle ces mouvements furent chaque fois réprimés, peut paraître disproportionnée, et même incompréhensible. Pourtant, quand on sait combien l'unité sociale et politique de la Chine reste fragile, de telles réactions de répression – si elles ne se justifient pas – peuvent au moins se comprendre : combien de rébellions terriblement sanglantes ont été lancées en Chine au cours de l'histoire par des mouvements qui, au départ, semblaient inoffensifs...

La Chine est « une » aujourd'hui – ou plutôt elle est déjà « deux » si on tient compte de la division politique toujours actuelle entre la République « Populaire » de Chine avec Pékin comme capitale et la République de Chine dont le centre est à Taibei. L'histoire montre pourtant que la Chine fut parfois éclatée et que son unité reste toujours à défendre, sans cesse à reconstruire et n'est jamais totalement acquise. L'Europe peut s'instruire de cette expérience. Ce serait même une erreur de ne point le faire : elle doit profiter de la réussite que constitue cette unité sociale sans pareil dans l'histoire du monde. Par delà, la Chine lointaine, imaginaire, controversée qu'ont connu nos ancêtres ou la Chine idéale régie par une éthique confucéenne toute puissante que décrivaient autrefois les missionnaires, la Chine secrète des taoïstes avec leur connaissance du corps humain si différente de la nôtre, ou la Chine tranquillement révolutionnaire que nous montrèrent nos télévisions ces dernières années, la Chine réelle reste celle d'un milliard et quelques centaines de millions de personnes réunies sous une même structure politique et dont l'histoire interpelle l'Europe en recherche d'unité.

Résidents et voyageurs européens en Chine au temps de l'impérialisme triomphant (1842-1943)[1]

Jean-Guy DAIGLE

Département d'histoire, Université d'Ottawa

Dans les premiers jours d'octobre de l'année 1794, les quatre-vingt-quatre membres de l'ambassade britannique dirigée par Lord Macartney s'apprêtent à quitter Beijing après avoir été éconduits par l'empereur Qianlong et les hauts dignitaires de sa cour sans être parvenus à ébranler la nature des relations que la dynastie Qing impose aux peuples barbares au contact de l'Empire du Milieu[2]. Non seulement, le mandataire du ciel n'accepte alors ni d'ouvrir davantage la Chine au commerce étranger ni d'accueillir des représentants permanents dans sa capitale mais encore prie-t-il sans ménagement le roi George III de lui vouer respect, soumission et reconnaissance selon les rites en usage auprès des tributaires :

> En fait, les vertus et la puissance du Céleste Empire se sont répandues au loin dans les royaumes innombrables ; ceux-ci sont venus Nous rendre hommage, et toutes sortes d'objets précieux, venus par monts et par mers, ont été réunis ici. Ton premier envoyé et sa suite les ont vus de leurs yeux. Néanmoins, Nous n'avons jamais attaché de prix aux articles ingénieux, ni n'avons le moindre besoin de tes manufactures.

---

1 Ce texte reprend, en l'élargissant, le contenu de la conférence, intitulée *Résidents et voyageurs dans la Chine des mandarins : ambitions et frustrations européennes au XIX*ᵉ *siècle*, présentée par l'auteur à l'Université catholique de Louvain, le 29 octobre 2003. Il est entendu que, par sa nature même, la perspective adoptée ici ne tient guère compte de bien des acquis récents de l'historiographie élucidant les courants internes du changement en Chine depuis les premières décennies du XIXe siècle.

2 A. Peyrefitte, *L'Empire immobile ou le choc des mondes*, Paris, Librairie Arthème Fayard, 1989 ; A. Singer, *The Lion and the Dragon: The Story of the First British Embassy to the Court of the Emperor Qianlong in Peking, 1792-1794*, London, Barrie & Jenkins, 1992 ; R.A. Bickers (ed.), *Ritual and Diplomacy: The Macartney Mission to China, 1792-1794*, London, The British Association for Chinese Studies, 1993 ; J.L. Hevia, *Cherishing Men from Ajar: Qing Guest Ritual and the Macartney Embassy of 1793*, Durham, Duke University Press, 1995.

> En conséquence, ô roi, pour ce qui est de ta requête d'envoyer quelqu'un demeurer dans Notre capitale, outre que cela n'est pas en harmonie avec les règles du Céleste Empire, Nous avons la ferme conviction que cela ne serait d'aucun avantage pour ton pays. C'est pourquoi Nous avons édicté ces instructions détaillées et ordonnons que tes envoyés tributaires s'en retournent chez eux en toute sécurité. Toi, ô roi, tu dois seulement agir selon Nos vœux, en raffermissant ta fidélité et en Nous jurant une obéissance perpétuelle, de façon que ton pays participe aux bienfaits de la paix.[3]

Dans la seconde semaine d'octobre de l'année 1900, le comte Alfred von Waldersee s'installe dans les locaux du Palais impérial abandonné en catastrophe par l'impératrice Cixi et son entourage xénophobe pour orchestrer la terrible répression qu'exercent les quelque 20 000 membres de l'expédition internationale après la libération du quartier des légations au terme d'un siège de cinquante-cinq jours[4]. Cette fois, l'émissaire du kaiser Guillaume II est pleinement en mesure d'exiger des sanctions exemplaires à l'endroit des Boxers et des responsables des agressions perpétrées contre les étrangers en Chine, espérant ainsi concrétiser la croisade de son maître contre la menace du « péril jaune » au nom de la civilisation occidentale :

> Déployez l'authentique bravoure prussienne et supportez la douleur dans la joie comme des Chrétiens. Que l'honneur et la gloire accompagnent vos drapeaux et vos armes et donnez au monde entier l'exemple de la virilité et de la discipline ! Vous savez certes que vous croiserez le fer contre un ennemi malin, vaillant, bien armé et sauvage. Dès qu'il sera devant vous, cet ennemi sera anéanti. Vous ne ferez pas de quartier ni de prisonniers. Tout comme, il y a mille ans, les Huns et leur roi Attila se sont fait une réputation qui encore aujourd'hui célèbre leur puissance dans la tradition et les contes, puisse le nom de l'Allemagne en Chine être gravé pour mille ans grâce à vous de façon telle que plus jamais un Chinois n'ose regarder un Allemand de travers ! Faites preuve de virilité. La bénédiction de Dieu est avec vous, les prières de tout un peuple et mes vœux accompagnent chacun de vous. Ouvrez la voie à la civilisation une fois pour toutes ![5]

---

3 Passages de la lettre de Qianlong promulguée le 22 septembre 1793 d'après l'original chinois et reprise dans Peyrefitte, *L'Empire immobile ou le choc des mondes*, *op. cit.*, p. 343.

4 J.E. Schrecker, *Imperialism and Chinese Nationalism: Germany in Shandong*, Cambridge, Harvard University Press, 1971 ; J.W. Esherick, *The Origins of the Boxer Uprising*, Berkeley, University of California Press, 1987 ; P.A. Cohen, *History in Three Keys: The Boxers as Event, Experience and Myth*, New York, Columbia University Press, 1997 ; R. Bourgerie et P. Lesouf, *La Guerre des Boxers (1900-1901). Tseu-Hi évite le pire*, Paris, Economica, 1998.

5 Extrait de la version exacte de la *Hunnenrede*, harangue prononcée à Bremerhaven le 27 juillet 1900, reproduite in *Deutsches Historisches Museum Berlin, Lebendiges Museum Online*, disponible sur http://www.dhm.de/lemo/html/dokumente/wilhelm00

Entre ces deux événements les rapports de force entre l'Europe et la Chine se transforment radicalement au bénéfice de la première qui possède désormais les moyens et la volonté d'imposer ses desseins comme jamais auparavant.

Introduction
L'apogée de la présence européenne en Chine

Tout au long du XIXe siècle, l'Occident dans son ensemble fait preuve d'un dynamisme économique et technologique inédit qui lui permet de se lancer à la conquête des richesses de la planète et de se convaincre que sa supériorité l'autorise à dicter ses intérêts et ses conceptions au reste du monde, tout particulièrement dans la phase la plus active de la concurrence impérialiste à compter des années 1880[6]. À l'époque des guerres napoléoniennes trois quarts de siècle plus tôt, la Chine des mandarins se faisait encore fort d'encadrer étroitement les transactions des marchands étrangers confinés sur les quais de Canton et d'appliquer sévèrement à ses sujets l'interdiction répétée de pratiquer la religion chrétienne. Dans les décennies qui vont suivre cependant, le régime impérial se voit progressivement contraint de faire des concessions de plus en plus compromettantes aux intrusions « barbares » jusqu'à ce que celles-ci minent définitivement sa crédibilité lors de la curée dont il est victime à la suite de sa retentissante défaite contre le Japon en 1895[7].

(page consultée le 12 novembre 2003). Comme toutes celles qui suivent, cette traduction est de l'auteur.

6 Sur ce thème inépuisable, ne mentionnons que les ouvrages suivants pour leur intérêt concernant l'impact européen en Asie orientale : W. Woodruff, *Impact of Western Man: A Study of Europe's Role in the World Economy, 1750-1960*, New York, St. Martin's Press, 1966 ; P.H. Clyde and B.F. Beers, *The Far East: A History of Western Impacts and Eastern Responses, 1830-1975*, 6e éd., Englewood Cliffs, Prentice-Hall, 1975 ; P. Lowe, *Britain in the Far East: A Survey from 1819 to the Present*, London, Longman, 1981 ; Y.G. Paillard, *Expansion occidentale et dépendance mondiale (fin du XVIIIe siècle – 1914)*, Paris, Armand Colin, 1994 ; M. Jan, G. Chaliand et J.-P. Rageau, *Atlas de l'Asie orientale. Histoire et stratégies*, Paris, Éditions du Seuil, 1997 ; R. Bickers and C. Henriot (eds.), *New Frontiers: Imperialism's New Communities in East Asia, 1842-1952*, Manchester, Manchester University Press, 2000.

7 Parmi les manuels les plus accessibles qui mettent en relief les problèmes internes et les tensions externes de l'empire chinois, retenons en particulier : J. Chesneaux (dir.), *Histoire de la Chine.* vol. 1 : *Des guerres de l'opium à la guerre franco-chinoise, 1840-1885*, et 2 : *De la guerre franco-chinoise à la fondation du parti communiste chinois, 1885-1921*, Paris, Hatier Université, 1969-1972 ; J.K. Fairbank (ed.), *The Cambridge History of China. Volume 10: Late Ch'ing, 1800-1911,* Part 1, Cambridge, Cambridge University Press, 1976; J.K. Fairbank and K.-C. Liu (eds.), *The Cambridge History of China. Volume 11: Late Ch'ing, 1800-1911,* Part 2, Cambridge, Cambridge University Press, 1976; S.-Y. Teng and J.K. Fairbank (eds.),

C'est donc par empiètements successifs que les étrangers imposent leurs conditions dans des « traités inégaux » à compter des années 1840 pour commercer à leur guise dans des ports ouverts, jouir des garanties de l'extraterritorialité, patronner le prosélytisme de leurs missionnaires, implanter leurs représentants diplomatiques en permanence, s'affirmer comme modèles et experts de la modernité, s'imposer enfin en administrateurs des territoires qui leur sont concédés. Comme ces avantages sont octroyés selon le traitement de la nation la plus favorisée, la soumission progressive de la Chine à un régime d'exploitation semi-colonial apparaît comme une entreprise conjointe au profit des puissances du temps[8].

Dans cette entreprise de longue haleine, l'Europe joue un rôle de premier rang si l'on en juge d'abord par le nombre de ses ressortissants sur place. Ainsi, au milieu des années 1830, ceux-ci forment déjà les quatre cinquièmes des quelque deux cents marchands qui œuvrent dans les factoreries de Canton, plus de cent cinquante d'entre eux dépendant de la couronne britannique et la plupart des autres venant des États-Unis d'Amérique. À la veille du renversement de la dynastie mandchoue, à l'heure où l'Europe jouit d'une incontestable hégémonie sur la scène internationale, environ 50 000 Russes, 10 000 Britanniques, 2500 Allemands et 2000 Français résident en Chine aux côtés des 3500 Américains et des 78 000 Japonais qui constituent l'essentiel des quelque 150 000 étrangers principalement regroupés dans une demi-douzaine de grandes agglomérations, à la tête desquelles Shanghai accapare près de la moitié de tous les Occidentaux[9]. Non négligeable certes, l'ampleur de

---

China's Response to the West: A Documentary Survey 1839-1923. With a New Preface, Cambridge, Harvard University Press, 1979 ; J.K. Fairbank, *La Grande Révolution chinoise, 1800-1989*, Paris, Flammarion, 1989 (original anglais, 1986) ; M.-C. Bergère, L. Bianco et J. Domes (dir.), *La Chine au XXe siècle. 1 : D'une révolution à l'autre (1895-1949)*, Paris, Librairie Arthème Fayard, 1989, ch. I à III ; J.D. Spence, *The Search for Modern China*, New York, W.W. Norton, 1990 ; J. Waley-Cohen, *Les Sextants de Pékin*, Montréal, Les Presses de l'Université de Montréal, 2002 (trad. de l'anglais, 1999) ; I.C.Y. Hsü, *The Rise of Modern China*, 6e éd., New York, Oxford University Press, 2000 ; K. Schoppa, *Revolution and Its Past: Identities and Change in Modern Chinese History*, London, Prentice-Hall International, 2002.

8 Chez les contemporains qui ont relaté en détail l'ouverture de l'Empire du Milieu, signalons surtout les travaux d'H. Cordier, *Histoire des relations de la Chine avec les puissances occidentales, 1860-1900*, 3 vol., Paris, Félix Alcan, 1901-1902 ; H.B. Morse, *The International Relations of the Chinese Empire*, 3 vol., New York, Paragon Book Gallery, 1910-1917 ; W.E. Soothill, *China and the West: A Sketch of Their Intercourse*, London, Oxford University Press, 1925 ; E.R. Hughes, *The Invasion of China by the Western World. Second Edition Edited by R.S. Dawson*, London, Black, 1968 (original, 1937).

9 Calculs établis d'après les estimés d'A. Feuerwerker, *The Foreign Establishment in China in the Early Twentieth Century*, Ann Arbor, Center for Chinese Studies, The University of Michigan, 1976 ; *id.*, « The Foreign Presence in China », in

ces effectifs doit cependant être mise en perspective. Tout d'abord, ils demeurent tout à fait insignifiants dans le contexte démographique de la Chine qui ne compte pas moins de quatre cents millions d'habitants et il convient de rappeler que les Occidentaux ne mènent pas ici d'œuvre de colonisation à proprement parler analogue à celles qu'ils ont engagées en Algérie ou en Rhodésie notamment ou à celle que les Japonais vont bientôt entamer en Corée ou en Mandchourie. Sur ce terrain, seuls les Britanniques et les Russes parviennent à implanter une population de type colonial, à Hong Kong dans le premier cas, où ils ne sont toutefois que 20 000 sur près de 500 000 âmes à l'aube de la Grande Guerre, à Harbin au cœur du chemin de fer trans-mandchourien dans le second, où les sujets du tsar totalisent environ la moitié des 60 000 citadins de ce carrefour cosmopolite[10]. Ensuite, cette présence européenne, qui cultive en commun la volonté affichée de se mélanger le moins possible aux masses chinoises qui l'entourent dans son habitat aussi bien que dans ses mœurs, présente néanmoins des disparités récurrentes. Certaines d'entre elles tiennent à la composition ethnique des communautés dites nationales, comme en témoigne la présence visible des courtiers indiens chez les Britanniques ou l'activisme exceptionnel des réfugiés juifs chez les Russes. D'autres reproduisent ici les tensions culturelles ou politiques inhérentes à la société de chacune des mères patries, par exemple quand les diplomates français réfrènent les ardeurs de leurs compatriotes missionnaires ou que les responsables du *Foreign Office* font la sourde oreille aux rancœurs des gens d'affaires établis de longue date. D'autres enfin traduisent inévitablement les rivalités plus globales auxquelles se livrent les puissances, lorsque Londres et Saint-Pétersbourg tentent de se

---

D. Twitchett and J.K. Fairbank (eds.), *The Cambridge History of China*, vol. 12: *Republican China 1912-1949*, Part 1, Cambridge, Cambridge University Press, 1982, pp. 147-149 ; au début de la décennie 1920, le total des étrangers en sol chinois semble approcher le plateau des 250 000 à la suite de l'afflux de Russes et de Chinois en Mandchourie notamment, ce qui est nettement inférieur au chiffre de 350 000 avancé par H. Cordier, *Histoire générale de la Chine et de ses relations avec les pays étrangers* [...] *IV*, Paris, Librairie Paul Geuthner, 1920, p. 331.

10 G.R. Sayer, *Hong Kong, 1862-1919: Years of Discretion. A Sequel to Hong Kong: Birth, Adolescence and Coming of Age*, Hong Kong, Hong Kong University Press, 1975, pp. 138-139 ; C. Markovits, « Indian Communities in China », in Bickers and Henriot, *New Frontiers*, *op. cit.*, ch. 4 ; J. Fogel, « The Japanese and the Jews: A Comparative Analysis of Their Communities in Harbin, 1898-1930 », *ibid.*, pp. 88-108 ; B.J. Brooks, « Japanese Colonial Citizenship in Treaty Port China: The Location of Koreans and Taiwanese in the Imperial Order », *ibid.*, pp. 109-124 ; C. Henriot, « 'Little Japan' in Shanghai: An Insulated Community, 1875-1945 », *ibid.*, pp. 146-169 ; T.T Matsusaka, *The Making of Japanese Manchuria, 1904-1932*, Cambridge, Harvard University Press, 2001, pp. 414-415 ; F. Patrikeeff, *Russian Politics in Exile: The Northeast Asian Balance of Power, 1924-1931*, Basingstoke, Palgrave Macmillan, 2002, pp. 1-21.

neutraliser mutuellement aux frontières de la Chine dans leur course stratégique à la domination de l'Extrême-Orient ou que Paris et Berlin poussent leurs techniciens et leurs conseillers à étendre leur influence à la mesure de leurs moyens dans leur sphère respective.

Depuis que les bâtiments de guerre de la *Royal Navy* ont démontré la fragilité des défenses chinoises contre les assauts des Occidentaux à leurs frontières au début de la décennie 1840, les protagonistes étrangers cherchent à profiter des circonstances souvent très difficiles dans lesquelles manœuvre l'entourage impérial lorsque celui-ci doit tout spécialement consacrer ses énergies à mater les rébellions successives qui risquent de l'emporter et à restaurer ensuite la légitimité de son mandat auprès des populations dévastées. Avec le temps, les envoyés des capitales européennes se trouvent dans une position de plus en plus avantageuse pour forcer la dynastie Qing et ses mandarins à accepter l'insertion de la Chine dans les échanges internationaux et son exposition aux valeurs du monde occidental. Au lendemain de l'épisode des Boxers, ces objectifs ambitieux sont atteints jusqu'à un certain point seulement car le demi-siècle qui vient de se clore a vu bien des illusions se dissiper chez les agents de la civilisation européenne en Extrême-Orient. Chacun à sa façon, le diplomate, l'entrepreneur et le missionnaire sont amenés à composer avec les résistances de l'univers chinois.

I. Les diplomates européens et la politique impériale

Sur le terrain de la diplomatie d'abord, le point tournant se situe en septembre 1860 quand les troupes du baron Gros et de Lord Elgin pillent et détruisent le Palais d'été (*Yuanmingyuan*) construit un siècle plutôt par le Père Castiglione dans l'ouest de la capitale abandonnée par la cour de Xianfeng en fuite. Beaucoup plus que les campagnes militaires qui ont ponctué les guerres de l'opium de 1839 à 1842 et de 1856 à 1858, cette convaincante démonstration de force obtient le résultat longtemps désiré d'imposer au régime impérial la présence permanente de représentants étrangers à l'ombre de la Cité interdite.

La première guerre de l'Opium, qui s'est soldée par le traité de Nanjing en août 1842, a notamment obligé les émissaires impériaux à tolérer les activités des marchands d'outre-mer dans cinq villes côtières où ils sont placés sous l'autorité de leurs propres consuls. Aux yeux du négociateur Qiying et de ses supérieurs au palais, un tel dénouement ne représente pas une rupture notable dans la façon habituelle de tolérer les communautés marchandes qui recherchent le profit dans les zones frontalières, d'autant plus que les vaisseaux de l'amiral Pottinger ne sont pas aventurés au nord du delta du Yangzi. Lors du second conflit, qui se déroule durant la grande rébellion des *Taiping*, les menaces s'avèrent beaucoup plus sérieuses, car la France et le Royaume-Uni conjuguent cette fois leur stratégie pour exiger la révision du traité original et requérir des réparations pour les soi-disant affronts à leur honneur national que représentent l'assassinat d'un missionnaire catholique et l'arrestation de l'équipage d'un navire battant pavillon britannique. Dans l'un et l'autre cas, les motifs invoqués sont pour le moins discutables car la récente tolérance du christianisme en Chine n'autorise pas clairement le prosélytisme dans les provinces de l'intérieur et le vaisseau *Arrow* ancré dans le port de Canton n'a en réalité de britannique que son permis et son capitaine. Ce qui est vraiment en jeu au milieu des années 1850, c'est l'efficacité des pressions que peuvent exercer les États étrangers pour pénétrer davantage le marché chinois, légaliser finalement le trafic de l'opium et forcer les autorités impériales à respecter à la lettre les engagements qu'elles prennent auprès des envoyés occidentaux[11].

Jusqu'au début du XIXe siècle, les missions européennes ont dû se soumettre aux règles qu'a établies l'Empire du Milieu pour régir ses rapports avec les « barbares » (*yi*) qui sont en contact avec lui. Sur les lieux certes, aux confins de la Mongolie ou du Turkestan de même que dans les entrepôts de Canton, des arrangements concrets facilitent souvent les échanges selon l'initiative et le sens du compromis des fonctionnaires en poste. Dans son principe même cependant, la subordination des tributaires étrangers au mandataire du ciel doit respecter les signes et les pratiques qui sont mis en œuvre par le bureau des Rites (*Libu*) ou la commission des Frontières (*Lifanyuan*)[12]. C'est d'ailleurs ce à quoi les missions annamites, birmanes et coréennes continuent de se conformer jusque dans les années 1880, contrairement aux diplomates occidentaux qui s'y refusent depuis les démarches infructueuses du Hollandais Titzing, du

---

11 J.K. Fairbank, *Trade and Diplomacy on the China Coast: The Opening of the Treaty Ports, 1842-1854*, Cambridge, Harvard University Press, 1964 ; J. Beeching, *The Chinese Opium Wars*, London, Hutchinson of London, 1975 ; F. Wakeman, « The Canton Trade and the Opium War », in Fairbank, *Late Ch'ing, 1800-1911, op. cit.*, pp. 163-212 ; Fairbank, « The Creation of Treaty System », *ibid.*, pp. 213-263 ; G. Graham, *The China Station: War and Diplomacy, 1830-1860*, Oxford, Clarendon Press, 1978 ; J.Y. Wong, *Deadly Dreams: Opium, Imperialism and the Arrow War (1856-60) in China*, Cambridge, Cambridge University Press, 1988 ; G. Melancon, *Britain's China Policy and the Opium Crisis: Balancing Drugs, Violence and National Honour, 1833-1840*, Aldershot, Ashgate, 2003.

12 J.K. Fairbank (ed.), *The Chinese World Order: Traditional China's Foreign Relations*, Cambridge, Harvard University Press, 1968 ; A. Bennigsen, *Russes et Chinois avant 1917*, Paris, Flammarion, 1974 ; Hevia, *Cherishing Men from Ajar, op. cit.*, ch. 1 et 2 ; J. Fletcher, « The Heyday of the Ch'ing Order in Mongolia, Sinkiang and Tibet », in Fairbank, *Late Ch'ing, 1800-1911, op. cit.*, pp. 351-407 ; J.A. Millward, *Beyond the Pass: Economy, Ethnicity, and Empire in Qing Central Asia, 1759-1864*, Stanford, Stanford University Press, 1998.

Britannique Macartney et du Russe Golovkine entre 1794 et 1805. Un demi-siècle plus tard, malgré leur extrême réticence, les plus hauts dignitaires de la dynastie mandchoue sont contraints de subir un accroc très douloureux au cœur de leur univers politique (*tizhi*) en admettant l'installation de légations permanentes avec lesquelles il faudrait désormais transiger sur un pied d'égalité.

Ainsi contrainte d'accepter les normes du droit international, la Chine affaiblie va néanmoins s'efforcer d'en atténuer et d'en retarder les applications au grand désespoir des diplomates étrangers en poste chez elle. À compter de 1861, la capitale impériale doit accueillir les représentants officiels des grandes puissances dans le quartier confiné des légations où une quinzaine de drapeaux va bientôt flotter au plus fort de la curée impérialiste. Pour dialoguer sur une base régulière avec eux, la dynastie met en place un organe qu'elle considère comme un expédient et dont la composition varie au gré des tendances en faveur auprès de l'impératrice Cixi : faute de véritable ministère des Affaires étrangères avant 1901, le conseil spécial du *Zongli yamen* est chargé d'étudier la plupart des questions soulevées par les innombrables répercussions des traités inégaux. C'est donc dans son entourage que se déroulent les débats d'orientation entre les partisans d'une coopération plus poussée avec les Occidentaux dans le but de moderniser et de renforcer le pays, d'une part, et, de l'autre, les tenants han et mandchous des blocages et de la temporisation au nom de la tradition et de la supériorité chinoise. Jusqu'à un certain point, les diplomates en place doivent par conséquent tenir compte des ratés aussi bien que des poussées de l'ouverture qui est devenue l'un des enjeux du pouvoir et, sur ce plan, les envoyés de Nicolas II semblent encore mieux s'adapter aux circonstances que leurs homologues au tournant du siècle :

> En toutes circonstances nouvelles, la diplomatie russe sut se rendre plus aimable à la chinoise. La patience, la lenteur, la délicatesse dans l'échange d'idées qui caractérisent communément les hommes d'État des deux pays ; la conformation stricte de la Russie aux usages chinois ; la prudence extrême avec laquelle on évitait la lourde faute des diplomates occidentaux, de traiter la Chine de très haut : Tout cela ne pouvait qu'engendrer, du côté de la dynastie mandchoue, une confiance profonde dans l'amitié et dans l'honorabilité des hommes politiques russes [...]. Ainsi la connaissance mutuelle des habitudes, croyances, préjugés, institutions, usages, langue et besoins, tend à créer une espèce d'harmonie interpopulaire qui devient de la plus haute importance quand les relations ne restent plus bornées à la seule zone des frontières.[13]

---

[13] A. Ular, *Un Empire russo-chinois*, Paris, Félix Juven, 1902, pp. 34 et 50-51.

Au niveau le plus élevé, les légats doivent patienter pas moins d'une douzaine d'années jusqu'à la majorité du jeune empereur Tongzhi pour lui remettre enfin leurs lettres de créance en juin 1873 sans avoir à se prosterner durant la brève audience qui leur est accordée dans un pavillon normalement réservé aux tributaires. À l'exception des délégués du tsar et du kaiser, la plupart des diplomates occidentaux en poste à Beijing n'y séjournent que quelques années et rares sont ceux qui, tels l'Anglais Rutherford Alcock ou l'Allemand Max von Brandt, s'élèvent au rang de spécialistes des questions de l'Extrême-Orient. Terriblement éloignés de la métropole, dont un bon mois et demi de voyage en vapeur les sépare à leur arrivée à Shanghai, les représentants des capitales européennes peuvent heureusement recourir petit à petit aux bienfaits du télégraphe depuis les années 1870 pour servir de relais entre les consignes de leur ministère en amont et les problèmes de leurs consuls en aval. D'une capitale à l'autre, les priorités présentent des nuances significatives, puisque les Britanniques s'attachent surtout à la promotion des affaires, les Français à la défense du catholicisme, les Russes à la coexistence aux frontières et les Allemands à l'affirmation de la *Weltpolitik*, même si tous veillent scrupuleusement à réclamer pour eux-mêmes les concessions ponctuelles qui sont consenties aux autres par les autorités chinoises[14].

À l'origine du corps consulaire étranger dans l'empire des Qing se trouve la décision prise à Westminster en 1832 de retirer à la *East India Company* le monopole du commerce avec la Chine, ce qui a eu pour conséquence l'envoi à Canton d'un délégué officiel du Royaume-Uni pour plaider la cause de ses compatriotes négociants[15]. Cette situation de

---

[14] J. Osterhammel, « Britain and China, 1842-1914 », in A. Porter (ed.), *The Oxford History of the British Empire.* vol. 3 : *The Nineteenth Century*, Oxford, Oxford University Press, 1999, pp. 146-169 ; S.C. Paine, *Imperial Rivals: China, Russia, and Their Disputed Frontier*, Armonk, M.E. Sharpe, 1996 ; U. Ratenhof, *Die Chinapolitik des deutschen Reiches von 1871 bis 1945: Chinas Erneuerung, Großmachtrivalitäten in Ostasien und deutsches Weltmachtstreben*, Boppard am Rhein, Harald Boldt Verlag, 1987 ; J. Weber (dir.), *La France en Chine (1843-1943)*, Nantes, Presses académiques de l'Ouest – Ouest Éditions, 1997 ; P. Corradini, « La Chine et l'Italie au XIXe siècle », in M. Cartier (dir.), *La Chine entre amour et haine. Actes du VIIIe colloque de sinologie de Chantilly*, Paris, Desclée de Brouwer, 1998, pp. 265-284.

[15] H.B. Morse, *The Chronicles of the East India Company, 1635-1834*, vol. 4, Oxford, Oxford University Press, 1925 ; D.E. Owen, *British Opium Policy in China and India*, New Haven, Yale University Press, 1934 ; M. Greenberg, *British Trade and the Opening of China, 1800-1842*, Cambridge, Cambridge University Press, 1951 ; H.-P. Chang, *Commissioner Lin and the Opium War*, Cambridge, Harvard University Press, 1964 ; L. Dermigny, *La Chine et l'Occident. Le commerce à Canton au XVIIIe siècle, 1719-1833*, Paris, S.E.V.P.E.N., 1964, troisième partie ; P. Butel, *L'Opium. Histoire d'une fascination*, Paris, Perrin, 1995, ch. 2 et 3.

fait est devenue un droit acquis dans les cinq premiers ports ouverts à la signature du traité de Nanjing puis ce droit s'est progressivement étendu à toutes les implantations officielles qui parsèment le territoire chinois, lesquelles passent de trente-huit dans les années 1880 à près d'une centaine au lendemain de l'indemnité des Boxers. Certes, toutes les puissances ne postent pas des envoyés dans chacune d'elles et les plus fortes concentrations étrangères ne sont signalées que dans quelques grandes cités comme Shanghai, Tianjin, Hankou et Canton, où des quartiers entiers s'implantent avec leur défense et leur administration autonomes. C'est dans de tels endroits que les agents de la diplomatie européenne trouvent parfois des interlocuteurs intéressés et compréhensifs et qu'une collaboration fructueuse peut s'instaurer entre experts occidentaux et mandarins régionaux notamment pour la perception des droits de douane ou la construction des arsenaux au Jiangnan. Ceux-là ont aussi la chance d'y fréquenter leurs semblables et de recréer un mode de vie qui leur est familier[16].

Partout ailleurs au contraire, la tâche des consuls est pour le moins délicate et inconfortable à la fois[17]. En effet, même quand ils appartiennent à un réseau de plus en plus étendu et spécialisé, chez les Russes, les Britanniques et les Japonais surtout, ces hommes de terrain souffrent d'abord de l'isolement et de l'inconfort, car peu d'entre eux possèdent une maîtrise de la langue qui leur épargnerait de se passer de leur secrétaire autochtone et ils doivent constamment vivre avec les aléas du transport pour inclure dans leurs bagages les effets jugés indispensables à leur travail et à leur quotidien. Sur place, il leur est généralement impossible d'acquérir toute marchandise d'importation et il ne leur reste guère que le contact occasionnel avec quelques missionnaires ou de rares

---

16 W. Keeton, *The Development of Extraterritoriality in China*, 2 vol., New York, Howard Fertig, 1969 (original, 1928) ; C. Elder (ed.), *China's Treaty Ports: Half Love and Half Hate. An Anthology Selected and Edited by Chris Elder*, Oxford, Oxford University Press, 1999 ; Feuerwerker, *The Foreign Establishment in China in the Early Twentieth Century*, *op. cit.* ; R. Bickers, *Britain in China: Community, Culture and Colonialism 1900-1949*, Manchester, Manchester University Press, 1999 ; G. Brossolet, *Les Français de Shanghai, 1849-1949*, Paris, Éditions Belin, 1999 ; S. Dong, *Shanghai: The Rise and Fall of a Decadent City*, New York, William Morrow, 2000 ; F. Ged, « Shanghai, à l'époque des concessions, ville de modèles occidentaux ? », in P. Servais et R. Hagelstein (dir.), *Perception et organisation de l'espace urbain. Une confrontation Orient – Occident*, Louvain-la-Neuve, Bruylant-Academia, 2001, pp. 78-106.

17 Feuerwerker, « The Foreign Presence in China », in Twitchett and Fairbank, *Republican China 1912-1949, op. cit.*, pp. 153-165 ; R.K.I. Quested, *Sino-Russian Relations: A Short History*, Hemel Hampstead, George Allen & Unwin, 1984, ch. 8 ; P.D. Coates, *China Consuls: British Consular Officers, 1843-1943*, Hong Kong, Oxford University Press, 1988 ; R. Pérennès, « La Représentation diplomatique de la France en Chine (1843-1945) », in Weber (dir.), *La France en Chine, op. cit.*, pp. 163-178.

voyageurs et marchands pour les tirer de leur coexistence muette et méfiante avec les foules anonymes qui fourmillent autour d'eux. Dans leurs missives et leurs rapports, ils révèlent à quel point leur existence oscille entre une oisiveté parfois désespérante, surtout dans les assignations éloignées où l'absence presque totale d'étrangers ne justifie aucunement leur présence, et les divers embarras que leur cause localement l'application intégrale de toutes les dispositions des traités qui régissent le déplacement des voyageurs, l'extension des échanges et l'implantation des missions. Comme de raison, ces hommes de terrain prêtent souvent le flanc à la critique de leurs ressortissants, comme celle d'Alicia Little à l'endroit des consuls de son pays :

> La théorie voulait qu'ils étaient trop portés à se considérer comme les protecteurs des Chinois contre les empiètements de leurs compatriotes [...] Cependant, même là où le consul est tout ce qu'il devrait être [...] les intérêts des sujets britanniques doivent payer le prix si le ministre britannique ne les appuie pas. Et ce ministre ne peut faire grand-chose si les responsables du *Foreign Office* en décident ainsi [...]
>
> Quoi qu'on en dise, un sujet anglais ne peut qu'être peiné de constater à quel point les consuls britanniques peuvent faire peu de chose pour qu'il obtienne réparation des torts qu'il a subis [...] Qu'un Français ou un Russe soit partie plaignante, son consul se met immédiatement sur le sentier de la guerre et les Chinois doivent céder sur-le-champ.[18]

Souvent placés entre l'arbre et l'écorce, les consuls sont ainsi tenus de surveiller les agissements de leurs compatriotes entreprenants et ambitieux tout en se faisant accepter comme des interlocuteurs dignes et sérieux auprès des intendants, des préfets et des magistrats impériaux.

Comme il faut s'y attendre, ces fonctionnaires régionaux ont comme priorité de boucler leur budget et préserver l'ordre public tout en respectant l'esprit et les normes de leur mandat et ils sont peu enclins à donner suite aux récriminations des porte-parole de l'intrusion étrangère qui est fréquemment mal perçue par leurs collègues et leurs administrés[19]. En

---

[18] Mrs A. Little, *Intimate China: The Chinese as I Have Seen Them*, London, Hutchinson & Co., 1901, pp. 78-79.

[19] K.-C. Hsiao, *Rural China: Imperial Control in the Nineteenth Century*, Seattle, University of Washington Press, 1960 ; T.-T. Ch'ü, *Local Government in China under the Ch'ing*, Cambridge, Harvard University Press, 1962 ; J.R. Watt, *The District Magistrate in Late Imperial China*, New York, Columbia University Press, 1972 ; F. Wakeman, Jr. « The Evolution of Local Control in Late Imperial China », in F. Wakeman, Jr. and C. Grant (eds.), *Conflict and Local Control in Late Imperial China*, Berkeley, University of California Press, 1975, pp. 1-25 ; P.-E. Will, « Introduction », in P.A. Kuhn, *Les Origines de l'État chinois moderne. Traduit et présenté par Pierre-Étienne Will*, Paris, Éditions de l'École des Hautes Études en Sciences

conséquence, les mandarins évitent en général de donner suite aux plaintes des consuls qui se portent à la défense des Européens agressés dans leur corps ou lésés dans leurs droits en invoquant les susceptibilités légitimes des populations sous leur juridiction ou en référant les cas d'« insultes » ou d'« outrages » à leurs supérieurs dans le dédale de la bureaucratie. Il n'y a donc guère lieu de s'étonner du torrent de condamnations qui s'abat sur eux, auquel l'interprète Gaston de Bezaure joint ici sa voix :

> Le mandarinat est avili. Nous avons constaté des abus, des trafics, et nous ne craignons pas de les signaler dans ces courtes notes sur les rapports intimes des agents et des tribunaux inférieurs avec les administrés et les justiciables. Car c'est là que nous avons constaté la plaie. Les vice-rois et les mandarins supérieurs ont une situation quasi royale qui les met au-dessus des vexations et des rapines vulgaires ; mais chez le commun des fonctionnaires, sans cesse en rapport avec le public, la lèpre de la vénalité s'insinue et elle ronge l'empire. Le malheur est que personne n'ose le dire.[20]

Face à des interlocuteurs aussi peu estimés, la marge de manœuvre des émissaires occidentaux demeure étroite même si la menace d'une intervention musclée devient plus crédible avec les patrouilles de canonnières jusque dans l'intérieur dans les dernières années du siècle. Dans presque tous les cas, il faut constamment s'armer de patience en espérant que les litiges se dénouent éventuellement à Beijing entre les légats et les dignitaires de la cour.

Dans le climat intellectuel de la capitale du mandataire céleste, il faut attendre les années 1880 pour trouver quelques interlocuteurs qui osent se faire les avocats des relations suivies avec les nations étrangères sans compromettre à jamais leur carrière et tomber sous le coup des accusations de trahison (*hanjian*). Certes, le prince Gong joue un rôle pionnier dès 1860 par son réalisme face aux demandes des « barbares » dont les techniques avancées impressionnent les tenants de l'auto renforcement (*ziqiang*) mais il est écarté sans ménagement du *Zongli yamen* par l'impératrice Cixi en 1885. Quand les Britanniques exigent qu'une mission chinoise se rende en Angleterre présenter des excuses pour l'assassinat de leur agent Margary en 1875, le gouvernement impérial délègue en Europe le réformateur Guo Songtao qui devient son premier ambassadeur officiel en Occident mais celui-ci tombe brutalement en disgrâce sous les attaques des conservateurs après avoir soumis un mémoire à la cour sur la meilleure stratégie à adopter envers les Occidentaux :

Sociales, 1999, pp. 11-68 ; B.W. Reed, *Talons and Teeth: County Clerks and Runners in the Qing Dynasty*, Stanford, Stanford University Press, 2000.

20 G. de Bezaure, *Le Fleuve bleu. Voyage dans la Chine occidentale*, Paris, E. Plon et Cie, 1879, pp. 204-205.

Présentement, les étrangers ont atteint l'intérieur de notre pays et ont établi des ambassades dans notre capitale. Nous n'avons pas les moyens de les en empêcher. C'est pourquoi j'estime qu'il n'est pas à notre avantage actuel d'essayer de défendre nos côtes même si la défense nationale doit constamment retenir l'attention de notre gouvernement [...]. Nous devons discuter avec les étrangers des points sur lesquels ils insistent quoique ce soient précisément ces points dont nous devons nous désister. Alors nous ne pouvons vraiment pas leur céder. Nous devrions leur accorder sans hésitation tout ce qu'il nous est possible de faire, aussi longtemps que cela n'affecte pas nos intérêts nationaux, et leur refuser avec acharnement ce que nous ne devrions pas leur accorder. C'est la politique que dictent la force et la raison.[21]

Même le mentor de l'auteur de ces lignes, le prestigieux Li Hongzhang, dans lequel les Européens voient longtemps l'inspirateur authentique de l'ouverture moderne de la Chine au monde, subit à plusieurs reprises les foudres de la douairière et de ses adversaires et, moins de cinq ans après son périple triomphal dans les grandes capitales occidentales en 1896, il connaît une fin ignominieuse quand il doit accepter les termes du protocole des Boxers. Quatre longues décennies se sont donc écoulées depuis que la convention de Beijing a contraint certains hauts dirigeants de la Chine des Qing d'entrouvrir les portes de la Cité interdite à la diplomatie internationale[22].

II. Les entrepreneurs européens et le marché intérieur

Quant à l'insertion de la Chine dans les grands courants de l'économie mondiale, elle a donné lieu à des débats très animés sur son ampleur aussi bien que sur ses mérites[23]. En gros, les contempteurs de l'impéria-

---

21 J.D. Frodsham, *The First Chinese Embassy to the West: The Journals of Kuo Sung-T'ao, Liu Hsi-Hung and Chang Te-Yi*, Oxford, Clarendon Press, 1974, p. 90.

22 M. Banno, *China and the West, 1858-1861: The Origins of the Tsungli Yamen*, Cambridge Harvard University Press, 1964 ; I.C.Y. Hsü, *The Ili Crisis: A Study in Sino-Russian Diplomacy, 1871-1881*, Oxford, Clarendon Press, 1965 ; *id.*, *China's Entrance into the Family of Nations: The Diplomatic Phase, 1858-1880*, Cambridge, Harvard University Press, 1968 ; Frodsham, *The First Chinese Embassy to the West*, *op. cit.*, Introduction ; I.C.Y. Hsü, « Late Ch'ing Foreign Relations », in Fairbank and Liu, *Late Ch'ing, 1800-1911*, *op. cit.*, pp. 70-141 ; G.W. Gong, « China's Entry into International Society », in H. Bull and A. Watson (eds.), *The Expansion of International Society*, Oxford, Clarendon Press, 1984, pp. 171-183.

23 G.C. Allen and A.G. Donnithorne, *Western Enterprise in Far Eastern Economic Development: China and Japan*, London, Allen and Unwin, 1954 ; R.F. Dernberger, « The Role of the Foreigner in China's Economic Development, 1840-1949 », in D.H. Perkins (ed.), *China's Modern Economy in Historical Perspective*, Stanford, Stanford University Press, 1975, pp. 19-47 ; F.V. Moulder, *Japan, China, and the Modern World Economy: Toward a Reinterpretation of East Asian Development, ca. 1600 to ca. 1918*, Cambridge, Cambridge University Press, 1977, ch. 4 ; F.-H. Mah,

lisme occidental lui reprochent d'y avoir entravé le développement des secteurs secondaire et tertiaire par l'imposition de privilèges indus acquis par la force depuis les années 1840. C'est la thèse largement défendue par les historiens nationalistes qui insistent entre autres sur le fait que leur pays ait perdu son indépendance douanière durant trois quarts de siècle. Au contraire, les tenants de l'influence bénéfique de la présence occidentale dans l'Empire du milieu lui accordent le crédit d'avoir contribué de façon significative à la modernisation de structures archaïques en incitant les marchands et les fonctionnaires régionaux à s'adapter aux défis de la technologie venue d'ailleurs. C'est le point de vue soutenu par les auteurs de plus en plus nombreux qui démontent les mécanismes de la symbiose sino-occidentale dans les provinces côtières depuis les années 1870[24]. Quel que soit l'angle d'approche, il convient, dans ce domaine aussi, de tenter d'évaluer les écarts entre les espoirs et les réalisations.

Au point de départ assurément, la volonté réitérée d'ouvrir le marché chinois aux produits étrangers répond à un besoin urgent au début du XIXe siècle : celui de corriger l'imposant déficit commercial qui découle des achats massifs de thé chinois pour abreuver la population britannique en décuplant les entrées d'opium indien à partir des rades du littoral, illicitement d'abord avec la complicité des contrebandiers locaux puis en toute impunité après la légalisation du trafic. Nonobstant les objections contemporaines à ces opérations, qu'elles soient de nature morale ou politique, les profits engrangés par les négociants privés qui prennent la relève du système des monopoles jouissent bientôt de deux avantages exceptionnels dans les ports qui leur sont réservés : l'affranchissement de toute ingérence mandarinale dans leurs affaires grâce au

---

« External Influence and Chinese Economic Development: A Re-evaluation », in C.-M. Hou and T.-S. Yu (eds.), *Modern Chinese Economic History: Proceedings of the Conference on Modern Chinese Economic History*, Taipei, Academia sinica, 1977, pp. 273-298 ; L.E. Eastman, *Family, Fields, and Ancestors: Constancy and Change in China's Social and Economic History, 1550-1949*, Oxford, Oxford University Press, 1988, ch. 8 ; J. Osterhammel, « British Business in China, 1860s-1950s », in R.P.T. Davenport-Hines and G. Jones (eds.), *British Business in Asia since 1860*, Cambridge, Cambridge University Press, 1989, pp. 189-216.

24 Y.-P. Hao, *The Comprador in Nineteenth-Century China: Bridge between East and West*, Cambridge, Harvard University Press, 1970 ; W.K.K. Chan, « Government, Merchants and Industry to 1911 », in Fairbank and Liu, *Late Ch'ing, 1800-1911*, *op. cit.*, ch. 8 ; *id.*, *The Commercial Revolution in Nineteenth-Century China: The Rise of Sino-Western Mercantile Capitalism*, Berkeley, University of California Press, 1986 ; M.-C. Bergère, *L'Âge d'or de la bourgeoisie chinoise, 1911-1937*, Paris, Flammarion, 1986, première partie ; P. Richardson, *Economic Change in China, ca. 1800-1950*, Cambridge, Cambridge University Press, 1999, ch. 4 ; G. Wang, *Anglo-Chinese Encounters since 1800: War, Trade, Science and Governance*, Cambridge, Cambridge University Press, 2003, ch. 3.

statut de l'extraterritorialité et la légèreté du régime douanier qui ne dépasse pas 5 % des valeurs déclarées[25]. Dans ces conditions, les entrepreneurs du Lancashire et d'ailleurs rêvent à leur tour d'habiller les quatre cents millions de clients qui se précipiteraient sur les cotonnades sorties des usines européennes. Cependant, ni l'opium ni les cotonnades, qui fournissent l'essentiel des arrivages sur les quais de Shanghai durant la majeure partie du siècle, ne représentent le pactole imaginé à long terme. En effet, depuis la fin de la décennie 1870, les importations d'opium se mettent à décliner devant la concurrence accrue des dérivés moins coûteux du pavot indigène dans les provinces du Sichuan et du Yunnan, comme le prévoyait déjà Évariste Huc au milieu du siècle :

> Les marchands anglais confessent que les produits chinois sont d'excellente qualité, quoique, cependant, encore inférieurs à ceux qui viennent du Bengale ; mais l'opium anglais subit tant de falsifications avant d'arriver dans la pipe du fumeur, qu'il ne vaut plus, en réalité, celui que préparent les Chinois. Celui des Anglais, malgré sa falsification, est très cher et réservé aux fumeurs de distinction [...]
>
> Pourtant on peut prévoir qu'un tel état de choses ne durera pas. Il est probable que les Chinois cultiveront le pavot sur une très grande échelle, et pourront fabriquer, chez eux, tout l'opium nécessaire à leur consommation. Les Anglais, incapables d'obtenir les mêmes produits à aussi bon marché que les Chinois, ne pourront soutenir la concurrence, surtout lorsque l'engouement pour les produits lointains sera passé de mode.[26]

De plus, les consommateurs chinois se montrent peu friands des étoffes étrangères qui n'arrivent guère à déloger les vêtements coutumiers mieux adaptés au goût et à la bourse des gens du crû et, là où les filés anglais ou indiens trouvent preneurs, c'est davantage pour épauler la production artisanale plutôt que de contribuer à son déclin face à l'intrusion des biens manufacturés outre-mer. Au total donc, il n'y a aucune preuve vraiment très convaincante qui vienne confirmer le mythe d'un eldorado entretenu par la propagande de certains milieux d'affaires même si, en chiffres

---

[25] Greenberg, *British Trade and the Opening of China, 1800-1842*, *op. cit.*, pp. 220-221 ; C.-M. Hou, *Foreign Investment and Economic Development in China, 1840-1937*, Cambridge, Harvard University Press, 1965, pp. 231-234 ; B. Dean, *China and Great Britain: The Diplomacy of Commercial Relations, 1860-1864*, Cambridge, Harvard University Press, 1974 ; Hao, *The Commercial Revolution in Nineteenth-Century China*, *op. cit.*, ch. 5 ; Wong, *Deadly Dreams*, *op. cit.*, ch. 14-17 ; J.K. Fairbank, « The Creation of Treaty System », in Fairbank, *Late Ch'ing, 1800-1911*, *op. cit.*, pp. 213-263.

[26] E. Huc, *L'Empire chinois, faisant suite à l'ouvrage intitulé Souvenirs d'un voyage dans la Tartarie et le Tibet par M. Huc. Tome premier*, Paris, Librairie de Gaume Frères, 1854, pp. 35-36.

absolus, la valeur approximative du commerce extérieur de la Chine soit multipliée par huit entre 1860 et 1910.

Il ne faut toutefois pas se laisser emporter par les séries statistiques des échanges avec l'étranger qui, au demeurant, ne tiennent compte ni du négoce par la colonie de Hong Kong ni des mouvements sur les frontières terrestres, puisqu'elles révèlent, à y regarder de plus près, l'importance très discrète de ces activités pour tous les partenaires en cause. D'un côté, les experts n'évaluent guère à plus de 5 % la contribution du commerce extérieur à l'ensemble du produit intérieur de la Chine avant l'avènement de la république. De l'autre, le rang qu'occupe l'Empire du milieu parmi tous les partenaires internationaux des grandes nations industrialisées reste extrêmement humble, puisqu'il ne fournit pas plus de 2 ou 3 % pour cent du solde commercial de la France ou de l'Allemagne et que le Royaume-Uni lui-même y puise à peine 5 % de toutes ses importations alors qu'il ne lui destine que 3 % de ses exportations au tournant du siècle. À ce moment-là, la Grande-Bretagne et ses dominions continuent d'arriver bons premiers aux douanes maritimes chinoises, suivis du Japon, qui connaît alors une poussée fulgurante, des États-Unis, de la Russie, de l'Allemagne et de la France, mais la prépondérance britannique dans le volume des échanges, si déterminante dans le premier demi-siècle de l'ouverture, est désormais nettement moins assurée[27]. Il est vrai que la nature des affaires s'est beaucoup modifiée entretemps.

À l'origine, des entreprises d'import-export, comme la célèbre *Jardine and Matheson* (surnommée *Ewo*) ou sa rivale la *Butterfield and Swire* (surnommée *Taikoo*), doivent mettre en place des relais entre leur siège social, installé notamment le quartier du Bund à Shanghai, et les points de distribution ou d'approvisionnement dans les régions de l'intérieur. Pour ce faire, les magnats occidentaux du négoce, appelés ici *taipan*, sont forcés de recourir aux services de compradores chinois (*maiban*), qui accaparent sur-le-champ le rôle d'intermédiaires auprès de leurs compatriotes acquéreurs ou fournisseurs venus des autres provinces. En réalité, les entrepreneurs occidentaux ne sont donc à peu près jamais en mesure de transiger directement avec leurs clients sur le terrain, soit qu'ils ne disposent ni des capitaux ni des techniques pour les atteindre soit qu'ils se heurtent aux pratiques exclusives des guildes qui n'accordent leur

---

27 Woodruff, *Impact of Western Man, op. cit.*, ch. VII ; L.-L. Hsiao, *China's Foreign Trade Statistics, 1864-1949*, Cambridge, Harvard University Press, 1974 ; B.R. Mitchell, *European Historical Statistics, 1750-1970*, New York, Columbia University Press, 1975, « External Trade with Main Trading Partners » ; Ratenhof, *Die Chinapolitik des Deutschen Reiches von 1871 bis 1945*, *op. cit.*, pp. 561-565 ; G. Baud-Berthier, « Le Commerce entre la Grande-Bretagne et la Chine 1840-1900 », 3 vol., Thèse pour le doctorat de 3e cycle, Université de Paris IV – Sorbonne, 1994.

confiance qu'à leurs semblables. C'est ce que déplorent des représentants de l'industrie textile du Lancashire à la toute fin du siècle encore :

> Compte tenu du fait qu'il y a toujours un élément de mystère qui accompagne les agissements des Chinois et qu'ils excellent à compliquer les choses, il n'est guère étonnant que des gens qui ont vécu de nombreuses années dans le pays doivent confesser qu'ils en savent bien peu sur ces institutions. Dans leurs grandes lignes leurs statuts sont tous similaires, quoique certaines exercent un pouvoir encore plus arbitraire et autocratique que d'autres [...]
>
> Si ces guildes se bornaient à réglementer et à contrôler les échanges intérieurs, la situation serait déjà assez critique puisque, dans le monde des affaires, les pertes encourues dans un secteur affectent tous les autres ; mais il y a bien des cas avérés où la puissance des guildes a été vivement ressentie par des entreprises étrangères qui, sous la pression douce et convaincante d'un boycott, ont dû céder aux exigences qu'on leur adressait.[28]

De fait, l'ouverture de la Chine aux marchés extérieurs va stimuler localement la commercialisation de la soie, du thé et du coton dans le centre et le sud-est du pays au profit d'une classe de marchands qui renforce son emprise sur les principaux courants interrégionaux, frustrant pour de bon les ambitions peu raisonnables de ceux qui ne cessent de tempêter auprès de leurs consuls contre les entraves au fonctionnement du libre marché[29].

Sur les entrefaites, les firmes anglaises les mieux avisées tirent les leçons de leurs expériences commerciales pour se lancer plutôt dans le développement des services liés au grand commerce. C'est ainsi que *Jardine and Matheson*, par exemple, se recycle, depuis le milieu des années 1860, dans l'entretien portuaire, la navigation intérieure et l'assurance maritime, assurant ainsi sa fortune prolongée en Extrême-Orient et ouvrant la voie à une diversification très profitable des investissements dans des secteurs sous-développés de l'économie chinoise[30]. Parmi ses

---

28 *Report of the Mission to China of the Blackburn Chamber of Commerce, 1896-7. H. Neville and H. Bell's Section*, Blackburn, The North-East Lancashire Press Company, 1898, pp. 309 et 317.

29 N.A. Pelcovits, *Old China Hands and the Foreign Office*, New York, King's Cross Press, 1948 ; Allen and Donnithorne, *Western Enterprise in Far Eastern Economic Development*, *op. cit.*, ch. II ; Hao, *The Commercial Revolution in Nineteenth-Century China*, *op. cit.*, ch. 5 et 6 ; R. Murphey, *The Outsiders: The Western Experience in India and China*, Ann Arbor, The University of Michigan Press, 1977, ch. 10 ; Osterhammel, « British Business in China, 1860s-1950s », in Davenport-Hines and Jones, *British Business in Asia since 1860*, *op. cit.*, ch. 7.

30 K.-C. Liu, *Anglo-American Steamship Rivalry in China, 1862-1874*, Cambridge, Harvard University Press, 1962 ; E. LeFevour, *Western Enterprise in Late Ch'ing China: A Selective Survey of Jardine, Matheson and Company's Operations, 1842-1895*, Cambridge, Harvard University Press, 1968 ; W.E. Cheong, *Mandarins and*

plus brillantes réussites, le capitalisme étranger peut féliciter ses compagnies de navigation transocéaniques d'acheminer plus des quatre cinquièmes du trafic international de la Chine, les bâtiments enregistrés au Royaume-Uni, qui réalisent encore 40 % du tonnage mondial vers 1900, venant constamment loin en tête dans l'acheminement du fret et des passagers, en plus de se réserver la part du lion dans les communications entre les ports de la côte. Quant à la navigation fluviale, ouverte aux firmes occidentales qui acheminent les biens importés vers l'intérieur, elle met en scène les flottilles de vapeurs appartenant encore une fois aux puissantes agences d'*Ewo* et de *Taikoo* qui dament facilement le pion à la société nationale *China Merchants* créée pour les neutraliser dans le bassin du Yangzi[31]. Aussi spectaculaire soit-elle, cette percée dans les échanges intérieurs de la Chine ne profite pas uniquement aux armateurs et aux capitaines européens. En effet, l'accélération du trafic sur de longues distances grâce aux steamers donne un puissant coup de fouet à la batellerie traditionnelle qui gravite autour des métropoles régionales. De surcroît, ce sont très fréquemment des capitalistes autochtones qui nolisent sous des prête-noms étrangers les bâtiments battant pavillon britannique ou autre afin de bénéficier frauduleusement des exemptions douanières, consenties au port d'entrée en Chine, qui leur permettent d'échapper aux multiples taxes et contrôles frappant normalement les marchandises en transit. Ce n'est pas le seul cas où Chinois et Européens conjuguent leurs efforts pour mettre leurs affaires à l'abri des péages et des octrois comme de la corruption et de l'arbitraire.

La création de l'agence nationale des douanes maritimes (*haiguan*) à Shanghai en 1854 traduit aussi le désir, commun aux firmes occidentales et aux agents du pouvoir impérial, de garantir l'intégrité et l'uniformité de la perception des droits sur toutes les marchandises transitant par les ports ouverts. Dirigé de main de maître depuis Beijing par son inspecteur général Robert Hart de 1863 à 1908, le service des *Imperial Maritime Customs* symbolise durant des décennies la coopération mutuellement bénéfique entre l'enrichissement de l'État chinois et la sécurité des

---

Merchants: Jardine Matheson & Co., A China Agency of the Early Nineteenth Century, London, Curzon Press, 1979 ; A. Le Pichon, *Aux origines de Hong Kong. Aspects de la civilisation commerciale à Canton : le fonds de commerce de Jardine, Matheson & Co., 1827-1839*, Paris, L'Harmattan, 1998.

31 Hou, *Foreign Investment and Economic Development in China, 1840-1937*, *op. cit.*, ch. 3 ; Woodruff, *Impact of Western Man*, *op. cit.*, ch. VI ; F.E. Hyde, *Far Eastern Trade, 1860-1914*, London, Adam & Charles Black, 1973, ch. II et V ; Mitchell, *European Historical Statistics, 1750-1970*, *op. cit.*, « Merchant Ships Registered » ; D.R. Headrick, *The Tentacles of Progress: Technology Transfer in the Age of Imperialism, 1850-1940*, Oxford, Oxford University Press, 1988, ch. 2 ; P. Mathias and J.A. Davis (eds.), *International Trade and British Economic Growth: From the Eighteenth Century to the Present Day*, Oxford, Blackwell, 1996, pp. 73-75.

entreprises étrangères. Recrutés dans une quinzaine de nations, les employés des douanes et leurs adjoints autochtones sont sans doute ceux qui contribuent alors le plus à implanter l'image d'une saine collaboration sino-européenne au nom de la transparence et de la rentabilité en vue de la modernisation de l'esprit et des structures de la politique économique[32]. Cependant, cette mission va complètement basculer après 1895 quand les douanes maritimes doivent se transformer en garants des emprunts que la dynastie contracte pour payer les énormes indemnités consécutives à sa défaite navale contre le Japon et à son rôle dans les agressions des Boxers cinq ans plus tard.

Sur le plan économique aussi bien que diplomatique, la signature du traité de Shimonoseki en 1895 marque un tournant dans l'histoire de l'impérialisme en Extrême-Orient[33]. Ce virage se manifeste clairement dans trois secteurs. En premier lieu, les nations étrangères ont dorénavant le droit de construire des usines sur le territoire chinois. Non qu'elles ne l'aient pas fait du tout auparavant dans les ports ouverts mais il ne s'est agi que de manufactures transformant des denrées destinées à l'exportation ou desservant les besoins locaux des résidents en matière de biens et de services, encore une fois dans la concession de Shanghai avant tout. Dans les régions de l'intérieur cependant, les initiatives en ce sens se butent à des résistances parfois insurmontables, comme le déplorent les délégués de la Mission commerciale lyonnaise cherchant à implanter la mécaniser la transformation de la soie dans les provinces de l'Ouest :

> En dehors des obstacles opposés par une législation industrielle des plus incertaines, il faudrait supprimer l'hostilité systématique des mandarins, ennemis nés, irréductibles, du progrès et des innovations de l'Occident [...]

---

32 S.F. Wright, *Hart and the Chinese Customs*, Belfast, Wm. Mullan & Son Ltd, 1950 ; J. Spence, *To Change China: Western Advisers in China, 1620-1960*, Harmondswoth, Penguin Books, 1969, ch. 4 ; J.K. Fairbank, K.F. Brunert and E.M. Matheson (eds.), *The I.G. in Peking: Letters of Robert Hart, Chinese Maritime Customs, 1868-1907*, 2 vol., Cambridge, Harvard University Press, 1975 ; Feuerwerker, « The Foreign Presence in China », in Twitchett and Fairbank, *Republican China 1912-1949, op. cit.*, pp. 177-192.

33 Sir C. Beresford, *The Break-up of China: With an Account of the Present Commerce, Currency, Waterways, Armies, Railways, Politics and Future Prospects*, New York, Harper & Brothers, 1899 ; S.C. Thomas, *Foreign Intervention and China's Industrial Development, 1870-1911*, Boulder, Westview Press, 1984, ch. 6 et 7 ; J. Bouvier, R. Girault et J. Thobie, *La France impériale, 1880-1914*, Paris, Megrelis, 1982, ch. V ; E.W. Edwards, *British Diplomacy and Finance in China, 1895-1914*, Oxford, Clarendon Press, 1987 ; R.S. Lee, *France and the Exploitation of China, 1885-1901: A Study in Economic Imperialism*, Oxford, Oxford University Press, 1989 ; B. Barth, *Die deutsche Hochfinanz und die Imperialismen: Banken und Außenpolitik vor 1914*, Stuttgart, Franz Steiner Verlag, 1995, pp. 120-169 ; N.N. Petersson, *Imperialismus und Modernisierung. Siam, China und die europäischen Mächte 1895-1914*, München, R. Oldenburg Verlag, 2000.

> Tout en reconnaissant le bien-fondé de nos arguments, nos interlocuteurs se retranchaient invariablement derrière la « tradition » et l'aversion du peuple contre tout ce qui est *machine*. Si les commerçants chinois adoptaient les filatures à l'européenne, les corporations et associations – toutes-puissantes ne l'oublions pas – les syndicats, s'il nous est permis d'employer ce terme, les groupes corporatifs des fileurs, redévideurs et des différentes industries de la soie se soulèveraient sans nul doute et empêcheraient les filatures de fonctionner.[34]

Jusqu'à la chute de l'empire, les entreprises industrielles attirent à peine 7 % de tous les placements de capitaux étrangers et, dans le secteur phare du coton, le nombre de métiers à tisser ou de fuseaux à filer que possèdent les Anglais et les Japonais ne totalise que le dixième environ de l'appareil productif qui sera en place vingt ans plus tard lors de l'incident de Mandchourie. Dominant incontestablement son créneau par le gigantisme de ses installations et le rendement de sa distribution, la seule firme étrangère qui parvienne à intégrer toutes les étapes de la production depuis la récolte du fermier jusqu'à la satisfaction du consommateur est la *British and American Tobacco Company* qui, avant ses rivales chinoises et japonaises, contribue puissamment à l'explosion du tabagisme dans les premières décennies du XXe siècle. Une telle réussite apporte de l'eau au moulin de ceux qui soutiennent que les grandes sociétés étrangères, fortes de leur accès aux capitaux internationaux et de leur expertise en matière de gestion et de technique, exploitent de surcroît les faiblesses de plus en plus apparentes de l'État chinois incapable de résister aux appétits de ses interlocuteurs[35].

Plus que le secteur des charbonnages, dont le régime de Beijing se réserve très largement le contrôle, celui des constructions ferroviaires devient le théâtre de rivalités acharnées depuis que l'émissaire Li Hongzhang a concédé à la Russie en 1896 le privilège de bâtir et de gérer la ligne qui traverse la Mandchourie sur plus de quinze cents kilomètres vers la rade de Vladivostok. Vingt ans après la destruction d'un très court tronçon expérimental dans le voisinage de Shanghai, le gouvernement chinois autorise aussi la France et l'Allemagne à se mettre à l'œuvre dans leurs sphères respectives du Yunnan et du Shandong tout

---

[34] Chambre de commerce de Lyon, *La Mission lyonnaise d'exploration commerciale en Chine, 1895-1897*, vol. 2 : *Rapport sur la soie*, Lyon, A. Rey et Cie, 1898, p. 333.

[35] Y.-K. Cheng, *Foreign Trade and Industrial Development of China: An Historical and Integrated Analysis through 1948*, Washington, University Press of Washington, 1956, ch. 2 et 3 ; Hou, *Foreign Investment and Economic Development in China, 1840-1937*, *op. cit.*, 1965, ch. 3 ; S. Cochran, *Big Business in China: Sino-Foreign Rivalry in the Cigarette Industry, 1890-1930*, Cambridge, Harvard University Press, 1980 ; *id.*, *Encountering Chinese Networks: Western, Japanese, and Chinese Corporations in China, 1880-1937*, Berkeley, University of California Press, 2000.

en accordant à des consortiums étrangers le soin de financer, de superviser et d'équiper la mise en place des axes majeurs d'un futur réseau national[36]. Alors que le matériel et les ingénieurs sont surtout d'origine belge ou allemande, les mises de fonds viennent des grandes institutions bancaires européennes qui se bousculent en Extrême-Orient à l'aube du XXe siècle, telles la Société générale, la Banque d'Indochine, la *Deutsche-Asiatische Bank* et, les dépassant toutes, la *Hong Kong and Shanghai Corporation* (*HSBC*). Depuis sa création en 1864, elle agit évidemment comme institut de change et partenaire des milieux négociants mais elle s'affirme aussi de plus en plus comme banquier de la diplomatie britannique et premier créancier de l'État chinois. À bien des égards, le bureau multinational des directeurs de la *HKSC* trône au cœur du capitalisme financier dans cette région du monde[37].

À la veille de la chute des Qing, c'est du Royaume-Uni que proviennent les deux cinquièmes de tous les placements étrangers en Chine, la Russie, l'Allemagne et la France suivant d'assez loin et devançant nettement les États-Unis et le Japon. Sur le marché des obligations publiques les créanciers de la France et de l'Allemagne talonnent ceux de la Grande-Bretagne et ils vont s'associer au sein d'un consortium international pour épauler la reconstruction politique du pays en 1912. Quant aux investissements directs, dans la mesure où ils connus, ils très majoritairement injectés à Shanghai en provenance de Londres ou en Mandchourie dans des portefeuilles russes ou japonais. Au lendemain de la révolution, le total des sommes investies sur place est le double de celui qui est calculé pour l'année 1902 mais il ne représente encore que la moitié de celui qui sera enregistré en 1930, cette croissance soutenue inaugurant officiellement l'âge d'or du grand capitalisme bancaire épau-

---

36 E.-H. Li, *China's Quest for Railway Autonomy, 1904-1911: A Study of the Chinese Railway-Rights Recovery Movement*, Singapore, Singapore University Press, 1977 ; W. Huenemann, *The Dragon and the Iron Horse: The Economics of Railroads in China, 1876-1937*, Cambridge, Harvard University Press, 1984 ; R. Mi, « Deutscher Eisenbahnbau in China, 1870-1938 », in H.-Y. Kuo (ed.), *Von der Kolonialpolitik zur Kooperation. Studien zur Geschichte des deutsch-chinesischen Beziehungen*, München, Minerva Publikation Saur, 1986, pp. 101-140 ; C.B. Davis, « Railway Imperialism in China, 1895-1939 », in C.B. Davis and K.E. Wilburn, Jr. (eds.), *Railway Imperialism*, New York, Greenwood Press, 1991, pp. 155-174.

37 G. Kurgan-Van Hentenryk, *Léopold II et les groupes financiers belges en Chine*, Bruxelles, Palais des Académies, 1972 ; R.A. Dayer, *Finance and Empire: Sir Charles Addis, 1861-1945*, New York, St. Martin's Press, 1988 ; M. Meuleau, *Des Pionniers en Extrême-Orient. Histoire de la Banque d'Indochine (1875-1975)*, Paris, Fayard, 1990, Troisième partie ; F.H.H. King (ed.), *The History of the Hong Kong and Shanghai Banking Corporation*, vol. 1-2, Cambridge, Cambridge University Press, 1987-1991 ; Barth, *Die deutsche Hochfinanz und die Imperialismen*, *op. cit.*, pp. 276-303.

lé par la diplomatie occidentale. À vrai dire, un tel afflux de capitaux vers la Chine représente pourtant moins de 5 % des exportations de fonds à partir de la *City*, qui lui préfère alors très largement les États-Unis, le Canada et l'Amérique latine[38]. Il n'empêche que, dans les trois premières décennies du XXe siècle, la présence imposante de bien des fleurons de la réussite économique européenne sur les côtes accélère durablement l'émergence d'une nouvelle bourgeoisie indigène qui est sur le point de marier modernité et nationalisme.

III. Les missionnaires européens et la tradition culturelle

Par son ampleur inédite et par sa démarche profonde, l'entreprise de conversion des fils du ciel à la religion du Christ affecte encore davantage l'essence de la civilisation chinoise même si elle est désormais associée très étroitement aux agressions militaires perpétrées par les puissances occidentales. En effet, c'est sous la pression des traités inégaux de 1842 et de 1858 que, petit à petit, les autorités impériales mettent fin à l'interdiction formelle du christianisme, puis autorisent l'exercice de l'apostolat dans les ports ouverts et enfin concèdent le droit de s'installer partout sur le territoire pour propager la doctrine. Dans ce contexte, l'Empire du milieu, qui, au temps de l'ambassade Macartney, tolérait tout juste la présence discrète de quelques popes russes dans la capitale, de rares prêtres exposés au bon vouloir des fonctionnaires dans les provinces et des pionniers anglo-saxons de l'évangélisation protestante à Canton, se voit dorénavant confronté à un dilemme politique très embarrassant qui sape la teneur même de son mandat dès lors que les propagateurs de la croyance étrangère (*yangjiao*) rivalisent d'ardeur pour entraîner par millions les âmes chinoises dans leur vraie foi.

Parcourant en 1895 la vallée du Yangzi, reconnue comme foyer de troubles anti-chrétiens, le journaliste australien George Ernest Morrison dresse un bilan plutôt sobre des conversions réalisées jusque-là :

> C'est dans cette intensité que nombre de missionnaires réfléchis voient le plus grand espoir de convertir à la fin cette partie de la Chine ; l'opposition, disent-ils, contribue davantage au succès des missions que l'apathie.
>
> Durant mon séjour en Chine, j'ai rencontré bien des missionnaires de toutes les confessions, dans maintes villes de Pékin à Canton, et ils se sont dits unanimement satisfaits des progrès accomplis. En termes succincts, on peut évaluer leur récolte annuelle à un peu plus de deux Chinois par missionnaire. Ce-

---

[38] C.F. Remer, *Foreign Investments in China*, New York, H. Fertig, 1968 (original, 1933) ; Allen and Donnithorne, *Western Enterprise in Far Eastern Economic Development, op. cit.*, pp. 262-263 ; Woodruff, *Impact of Western Man, op. cit.*, ch. VI ; Hou, *Foreign Investment and Economic Development in China, 1840-1937*, *op. cit.*

pendant, si l'on ajoute les auxiliaires autochtones, ordonnés ou non, aux effectifs des missionnaires, on obtient un résultat annuel combiné de neuf dixièmes d'un Chinois converti pour chaque individu à l'œuvre ; mais les missionnaires n'approuvent pas que leur travail soit évalué par des statistiques.[39]

En termes purement quantitatifs, les progrès semblent impressionnants quoiqu'ils demeurent très en deçà des objectifs proclamés par les principaux organes de l'action missionnaire en Europe.

Du côté catholique d'abord, la Propagande romaine répartit les tâches régionales entre cinq congrégations : on retrouve donc notamment les Lazaristes à Beijing, les Jésuites au Jiangnan, les Franciscains au Hubei, les Dominicains au Fujian, les Missions étrangères de Paris au Sichuan, à se partager la quarantaine de vicariats apostoliques qui se réclament de près d'un million de convertis vers la fin du pontificat de Léon XIII, soit trois fois plus qu'à l'avènement de Pie IX un demi-siècle plus tôt[40]. Compte tenu du fait que les effectifs missionnaires sont multipliés par sept pour atteindre mille trois cents entre 1870 et 1905, les résultats obtenus incitent au réalisme malgré le prosélytisme persistant de l'Office de la Propagation de la foi fondé à Lyon en 1822. Les principales raisons de ces difficultés à semer la bonne parole sont déjà clairement évoquées par le Père Joseph Gabet dans son opuscule adressé à la Curie dès 1845 :

> Les véritables raisons pour lesquelles la prédication de la foi a jusqu'ici porté si peu de fruits dans les contrées idolâtres de l'Asie peuvent se réduire à trois principales : la première est dans les contestations sans cesse renaissantes entre les missionnaires ; la seconde est dans l'omission presque totale, ou du moins, dans la grande négligence à y former un clergé indigène ; la troisième est dans le défaut de prédication. C'est par le moyen de la pré-

[39] G.E. Morrison, *An Australian in China, Being the Narrative of a Quiet Journey across China to British Burma*, London, Angus and Robertson, 1895, p. 5.

[40] L.-E. Louvet, *Les Missions catholiques au XIXe siècle*, Paris, Desclée de Brouwer, 1898 ; Père J.-B. Piolet, s.j. (dir.), *La France au dehors. Les missions catholiques françaises au XIXe siècle. III : Chine et Japon*, Paris, Librairie Armand Colin, 1901-1903 ; Chanoine L. Joly, *Le Christianisme et l'Extrême-Orient. I : Missions catholiques de l'Inde, de l'Indo-chine, de la Chine et de la Corée*, Paris, E. Lethielleux, 1907 ; B. Wolferstran, *The Catholic Church in China from 1860 to 1907*, London, Sands & Company, 1909 ; K.S. Latourette, *A History of Christian Missions in China*, New York, Macmillan Company, 1929 ; J. Heyndrickx (ed.), *Historiography of the Chinese Catholic Church: Nineteenth and Twentieth Centuries*, Leuven, Ferdinand Verbiest Foundation, 1994 ; D.H. Bays (ed.), *Christianity in China: From the Eighteenth Century to the Present*, Stanford, Stanford University Press, 1996, ch. 2 à 6.

dication seulement que l'Évangile peut être propagé. Or il reste beaucoup à désirer à ce sujet dans les missions.[41]

Les embarras de l'Église tiennent en premier lieu à l'impréparation des prêtres européens qui ne possèdent que des connaissances approximatives de la langue et qui éprouvent de l'aversion et du mépris pour la culture de leurs ouailles potentielles. En s'acharnant à pourfendre l'ignorance et les superstitions, tout particulièrement le culte des ancêtres, ils s'en prennent ouvertement au patrimoine classique et aux préceptes néo-confucéens qui lient les élites et les bureaucrates dans la gestion de la concorde sociale. Il n'est donc pas étonnant que les milieux lettrés soient identifiés comme les initiateurs en sous-main de maintes attaques dont sont victimes les minorités converties et leurs protecteurs étrangers. En second lieu, les missionnaires non seulement se font forts d'exercer leurs droits à acquérir terrains et bâtiments, voire à récupérer les biens jadis confisqués à des chrétiens, mais encore ils interviennent systématiquement auprès des magistrats pour obtenir justice et réparations en faveur de leurs fidèles, généralement issus des couches défavorisées et fréquemment appâtés à coups d'oboles et de pilules. Accusés des pires méfaits contre la morale et la décence, ils deviennent aisément la cible de l'aversion ou de la vindicte populaire bien que le nombre très minime des religieux persécutés, à l'exception des massacres de Tianjin en 1870 et du raz-de-marée des Boxers entre 1898 et 1900, ne traduise que rarement les aspirations au martyre si couramment exprimées dans leur correspondance. Prisonniers de leur horizon manichéen et de leur mentalité d'assiégés, les porte-flambeaux du catholicisme en Chine agissent en outre objectivement comme agents de l'impérialisme français depuis que Paris résiste aux pressions du Vatican et des autres nations catholiques pour maintenir son protectorat sur les missions étrangères, même à l'heure où l'anticléricalisme devient un enjeu brûlant dans la métropole[42].

Patriotisme mis à part, les ecclésiastiques européens s'en remettent la plupart du temps à des auxiliaires laïcs rémunérés localement pour

41 R.P. Gabet, *Les Missions catholiques en Chine en 1846. Coup d'œil sur l'état des missions de Chine présenté au Saint-Père le pape Pie IX. Avant-propos de Simon Leys*, Paris, Valmonde Édition, 1999, p. 27.

42 P. Boell, *Le Protectorat des missions catholiques en Chine et la politique de la France en Extrême-Orient*, Paris, Institut scientifique de la Libre-Pensée, 1899 ; L.T.S. Wei, *La Politique missionnaire de la France en Chine, 1842-1856*, Paris, Nouvelles Éditions latines, 1957 ; P.A. Cohen, *China and Christianity : The Missionary Movement and the Growth of Chinese Anti-foreignism, 1860-1870*, Cambridge, Harvard University Press, 1963 ; *id.*, « Christian Missions and Their Impact to 1900 », in Fairbank, *Late Ch'ing, 1800-1911, op. cit.*, pp. 543-590 ; C. Guignet, « Le Protectorat religieux français en Chine. Le cas des missions du Hunan, Hubei et Henan (1842-1911) », in Weber, *La France en Chine (1843-1943), op. cit.*, pp. 37-54.

administrer le baptême et l'extrême-onction, privant leurs catéchumènes et leurs pratiquants de la pratique régulière du culte, au lieu de travailler assidûment à la formation d'un clergé autochtone apte à prendre la relève. Aux yeux de l'immense majorité des Chinois, le missionnaire demeure longtemps l'incarnation la plus immédiate et la plus dérangeante de la présence étrangère chez eux. Non seulement est-il souvent le seul résident à vouloir établir son domicile et marquer sa fonction, quel que soit l'accueil des cadres et de la population, et le seul dignitaire à interpeller les autorités locales pour réclamer le châtiment de ses adversaires de tout poil, mais il est aussi presque toujours mêlé aux innombrables contestations qui accompagnent les démonstrations d'hostilité dont lui et les siens font l'objet[43]. Dans les archives officielles et dans la mémoire collective, cette image assez sombre de l'intrus sans complexe a durablement masqué celle tout aussi vraie du personnage tout à fait imbu de sa vérité, totalement dépaysé dans un univers inquiétant, constamment frustré dans son objectif primordial et, pourtant, connaisseur incomparable de la société chinoise s'il peut y séjourner assez longuement. L'abbé Lucien Vigneron, pourtant très affectueux envers les Chinois, identifie bien le dilemme que vit quotidiennement l'évangélisateur bien intentionné vers 1880 :

> On vient se heurter à l'orgueil national et à une répulsion instinctive pour toute importation étrangère ; à la décadence des mœurs ; aux tracasseries et aux persécutions sourdes contre les néophytes ; à la pauvreté du peuple qui recule devant les dépenses légères, mais nécessaires pour les besoins du culte et la visite des chrétientés.
>
> Le missionnaire aussi devra, surtout s'il est Français, éviter toute vivacité de caractère ; hélas ! C'est un écueil où nous sombrons encore souvent. Il faut beaucoup de gravité, une grande dignité ; il faut bien parler une langue difficile et à l'étude de laquelle on a peu de temps à consacrer ; il faut enfin connaître les rites et le cérémonial compliqué de la politesse chinoise ; aimer les coutumes de ces peuples, leurs usages, leur histoire et leurs grands hommes, devenir comme l'un d'eux ; tout le secret de la réussite est là, et si

[43] Cohen, *China and Christianity, op. cit.* ; E.S. Wehrle, *Britain, China, and the Antimissionary Riots, 1891-1900*, Minneapolis, University of Minnesota Press, 1966 ; Cohen, « Christian Missions and Their Impact to 1900 », in Fairbank, *Late Ch'ing, 1800-1911, op. cit.*, pp. 543-590 ; J. Wyman, « Foreigners or Outsiders? Westerners and Chinese Christians in Chongqing, 1870s-1900 », in Bickers and Henriot, *New Frontiers*, *op. cit.*, ch. 5 ; Daigle, « La Contestation d'un espace urbain au temps de l'impérialisme : Chongqing dans la seconde moitié du dix-neuvième siècle », in Servais et Hagelstein, *Perception et organisation de l'espace urbain, op. cit.*, pp. 107-143 ; A.R. Sweeten, *Christianity in Rural China: Conflict and Accommodation in Jiangxi Province, 1860-1900*, Ann Arbor, Center for Chinese Studies, The University of Michigan, 2001.

on ne tient pas compte de ces considérations, les plus grands efforts seront paralysés.[44]

Alors que le triomphalisme du temps ne permet guère le dialogue et l'inculturation[45], l'expérience religieuse qui s'engage le plus loin sur la voie d'une sinisation du message chrétien est celle de la théocratie des *Taiping* dont le prophète fondateur, Hong Xiuquan, fait des emprunts explicites à la théologie de l'Ancien Testament à partir d'un fascicule publié en 1832 par le premier Cantonais à être ordonné pasteur protestant. De 1851 à 1864, le fils cadet de Dieu le Père et sa fratrie réinventent le monothéisme chinois en assimilant Jéhovah et *Shangdi*, renversent sans pitié les piliers du bouddhisme et du confucianisme, rejettent intégralement la légitimité de la dynastie régnante et situent leur régime céleste dans la confrérie internationale des nations élues[46]. Espérant corriger les errements de ces croyants mal instruits, quelques missionnaires protestants sont momentanément séduits par le respect du dimanche et l'obéissance aux commandements qu'ils observent chez eux mais le rapprochement qu'ils amorcent auprès du monarque *taiping* tourne vite court dès lors que celui-ci se refuse à tout compromis théologique sur la question de la Trinité[47]. En même temps que les puissances occi-

---

44 Abbé L. Vigneron, *Deux ans au Se-tchouan (Chine centrale)*, Paris, Bray et Retaux, 1881, pp. 204-205.

45 J.-P. Wiest, « Les Jésuites français et l'image de la Chine au XIXe siècle », in Cartier (dir.), *La Chine entre amour et haine*, *op. cit.*, pp. 285-308 ; C. Dujardin, « La Chine vue par les Franciscains belges (1872-1914). Pessimisme culturel et pragmatisme missionnaire », *ibid.*, pp. 309-335 ; J.-G. Daigle, « La Contestation d'un espace urbain au temps de l'impérialisme : Chongqing dans la seconde moitié du dix-neuvième siècle », in Servais et Hagelstein (dir.), *Perception et organisation de l'espace urbain. Une confrontation Orient – Occident*, *loc. cit.*, pp. 107-143 ; J.W. Witek, « Christianity and China: Universal Teaching from the West », in S. Uhalley, Jr. and X. Wu (eds.), *China and Christianity: Burdened Past, Hopeful Future*, London, M.E. Sharpe, 2001, pp. 11-28 ; N. Standaert, *L'« autre » dans la mission. Leçons à partir de la Chine*, Bruxelles, Éditions Lessius, 2003.

46 E.P. Boardman, *Christian Influence upon the Ideology of the Taiping Rebellion, 1851-1864*, New York, Octagon Books, 1972 (original, 1952) ; J. Reclus, *La Révolte des Taï-ping (1851-1864), prologue de la révolution chinoise*, Paris, Le Pavillon – Roger Maria, 1972 ; R.G. Wagner, *Reenacting the Heavenly Vision: The Role of Religion in the Taiping Rebellion*, Berkeley, University of California Press, 1982 ; J.D. Spence, *God's Chinese Son: The Taiping Heavenly Kingdom of Hong Xiuquan*, New York, Norton & Company, 1996 ; J.-G. Daigle, « Dieu le Père et sa famille chinoise : l'univers religieux des Taiping », à paraître, Louvain-la-Neuve, Bruylant-Academia, 2004.

47 F. Michael, in collaboration with C.-L. Chang, *The Taiping Rebellion: History and Documents*, 3 vol., Seattle, University of Washington Press, 1966 ; J.S. Gregory, *Great Britain and the Taipings*, London, Routledge & Kegan Paul, 1969 ; S.-Y. Teng, *The Taiping Rebellion and the Western Powers: A Comprehensive Survey*, Oxford,

dentales se décident à appuyer la restauration du pouvoir mandchou contre les rebelles aux longs cheveux, les confessions protestantes affirment avec vigueur leur cohésion doctrinale dans la diffusion des Saintes écritures en terre païenne.

C'est de 1807 que datent les débuts de l'implantation protestante en Chine avec la venue à Macao et à Canton d'un représentant de la *London Missionary Society*, Robert Morrison, qui s'attelle avec enthousiasme à la tâche de traduire les textes sacrés et de distribuer des tracts en langue vernaculaire. Un siècle plus tard, pas moins de deux mille missionnaires, dont neuf cents femmes, œuvrent de concert au salut des âmes au nom d'une soixantaine de sociétés où dominent les Britanniques et les Américains suivis des Germaniques et des Scandinaves. À la différence de leurs rivaux catholiques, comme ils misent en priorité sur la lecture directe de la parole divine, ils appuient leur stratégie sur la prédication incessante, dans les rues ou dans les chapelles, et sur la scolarisation des populations visées[48]. Sauf pour la *Church Inland Mission*, qui tient à évangéliser les provinces de l'intérieur, l'action de ces pasteurs se déploie essentiellement en milieu urbain et elle est empreinte du rigorisme et de la rectitude propres aux courants de renouveau qui revivifient les Églises piétistes, baptistes, presbytériennes, méthodistes, congrégationalistes au cours du XIXe siècle. Certes, des contrastes flagrants opposent l'action d'un Karl Gützlaff qui, dans les années 1820, veut déléguer aux Chinois la responsabilité d'absorber eux-mêmes le message divin par le colportage de milliers d'opuscules dans leur idiome, à celle d'un Walter Medhurst qui, vingt ans plus tard, joue un rôle clé dans la fixation de la stratégie missionnaire pour les décennies suivantes. Tandis que les délégués aux synodes de Shanghai s'entendent sur la version officielle des Écritures en chinois, nombre d'évangélistes vont au-delà de l'érection des oratoires et des dispensaires rattachés à leur enclos résidentiel pour espérer fléchir des millions d'infidèles. Puisque les convertis ne dépassent sans doute pas le quart de million lors du décès de la reine

---

Clarendon Press, 1971 ; P. Clarke and J.S. Gregory, *Western Reports on the Taiping: A Selection of Documents*, Honolulu, The University Press of Hawai'i, 1982.

48 D. MacGillivray (ed.), *A Century of Protestant Missions in China (1807-1907), Being the Centenary Conference Historical Volume*, Shanghai, The American Presbyterian Mission Press, 1907 ; Latourette, *A History of Christian Missions in China*, *op. cit.*, ch. XIII, XVIII-XX, XXV-XXVI ; P. Barr, *To China with Love: The Lives and Times of Protestant Missionaries in China, 1860-1900*, London, Secker & Warburg, 1972 ; D.W. Treadgold, *The West in Russia and China : Religious and Secular Thought in Modern Times.* vol. 2: *China, 1582-1949*, Cambridge, Cambridge University Press, 1973, ch. 2 ; S.W. Barnett and J.K. Fairbank (eds.), *Christianity in China: Early Protestant Missionary Writings*, Cambridge, Harvard University Press, 1985 ; M. Rubinstein, *The Origins of the Anglo-American Missionary Enterprise in China, 1807-1840*, Lanham, The Scarecrow Press, 1996.

Victoria en 1901, des esprits éclairés tournent prudemment le dos à l'intransigeance des fondamentalistes qui fustigent à l'envi les vices du caractère chinois pour se lancer plutôt dans la projection des bienfaits de la civilisation occidentale.

Depuis les années 1870, des organismes liés aux cercles protestants anglo-saxons mènent des campagnes progressistes qui sont destinées à libérer la Chine des boulets qui l'affligent. Les deux plus connues sont celles qui militent en faveur de la suppression définitive de la plaie de l'opium, premier responsable de l'avilissement des corps et des mœurs, et de l'abolition de la pratique des pieds bandés, douloureuse manifestation de l'assujettissement de la femme chez les Han. L'influence exercée par ces groupes de pression bien intentionnés n'est sans doute pas à négliger dans la formulation des deux édits impériaux qui interviennent sur ces terrains dans la dernière décennie de la cour mandchoue. En même temps, les bouleversements de la Nouvelle politique (*xinzheng*) balaient la tradition des examens littéraires et révolutionnent le système de l'enseignement. Même si c'est le Japon qui fournit l'inspiration première de la pédagogie et des programmes, les initiatives qui se sont multipliées sur l'initiative des missions occidentales dans les cités côtières donnent l'exemple de cursus séculiers qui commencent à intéresser les lettrés réformateurs à partir de 1895. À côté de l'Université Aurore créée par les Jésuites français, l'ouverture décisive des notables avant-gardistes à la médecine, aux sciences et aux techniques, aux lettres et à la philosophie de l'Occident se fait par le biais de la langue anglaise que véhiculent les fondateurs d'établissements généraux ou spécialisés à proximité des journaux et des imprimeries[49].

Sur ce plan, Anglais et Américains restent les interlocuteurs privilégiés de ceux parmi les Chinois qui se sont mis à relativiser leur bagage culturel, comme Yan Fu, formé en Angleterre puis doyen de l'Académie de Beiyang, Wang Tao, traducteur à Hong Kong puis rédacteur en chef à Shanghai, et Sun Yatsen, médecin chrétien à Hong Kong puis figure

---

49 M.E. Cameron, *The Reform Movement in China, 1898-1912*, Stanford, Stanford University Press, 1931 ; Spence, *To Change China, op. cit.*, ch. 5 ; G. Lutz, *China and the Christian Colleges, 1850-1950*, Ithaca, Cornell University Press, 1971 ; J. Ch'en, *China and the West: Society and Culture, 1815-1967*, Bloomington, Indiana University Press, 1979, ch. 2 ; J.K. Fairbank, « Introduction: The Place of Protestant Writings in China's Cultural History », in Barnett and Fairbank, *Christianity in China, op. cit.*, pp. 1-18 ; R. Hayhoe and M. Bastid (eds.), *China's Education and the Industrialized World: Studies in Cultural Transfer*, Armonk, M.E. Sharpe, Inc.,1987, ch. 1 à 4 ; K.L. Lodwick, *Crusaders Against Opium: Protestant Missionaries in China, 1874-1917,* Lexington, The University Press of Kentucky, 1996.

emblématique du nationalisme républicain[50]. Bien qu'ils soient loin d'être les seuls à inspirer le changement dans la Chine de Cixi et de Yuan Shikai[51], les prêtres et les pasteurs chrétiens, qui n'ont pas peu fait pour dénigrer des coutumes ancestrales ou des pratiques quotidiennes auxquelles ils ne peuvent adhérer, n'en demeurent pas moins des observateurs bien plus crédibles que la plupart de leurs compatriotes consuls ou marchands cantonnés dans leur quartier à l'européenne. C'est d'ailleurs chez eux que se recrutent souvent les premiers sinologues formés sur le terrain. Ainsi, parmi les Russes, la mission orthodoxe de Beijing produit les traducteurs et linguistes Vassili Vassiliev et Piotr Kafarof (archimandrite Palladius) qui lancent les études contemporaines sur la Chine à Kazan et à Saint-Pétersbourg vers le milieu du siècle. Chez les Britanniques, après la génération pionnière de Robert Morrison, le révérend écossais James Legge publie à Hong Kong l'intégrale des grands classiques chinois entre 1858 et 1885 tout en insistant sur l'historicité de Confucius. En langue française, le Jésuite Séraphin Couvreur produit en 1890 le grand dictionnaire bilingue en usage encore aujourd'hui alors que ses confrères de Shanghai patronnent la première collection savante de sinologie[52]. De surcroît, les missionnaires fournissent une contribution appréciable à la compréhension de l'âme chinoise.

---

[50] B.I. Schwartz, *In Search of Wealth and Power: Yen Fu and the West*, Cambridge, Harvard University Press, 1964 ; Y.C. Wang, *Chinese Intellectuals and the West, 1872-1949*, Chapel Hill, University of North Carolina Press, 1966 ; P.A. Cohen, *Between Tradition and Modernity: Wang T'ao and Reform in Late Ch'ing China*, Cambridge, Harvard University Press, 1974 ; P.A. Cohen and J.E. Schrecker (eds.), *Reform in Nineteenth-Century China*, Cambridge, Harvard University Press, 1976 ; Ch'en, *China and the West: Society and Culture, 1815-1967*, *op. cit.*, ch. 3 ; M.-C. Bergère, *Sun Yat-sen*, Paris, Librairie Arthème Fayard, 1994.

[51] Parmi les études consacrées aux contributions des experts occidentaux à différentes facettes de la modernisation au tournant du siècle, signalons seulement A.M. Adshead, *The Modernization of the Chinese Salt Administration, 1900-1920*, Cambridge, Harvard University Press, 1970 ; Y.-W. Cheng, *Postal Communication in China and Its Modernization, 1860-1896*, Cambridge, Harvard University Press, 1970 ; S. Garrett, *Social Reformers in Urban China : The Chinese Y.M.C.A., 1895-1926*, Cambridge, Harvard University Press, 1970 ; C. Cornet, *État et modernisation en Chine XIXe-XXe siècles. Le chantier naval de Jiangnan, 1865-1937*, Paris, Éditions Arguments, 1997 ; F. Bretelle-Establet, *La Santé en Chine du Sud (1898-1928)*, Paris, CNRS Éditions, 2002.

[52] V.V. Barthold, *La Découverte de l'Asie. Histoire de l'orientalisme en Europe et en Russie*, Paris, Payot, 1947 (original russe, 1925), ch. X, XVI et XIX ; J. Frèches, *La Sinologie*, Paris, Presses universitaires de France, 1973, ch. II et III. ; Quested, *Sino-Russian Relations*, *op. cit.*, ch. 6 ; N. Boothroyd et M. Détrie (dir.), *Le Voyage en Chine. Anthologie des voyageurs occidentaux du Moyen Âge à la chute de l'Empire chinois*, Paris, Robert Laffont, 1992, 3e partie, ch. 4 et 5.

IV. Les observateurs européens et la description de l'« autre »

Entamé vers la fin du XVIIIe siècle, le grand tournant dans les perceptions que les Occidentaux se sont faites de l'Empire du Milieu connaît un moment fort avec le succès international que remporte depuis 1806 la parution des *Travels in China* de John Barrow, intendant de l'expédition Macartney avant de fonder à Londres la *Royal Geographical Society*. Dans son sillage, c'est dorénavant avec une assurance de plus en affichée que les Européens vont se croire en mesure d'examiner les Chinois de près observer pour les évaluer sur l'échelle de leurs valeurs triomphantes[53].

Comme jamais auparavant, les voyageurs occidentaux débarquent dans les ports côtiers et, depuis les années 1860, certains s'aventurent jusque dans ces contrées les plus reculées que les récits colorés du Père Évariste Huc faisaient soupçonner aux amateurs d'une Chine opaque et intrigante. Tout au long du dernier demi-siècle de la dynastie mandchoue, c'est par centaines que les « démons étrangers » relatent leurs découvertes après s'être déplacés à divers titres : ainsi, les explorateurs Gabriel Bonvalot et Nicolaï Prjevalski, les savants Paul Pelliot et Édouard Chavannes, les naturalistes Armand David et Robert Fortune, le géographe Ferdinand von Richthofen, l'agronome Eugène Simon, les entrepreneurs Archibald Little et Louis Pichon, les douaniers Auguste Fauvel et William Hancock, les consuls Edward Parker et Paul Claudel, les militaires Lindsay Anderson et Julien Rochechouart, les missionnaires William Milne et Nicolas Broullion, les journalistes Luigi Barzini et Marcel Monnier, les réformateurs Alicia Little et Robert Davidson. Puis vient le tour des touristes de renom tels l'audacieuse globe-trotter écossaise Isabella Bird, qui se déplace en solitaire, et les vacanciers de luxe que sont le baron de Hübner, le comte de Beauvoir ou le prince Borghese, qui intègrent maintenant l'étape chinoise dans leur périple

---

[53] J. Barrow, *Travels in China, Containing Descriptions, Observations, and Comparisons, Made and Collected in the Course of a Short Residence at the Imperial Palace of Yuen-min-yuen, and on a Subsequent Journey through the Country from Pekin to Canton*, London, T. Cadell and W. Davies, 1806 ; P. Rule, « The Tarnishing of the Image: From Sinophilia to Sinophobia », in Cartier, *La Chine entre amour et haine*, *op. cit.*, pp. 89-109 ; J. Osterhammel, *Die Entzauberung Asiens. Europa und die asiatischen Reiche im 18. Jahrhundert*, München, Verlag C.H. Beck, 1998, ch. XIII ; C. Mackerras, *Western Images of China, Revised Edition*, Oxford, Oxford University Press, 1999, ch. 4 ; D.E. Mungello, *The Great Encounter of China and the West, 1500-1800*, New York, Rowman & Littlefield, 1999, ch. 5 ; C. Mackerras (ed.), *Sinophiles and Sinophobes: Western Views of China*, Oxford, Oxford University Press, 2000, 6e et 7e parties.

autour du monde[54]. En outre, depuis la fin des années 1860, l'Occident se familiarise désormais avec des scènes chinoises grâce notamment aux dessins réguliers de William Simpson dans les illustrés londoniens et aux collections photographiques de John Thomson à partir de son studio de Hong Kong. Ainsi l'image vient-elle ravitailler encore la polyphonie des propos qui déferlent sur l'état de la Chine en ces temps où les distances s'amenuisent à vue d'œil[55].

De leurs expéditions, ces visiteurs attentifs rapportent évidemment une multitude d'impressions qui évoquent tantôt les paysages qu'ils parcourent tantôt les personnes qu'ils côtoient. Plutôt que les descriptions graphiques plus ou moins réussies des villes, des campagnes et des monuments qu'ils visitent, ce sont les conditions dans lesquelles ils se déplacent qui marquent le mieux la position de ces voyageurs aux yeux de leurs lecteurs. Hors des concessions étrangères, ces conditions matérielles sont couramment décrites comme périlleuses et primitives puisqu'elles se caractérisent par l'inconfort et l'insécurité des moyens de communication qui mettent l'étranger de passage à la merci des porteurs, des capitaines et des aubergistes, sans compter les surprises que peuvent réserver l'incursion des bandits, la méfiance des habitants et les réticences des autorités. Aux prises avec le bruit, les odeurs, la saleté, la misère et la promiscuité qui le répugnent, l'Européen de passage relate donc volontiers ses contacts ponctuels et privilégiés avec ses semblables, missionnaires le plus souvent, mais il ne nous en apprend guère sur les motivations de ces foules affairées qui, dans ses récits, grouillent inlassablement dans le dédale des cités surpeuplées et dans la splendeur des champs cultivés, sur un fond de retour dans un passé lointain que la modernisation n'aurait pas altéré.

Dans la cacophonie des opinions et des témoignages qui brossent le tableau ethnographique de la population chinoise, plusieurs qualités estimables sont soulignées même par les connaisseurs les plus critiques. Ce sont, au premier chef, la politesse, l'honnêteté, la persévérance et l'ar-

---

54 Boothroyd et Détrie (dir.), *Le Voyage en Chine, op. cit.*, ; S.S. Thurin, *Victorian Travelers and the Opening of China, 1842-1907*, Athens, Ohio University Press, 1999 ; Elder, *China's Treaty Ports, op. cit.* ; N. Clifford, *« A Truthful Impression of the Country »: British and American Travel Writing in China, 1880-1949*, Ann Arbor, The University of Michigan Press, 2001.

55 B.F. Beers, *China in Old Photographs, 1860-1910*, New York, Charles Scribner's Sons, 1978 ; C. Worswick and J. Spence (eds.), *Imperial China Photographs, 1850-1912*, New York, Pennwick Publishing, 1978 ; J. Thomson, *China and Its People in Early Photographs. An Unabridged Reprint of the Classic 1873/4 Work*, New York, Dover Publications, 1982 ; R. Thiriez, « Image de la Chine et de Pékin transmise par la photographie aux Occidentaux », in Cartier (dir.), *La Chine entre amour et haine, op. cit.*, pp. 431-449.

deur au travail dont les employeurs ou les négociants ont à se féliciter chez leurs serviteurs ou chez leurs partenaires. Cependant, les défauts l'emportent très largement dans la physionomie morale de celui que les Anglophones caricaturent sous les traits de *John Chinaman*. Dans leur langage, la cruauté d'un autre âge s'exprime dans le recours systématique à la torture, par la pratique courante de l'infanticide et au spectacle des exécutions publiques. L'insensibilité à la douleur et l'impassibilité devant le malheur sont interprétées avec une pointe d'envie non point comme des atouts à admirer mais plutôt comme une carence à déplorer selon un témoin des plus crédibles :

> On parle beaucoup de la promiscuité en Chine mais cette promiscuité est la condition normale pour les Chinois qui ne semblent pas en être gênés du tout ou si peu qu'on doive à peine le mentionner. S'ils avaient le système nerveux des Anglo-Saxons, ils en seraient aussi malheureux que nous croyons souvent qu'ils le sont.
>
> Ils se montrent aussi libérés de la tyrannie des nerfs dans leur endurance à la douleur physique. Ceux qui comprennent un peu comment fonctionnent les hôpitaux en Chine savent à quel point il est courant, pour ne pas dire presque universel, de voir les patients supporter sans broncher un degré de douleur qui ferait hurler de terreur les plus résistants d'entre nous [...] Chez nous rien n'est plus que l'attente momentanée d'une calamité qu'on ne peut parer et de ce qu'elle peut entraîner d'horrible à sa suite. Parce qu'elles leur semblent inévitables, les Chinois affrontent ces choses avec une « patience éclairée » qui est l'un des traits les plus remarquables de leur race.[56]

Tout autant sinon plus que cet intrigant stoïcisme, l'absence apparente du sentiment de culpabilité chez les Chinois choque le puritanisme qui enveloppe les mentalités victoriennes car elles se scandalisent de voir proliférer impunément le vice sous les formes honnies du concubinage et de la prostitution de même que l'abjecte déchéance que charrie l'opiomanie. Autant le répertoire des tabous sépare chacune des cultures en présence, autant les façons de s'exprimer transforment l'ébauche du dialogue en une aventure frustrante, comme l'exprime l'un de classiques en la matière dès le mitan du siècle :

> Pire encore que les péchés de la chair, leur manque d'honnêteté est indéracinable de même que le péché corollaire d'ingratitude ignoble ; leur irrespect pour la vérité est sans doute ce qui a le plus avili leur caractère aux yeux de la chrétienté. Ils n'éprouvent aucune honte à se faire surprendre en train de mentir quoiqu'ils n'en soient pas rendus à ignorer quand ils mentent, mais ils ne craignent aucun châtiment de leurs dieux quand ils le font [...] Rien n'est plus éprouvant pour celui qui vit parmi eux que leur irrespect

---

56 A.H. Smith, *Chinese Characteristics*, London, Kennikat Press, 1970 (original 1890), p. 94 et p. 96.

pour la vérité, et c'est ce qui le rend indifférent aux malheurs qui assaillent une race aussi menteuse ; un sentiment persistant de méfiance envahit l'esprit envers tout un chacun, ce qui refroidit les plus chauds espoirs d'améliorer leur bien-être et fait échouer bien des plans qui leur seraient bénéfiques.[57]

Fortement inspirés par la bonne foi des agents de la mission civilisatrice de l'Occident, de tels jugements ne contribuent pas peu à accuser encore davantage les clichés les plus sombres qui circulent à propos de *l'homo sinicus*. Exaspérant par son ignorance de la ponctualité ou de l'exactitude, redoutable par ses excès dans la corruption et dans la dépravation, méprisable par son obséquiosité et par sa soumission à la manière forte, il ne trouve guère grâce au regard de tous ceux qui lui reprochent notamment son indécrottable obstination à perpétuer les manœuvres les plus obscures pour perpétuer l'oppression et l'arbitraire les plus rétrogrades face au « progrès ». Sur ce plan assurément, le vilain le plus exécrable s'avère, de l'avis général ; le mandarin obtus et bedonnant, hautain et despotique qui, selon les dires de l'officier de marine Sherard Osborn déjà en 1860, ne cesse de s'entremettre entre les innombrables sujets d'une humanité exsangue et les porteurs d'un avenir meilleur venus d'outre-mer :

> Les bêtes (tout au mieux) affamées et industrieuses ou affairistes qui forment les masses chinoises ne sont pas nos ennemis et nous ne sommes pas les leurs, et si nous l'étions, ce serait par la voix de nos missionnaires et de nos marchands. Nous représentons une nation qui apporte la civilisation, le progrès et, espérons-le, un jour le christianisme à ces créatures. Celles-ci trouvent en nous des maîtres justes et bienveillants à tous égards. Non, notre ennemi, c'est-à-dire l'ennemi du progrès britannique en Chine, c'est celui qui s'interpose entre nous et ces créatures : le mandarin carré, repu et entêté, tous ces Ye et ces Lin de la bureaucratie chinoise.[58]

C'est sur un ton semblable que la formation traditionnelle des lettrés, qui les prépare à exercer les fonctions mandarinales selon l'éthique confucéenne, est vertement dénigrée par l'un des maîtres orientalistes les plus respectés de l'époque, le bibliographe Henri Cordier, sous la rubrique « instruction » de l'article « Chine » qui paraît dans la *Grande Encyclopédie* :

> Avec une légère connaissance théorique de l'art militaire et de la musique, le bagage scientifique d'un lettré, à quelque degré qu'il appartienne, se compose donc essentiellement des livres classiques (King), mais ces King, il

[57] S.W. Williams, *The Middle Kingdom: A Survey of the Geography, Government, Education, Social Life, Arts, Religion, etc., or the Chinese Empire and Its Inhabitants*, vol. 2, New York, John Wiley, 1853, pp. 96-97.

[58] Captain S. Osborn, *The Past and the Future of British Relations in China*, Edinburgh, William Blackwood & Sons, 1860, pp. 178-179.

les a étudiés, retournés, commentés de telle sorte que son esprit [...] acquiert, sinon beaucoup d'ampleur, du moins beaucoup de finesse et de subtilité [...] Comme on le voit, c'est la mémoire, moins que l'intelligence et le raisonnement, qui est mise en jeu dans l'éducation chinoise [...] L'ignorance des sciences exactes, des langues étrangères, de l'histoire et de la géographie non seulement des pays lointains, mais encore des nations voisines, contribue malgré l'opinion généralement accréditée, à faire du Chinois des classes supérieures et moyennes un homme singulièrement ignorant, auprès duquel le dernier de nos bacheliers est une véritable encyclopédie.[59]

Par leur ton et par leur contenu, ces propos très officiels ne tranchent nullement sur l'arrière-plan des discours anti-chinois qui justifient l'impérialisme européen à son zénith en ce début de XXe siècle. Après s'être épanouie dans les comportements et dans la littérature au cours des décennies précédentes, la référence soutenue à la laideur et au ridicule du prototype chinois a bientôt dérivé vers l'évocation des dangers que sa turpitude et sa barbarie font courir à la vertu et à la survie de la race blanche[60]. Dans ce contexte, le spectre du « péril jaune », notamment brandi par l'empereur Guillaume II dans son ardeur à extirper l'agression des Boxers, prend bien sa place parmi les dérivés du darwinisme et du malthusianisme appliqués aux rapports entre les races, tout en nourrissant dans l'opinion et dans la politique occidentales l'ethnocentrisme et la xénophobie qui sont reprochés depuis cent ans à l'Empire du Milieu[61].

Certes, il se trouve des voix plus mesurées qui tournent le dos aux excès de la bonne conscience européenne et qui proposent à la place un

---

59 H. Cordier, « Chine », in *Grande encyclopédie. Inventaire raisonné des sciences, des lettres et des arts par une société de savants et de gens de lettres. Tome onzième*, Paris, H. Lamirault et Cie, 1886, p. 97.

60 P. Leroy-Beaulieu, *La Rénovation de l'Asie (Sibérie, Chine, Japon)*, Paris, Armand Colin, 1900 ; V.G. Kiernan, *The Lords of Human Kind: European Attitudes towards the Outside World in the Imperial Age*, London, Weidenfield and Nicolson, 1969, ch. 5 ; Y.-F. Herriou, « La "race" chinoise dans l'imaginaire français », in P. Blanchard *et al.* (dir.), *L'Autre et Nous. « Scènes et Types »*, Paris, Syros, 1995, pp. 127-132 ; C. Nguyen Tri, « Être orientaliste au XIXe siècle. Le cas Henri Cordier », in Cartier, *La Chine entre amour et haine*, *op. cit.*, pp. 209-263 ; M. Détrie, « L'Image du Chinois dans la littérature occidentale au XIXe siècle », *ibid.*, pp. 403-429 ; Mackerras, *Sinophiles and Sinophobes*, *op. cit.*, 6e partie.

61 H. Gollwitzer, *Die gelbe Gefahr. Geschichte eines Schlagworts. Studien zum imperialistischen Denken*, Göttingen, Vandenhoeck & Ruprecht, 1962 ; G. Blue, « Gobineau on China: Race Theory, the Yellow Peril and the Critique of Modernity », in Cartier, *La Chine entre amour et haine*, *op. cit.*, pp. 353-401 ; J. Laffey, *Imperialism and Ideology: An Historical Perspective*, Montréal, Black Rise Books, 2000, ch. 5 ; C. Holmes, « The Chinese Connection », in G. Alderman and C. Holmes (eds.), *Outsiders and Outcasts: Essays in Honour of William J. Fishman*, London, Duckworth, 1993, pp. 71-93.

nouveau dialogue fondé sur le respect et la collaboration, comme ce médecin-major français pourtant voué au succès de la colonisation en Indochine :

> Le fils de Han, que beaucoup d'Européens affectent de mépriser, de ravaler au niveau du nègre, appartient à une race dont la puissante intelligence a créé et consolidé le plus vaste empire du monde [...] Et, s'il branle, à l'heure actuelle, cet extraordinaire monument du génie humain, si sa masse montre des signes de vétusté, de désagrégation manifeste, soyez sûrs que la base est toujours solide [...] à condition de servir de *substratum* à un édifice restauré à fond, sinon reconstruit. Et pour ce travail de réfection, de transformation, vous trouverez dans le fils de Han toutes les ressources d'un esprit souple, de grande capacité assimilatrice, point opposé systématiquement à toute réforme, à tout progrès, comme semblent le croire ceux qui ne l 'ont abordé que de très loin [...]
>
> La grande erreur de la race blanche est de penser que sa civilisation, sa puissance créatrice, ses machines *s'imposent d'elles-mêmes*, éblouissent les autres races, ouvrent tous les horizons, dissipent toutes les ténèbres. C'est une grave illusion, d'autant plus tenace et dangereuse qu'elle flatte notre orgueil, incommensurable comme celui des Chinois. [62]

Écrites en 1905, ces lignes sont donc contemporaines du coup de tonnerre provoqué sur la scène diplomatique par la victoire retentissante de la marine et de l'armée du Japon sur celles de la Russie. Dix ans tout juste après avoir humilié la Chine en mer Jaune et dans la péninsule coréenne, voilà que l'archipel nippon, enhardi par sa modernisation spectaculaire, se pose en partenaire de premier plan sur les rangs de l'impérialisme en Asie orientale. Aux yeux du président enthousiaste de la *Japan Society* londonienne, c'est d'abord à lui que doit désormais revenir le rôle de guider la Chine sur la voie des transformations qui lui permettront de se relever :

> Il manque aux Chinois plusieurs aptitudes qui ont permis aux Japonais de réaliser cette merveilleuse transformation mais ils possèdent des qualités solides qui compensent pour la tâche à accomplir. Quelle nation est aussi parfaitement équipée pour influencer les Chinois dans le sens des réformes, pour les aider à régénérer leur pays et pour les guider à la lumière de leur propre expérience que celle des Japonais ? Apparentés par la race, ils comprennent la nature des Chinois bien mieux que les Occidentaux peuvent espérer le faire. Capables de communiquer avec les Chinois grâce à une langue écrite commune, versés dans une littérature classique commune, imbus d'idées philosophiques similaires, les Japonais sont en mesure d'enseigner les réformes aux Chinois en quatre fois moins de temps qu'une puissance occidentale ou plusieurs d'entre elles ensemble mettraient à le faire. Les si-

---

62 Dr A.-F. Legendre, *Le Far-West chinois. Deux années au Setchouen. Récit de voyage, étude géographique, sociale et économique*, Paris, Librairie Plon, 1905, pp. III et V.

gnes ne manquent pas que les Japonais sont disposés et prêts à entreprendre cette tâche.[63]

Chacun à sa manière, ces deux points de vue simultanés sur la situation dans la région suggèrent en raccourci ce que l'avenir va bientôt réserver aux résidents occidentaux qui voient l'Empire chinois s'écrouler en octobre 1911.

Conclusion
Le crépuscule de la présence européenne en Chine

Durant la première décennie de l'ère républicaine, trois événements marquants viennent saper les fondements de l'hégémonie européenne en terre chinoise : les exigences formulées par un Japon de plus en plus ambitieux dans ses « vingt-et-une demandes » au gouvernement de Yuan Shikai en 1915, les grandes manifestations du 4 mai 1919 contre la décision prise à Versailles de ne pas rétrocéder à la Chine les anciennes possessions allemandes du Shandong, l'intervention des agents du Komintern dans l'encadrement du mouvement révolutionnaire depuis la création du Parti communiste chinois en juillet 1921.

Confortées par leur alliance avec le Royaume-Uni en 1902, les autorités de Tokyo tirent parti de leur triomphe au traité de Portsmouth en 1905 pour s'affirmer comme un partenaire redoutable en Asie orientale que les puissances occidentales tentent encore de contenir par les conventions navales de Washington en 1922. Plus encore que dans leurs colonies coréenne et taiwanaise, les Japonais implantent sur le continent chinois un « empire informel » qui, avant même leur annexion de la Mandchourie en 1931, fait d'eux la communauté étrangère la plus dynamique en termes démographique, économique et stratégique. Dans l'esprit des militaires et des industriels de l'archipel, la Chine constitue à la fois un eldorado, qui offre des ressources et des débouchés inespérés aux conglomérats nippons, et une « relation spéciale », qui donne aux idéologues du Soleil levant l'occasion d'intervenir au nom de la solidarité des peuples asiatiques pour y rétablir l'ordre et y museler « le péril rouge »[64]. Dans le jeu de l'expansionnisme japonais, ces cartes s'abattent

---

63 A. Diosy, *The New Far East*, London, Cassel and Company, Limited, 1905, p. 233.

64 K.K. Kawakami, *Le Japon en Chine. Ses mobiles et ses buts*, Paris, Éditions Bernard Grasset, 1938 ; A.D. Coox and H. Conroy (eds.), *China and Japan: Search for Balance since World War I*, Santa Barbara, ABC-Clio, 1978 ; P. Duus, R.H. Myers and M.R. Peattie (eds.), *The Japanese Informal Empire in China (1895-1937)*, Princeton, Princeton University Press, 1989 ; W.G. Beasley, *Japanese Imperialism, 1894-1945*, Oxford, Clarendon Press, 1991 ; M. Vié, *Le Japon et le monde au XXe siècle*, Paris, Masson, 1995 ; B.J. Brooks, *Japan's Imperial Diplomacy: Consuls, Treaty Ports, and War in China, 1895-1938*, Honolulu, University of Hawai'i Press, 2000.

peu à peu dans les deux décennies qui précèdent l'invasion armée du territoire chinois en 1937 alors qu'elles suscitent justement les protestations les plus vives du nationalisme chinois contre les empiètements de l'étranger.

Si la présence du Japon porte manifestement ombrage à la prépondérance des Européens sur les côtes chinoises, celle de la Russie se fait bien plus discrète depuis que la révolution a balayé le régime tsariste en 1917. Certes, Moscou attire la Mongolie extérieure dans son orbite à l'aube des années 1920 et elle ne lâche pas vraiment prise dans la gestion du trans-mandchourien en 1929 mais, alors que la très grande majorité des ressortissants russes en Chine deviennent des réfugiés apatrides, l'Union soviétique renonce théoriquement aux privilèges de l'impérialisme d'antan en mai 1924 lors de la conclusion laborieuse du traité sino-soviétique[65]. En revanche, davantage encore que le séjour des étudiants-ouvriers en France, l'influence des *Sovietniki* Joffé, Maring et Borodine se révèle déterminante dans les phases initiales de l'action communiste entre 1921 et 1928, que ce soit par le noyautage du monde du travail dans un syndicalisme révolutionnaire ou par la collaboration tactique entre les cadres communistes et les dirigeants nationalistes du *Guomindang*. En effet, avant que l'inadéquation du modèle russe ne contraigne les militants communistes à s'implanter dans les campagnes, l'action du Komintern en Chine contribue puissamment à y diffuser les arguments et les stratégies de la lutte contre l'impérialisme[66].

Essentiellement identifiée à l'appartenance ethnique aux Han, à la promotion d'une langue commune (*baihua*) et à la construction moderne de l'État, la nouvelle exaltation de la patrie (*guojia*) vise notamment à mettre un terme aux humiliations subies face à l'étranger. Pour y arriver,

---

[65] V.A. Yakhontoff, *Russia and the Soviet Union in the Far East*, London, London Allen & Unwin, 1932, 2e et 3e parties ; P.S.H. Tang, *Russian and Soviet Policy in Manchuria and Outer Mongolia, 1911-1931*, Durham, Duke University Press, 1959 ; S.-T. Leong, *Sino-Soviet Diplomatic Relations, 1917-1926*, Honolulu, The University Press of Hawai'i, 1976 ; Quested, *Sino-Russian Relations, op. cit.*, ch. 9 ; T.E. Ewing, *Between the Hammer and the Anvil? Chinese and Russian Policies in Outer Mongolia, 1911-1921*, Bloomington, Indiana University, 1994; Patrikeeff, *Russian Politics in Exile*, *op. cit.*

[66] J. Guillermaz, *Histoire du Parti communiste chinois (1921-1949)*, Paris, Payot, 1968 ; J.-M. Bouissou, *Seigneurs de guerre et officiers rouges. La révolution chinoise, 1924-1927*, Tours, Maison Mame, 1974 ; C. Mackerras and N. Knight (eds.), *Marxism in Asia*, New York, St. Martin's Press, 1985, ch. 1 à 3 ; Y. Chevrier, « Introduction historique », in L. Bianco et Y. Chevrier (dir.), *Dictionnaire biographique du mouvement ouvrier international : La Chine*, Paris, Les Éditions ouvrières, 1985, pp. 21-59 ; A. Dirlik, *The Origins of Chinese Communism*, Oxford, Oxford University Press, 1989 ; M.A. Levine, *The Found Generation: Chinese Communists in Europe during the Twenties*, Seattle, University of Washington Press, 1993.

elle recourt à trois moyens de s'exprimer avant d'être récupérée par le parti-État du *Guomindang* à Nanjing : entre 1919 et 1931 surtout, il ne se passe pas une année sans que, tour à tour, les chambres de commerce patronnent le boycott des marchandises en provenance des pays incriminés, à commencer par le Japon, les organisations syndicales déclenchent des arrêts de travail contre l'exploitation des entreprises étrangères dans les ports côtiers et les mouvements étudiants multiplient les manifestations de rue spectaculaires dans les centres universitaires. Sans conteste, la vague des troubles les plus inquiétants est celle qui déferle entre le 30 mai 1925, quand la police britannique abat des protestataires à Shanghai, et le mois d'août 1926, lorsque s'éteignent les grèves qui ont paralysé les intérêts de l'Angleterre dans tout le sud du pays. Des puissances occidentales, seule l'Allemagne, absoute de son passé impérialiste depuis 1919, s'attire alors les sympathies des dirigeants nationalistes qui font largement appel à ses officiers et à ses industriels pour fourbir leur appareil militaire[67].

À compter de 1926 la diplomatie londonienne ébranlée s'ajuste aux circonstances et accepte de rétrocéder sa concession de Hankou et son territoire de Weihaiwei sans toutefois aller jusqu'à débattre de sa juridiction sur sa colonie de Hong Kong[68]. En outre, dans l'espoir de maintenir leur primauté dans le bassin du Yangzi et d'y préserver la sécurité de leurs placements bancaires et commerciaux, les émissaires de la *City* et du *Foreign Office* s'engagent prudemment sur la voie des négociations avec les fidèles de Jiang Jieshi (Chiang Kaishek) pour finalement rendre à la Chine toute son indépendance en matière douanière en 1929. Bien

---

67 S.F. Wright, *China's Struggle for Tariff Autonomy: 1843-1938*, Shanghai, Kelly & Walsh, 1938 ; W.C. Kirby, *Germany and Republican China*, Princeton, Princeton University Press, 1984 ; K.-S. Liao, *Antiforeignism and Modernization in China, 1860-1980: Linkage between Domestic Politics and Foreign Policy*, Hong Kong, The Chinese University Press, 1984, ch. 4 et 5 ; J. Wasserstrom, *Student Protests in Twentieth-Century China: The View from Shanghai*, Stanford, Stanford University Press, 1991 ; W.C. Kirby, « The Internationalization of China: Foreign Relations at Home and Abroad in the Republican Era », in F. Wakeman, Jr. and R.L. Edmonds (eds.), *Reappraising Republican China*, Oxford, Oxford University Press, 2000, pp. 179-204 ; H. Harrison, *Inventing the Nation: China*, New York, Oxford University Press, 2001, ch. 6 à 8.

68 P. Atwell, *British Mandarins and Chinese Reformers: The British Administration of Weihaiwei (1898-1930) and the Territory's Return to Chinese Rule*, Oxford, Oxford University Press, 1985 ; N. Miners, *Hong Kong under Imperial Rule, 1912-1941*, Hong Kong, Oxford University Press, 1987 ; L.K.C. Chan, *China, Britain and Hong Kong, 1895-1945*, Hong Kong, The Chinese University Press, 1990 ; K.P. Lane, *Sovereignty and the Status Quo: The Historical Roots of China's Hong Kong Policy*, Boulder, Wetsview Press, 1990, ch. 2-3 ; M.K. Chan (ed.), *Precarious Balance: Hong Kong between China and Britain*, 1842-1992, Armonk, M.E. Sharpe, 1994, ch. 2 à 6.

qu'elle ne soit pas exempte de condescendance, cette stratégie est avant tout marquée au sceau du pur réalisme qui tient compte des récents glissements dans les rapports de force sur la scène extrême-orientale[69]. Ce n'est pas ainsi que l'entendent la plupart des résidents de longue date (*old China hands*) qui, dans les concessions des ports ouverts, se retranchent dans un comportement de ghetto qui célèbre la supériorité de la civilisation occidentale. Se refusant à démanteler les frontières physiques et mentales qui la coupe des foules chinoises, la collectivité hybride des « Européens » de Shanghai se forge alors une identité symbolique qui la démarque autant des expatriés de passage que des « indigènes » des alentours[70]. C'est cet univers précaire et arrogant qui va s'écrouler lors de l'occupation japonaise à la fin de 1941 puis s'évanouir entre 1943 et 1946 quand les derniers vestiges de l'extraterritorialité sont effacés. Le partenariat sino-occidental ne sera plus jamais le même par la suite.

Quel héritage laisse donc ce partenariat inégal qui, un siècle durant, a permis à l'Europe de réaliser partiellement ses ambitions de remodeler la Chine à son image ? Du côté européen, force est d'admettre que les espoirs de pénétrer le marché et de convertir les âmes ne se sont que modestement concrétisés alors que la volonté d'intégrer l'Empire du Milieu dans le concert international a été couronnée de succès. Du côté chinois, l'impact européen est interprété de trois façons. On peut d'abord en retenir les aspects les plus déplaisants d'un impérialisme collectif qui ont nourri l'imaginaire nationaliste depuis les années 1930, en particulier ces règlements qui interdisaient aux Chinois l'accès au jardin public de la concession internationale de Shanghai. On peut au contraire insister sur l'impact insignifiant ou superficiel de la présence occidentale sur la pensée et l'existence du demi-milliard d'habitants vivant dans l'im-

---

69 W.R. Louis, *British Strategy in the Far East, 1919-1939*, Oxford, Clarendon Press, 1971 ; S.L. Endicott, *Diplomacy and Enterprise: British China Policy, 1933-1937*, Manchester, Manchester University Press, 1975 ; E.S.K. Fung, *The Diplomacy of Imperial Retreat: Britain's South China Policy, 1924-1931*, Hong Kong, Oxford University Press, 1991 ; P.J. Cain and A.G. Hopkins, *British Imperialism: Crisis and Deconstruction 1914-1990*, London, Longman, 1993, pp. 235-262 ; M. Atkins, *Informal Empire in Crisis: British Diplomacy and the Chinese Customs Succession, 1927-1929*, Ithaca, Cornell University Press, 1995 ; J. Osterhammel, « China », in J.M. Brown (ed.), *The Oxford History of the British Empire. Volume IV. The Twentieth Century*, Oxford, Oxford University Press, 1999, pp. 643-666.

70 N. Clifford, *Spoilt Children of Empire: Westerners in Shanghai and the Chinese Revolution of the 1920's*, Hanover, Middlebury College Press, 1991 ; Bickers, *Britain in China, op. cit.* ; Brossolet, *Les Français de Shanghai, op. cit.* ; F. Wood, *No Dogs and Not Many Chinese: Treaty Port Life in China, 1843-1943*, London, John Murray, 1998 ; Elder, *China's Treaty Ports, op. cit.* ; Clifford, *« A Truthful Impression of the Country », op. cit.*

mensité du territoire chinois qui échappait à la proximité immédiate des cercles étrangers confinés dans les ports ouverts. On peut enfin tenter de mesurer la prégnance à long terme des emprunts à la civilisation occidentale surtout dans le domaine des affaires, qui a vu l'émergence d'un capitalisme mixte dans les régions côtières, et dans la sphère de la culture, qui a vécu la conversion des élites à la science et à la modernité. Il est vrai que, dans l'entre-deux-guerres, alors que la sinologie européenne brille de tous ses feux à Paris, à Cambridge, à Hambourg et à Leningrad, ceux-là mêmes qui, en Chine, ont appris le plus de l'Occident retournent puissamment contre lui la panoplie des armes du nationalisme qui ont justement appuyé son expansion dans le monde[71].

71 Frèches, *La Sinologie*, *op. cit.*, ch. III ; R. Murphey, «The Treaty Ports and China's Modernization», in M. Elvin and G.W. Skinner (eds.), *The Chinese City between Two Worlds*, Stanford, Stanford University Press, 1974, pp. 17-71 ; Ch'en, *China and the West*, *op. cit.* ; J. Osterhammel, « Semi-colonialism and Informal Empire in Twentieth-Century China: Towards a Framework of Analysis », in W.J. Mommsen and J. Osterhammel (eds.), *Imperialism and After: Continuities and Discontinuities*, Boston, Allen & Unwin, 1986, pp. 290-314 ; J. Darwin, « Afterword: A Colonial World », in Bickers and Henriot, *New Frontiers, op. cit.*, ch. 4 ; G. Wang, *Anglo-Chinese Encounters since 1800, op. cit.*

L'Union européenne, la gouvernance mondiale et l'ordre international

Le cas des relations avec l'Asie de l'Est

Mario TELÒ

Professeur, directeur de recherches et directeur de l'École doctorale en Études européennes (IEE), Pôle européen Jean Monnet, Université Libre de Bruxelles

I. L'émergence de la puissance civile globale de l'UE et le défi de l'Asie de l'Est

Nos critiques même radicales aux oscillations et aux balbutiements de l'Union européenne sur la scène internationale, nos dénonciations des « performances de débutant » de l'action politique externe de l'Union sont justifiées ; néanmoins, elles ne doivent absolument pas occulter les changements historiques intervenus dans ce que l'historien Fernand Braudel appelait la « longue durée », c'est-à-dire l'émergence d'un nouvel acteur international, un nouveau type de puissance civile[1]. Quinze ans après la chute du mur de Berlin et la fin du monde bipolaire, dans le cadre de la mondialisation technologique, financière, économique et culturelle, l'UE élargie est devenue le deuxième acteur global : l'Union se situe, en effet, au même niveau que les USA sur le plan du PIB, elle est la première puissance commerciale au monde, la deuxième puissance monétaire, notamment grâce à la décision chinoise de diversifier ses réserves entre le Dollar et l'Euro, et le premier acteur en ce qui concerne l'aide humanitaire et la coopération au développement. Protagoniste au sein du réseau multilatéral de coopération internationale, l'UE a intensifié ses relations avec les autres régions du monde : malgré son bilan mitigé, la Convention ACP, à Cotonou a renouvelé les relations avec les 78 pays ACP, avant tout africains et le processus de Rio de Janeiro (lancé en 1999 et à l'origine des rencontres bi-régionales de Madrid en

[1] Pour ce concept, voir M.Telò, *L'Europa potenza civile*, Laterza, Roma, 2004.

2002 et de Guadalajara de 2004) a mieux encadré les relations multiples et variées avec l'Amérique Latine.

C'est dans le contexte de ce nouvel activisme global que, par des approches à la fois bilatérales mais aussi multilatérales (notamment le processus ASEM, Asia-Europe Meeting, lancé en 1996), que l'UE est en train de développer ses relations avec l'Asie de l'Est, une des régions à la fois les plus dynamiques et instables au monde.

D'habitude on fait référence à une représentation géométrique, le triangle USA-Asie de l'Est-UE : en réalité, on assiste à un renforcement du segment faible, le lien Europe-Asie de l'Est, alors que les liens Euro-USA et Asie-USA ont déjà acquis un niveau excellent de développement. Nettement au-delà de la « trilatérale » des années 1970 (USA-CE-Japon), on est en train de renforcer le côté faible du triangle et pas uniquement au point de vue économique et commercial (il représente quand même 21 % des exportations totales de l'UE). En effet les relations avec l'Asie de l'Est présentent des implications multiples, dues non seulement à l'importance économique et commerciale, mais aussi aux conflits politiques potentiellement explosifs marquant la région : la péninsule coréenne, le détroit de Taiwan, la mer de Chine, les relations sino-vietnamiennes entre autres.

Dans les quatre chapitres suivants, qui se focalisent respectivement sur les relations de l'UE avec la Chine, le Japon, les pays du Sud-Est-Asiatique et sur l'ASEM (la dimension globale des relations interrégionales Euro-Est-Asiatiques), j'attire l'attention sur le fait que les relations Euro-Asiatiques, surtout du point de vue européen, se caractérisent par une double interaction : entre économie et politique et entre politique internationale et politique interne. Pourquoi ?

La percée qu'ont connue ces relations inter-régionales au cours des quinze dernières années nous interpelle : plus que nos contacts controversés mais obligés avec les voisins méditerranéens et de l'Est (le *Near abroad*), plus que nos relations de longue date avec les anciennes colonies africaines, plus que nos contacts de plus en plus approfondis – mais construits largement sur des racines ethniques partagées – avec nos « compatriotes » d'Amérique latine, ce sont précisément les relations avec l'Asie de l'Est qui incitent l'UE à s'occuper de plus en plus, non seulement de la *gouvernance globale*, mais également du gouvernement mondial, c'est-à-dire du *world order*.

En quoi ces relations asiatiques, plus étendues, profondes et variées que jamais, constituent-elles un défi politique pour l'UE ?

Du point de vue qui est le mien, c'est-à-dire de la théorie des relations internationales, les idées-guide qui sont au centre de la construction européenne sont confrontées à une difficulté majeure, à un vrai défi de taille en Asie de l'Est. En quel sens ? La constellation des relations internationales en Asie nous rappelle notre passé, la *balance of power*, et encourage en apparence les approches réalistes. Alors que, en Europe, nous sommes en train de faire l'expérience, depuis plus de 50 ans, de la « souveraineté partagée » non seulement de la paix et la prospérité par la méthode de l'intégration économique entre les voisins – « méthode Jean Monnet » –, mais aussi de l'autolimitation volontaire de la souveraineté nationale de la part des États, la réalité des relations inter-étatiques existant en Asie de l'Est, prend l'apparence d'une géopolitique souverainiste et nous interpelle quant à l'universalité de notre expérience de révision du concept traditionnel, classique, « Westphalien », d'État.

Le grand politologue américain Robert O. Keohane, dans son récent essai publié sous le titre *Ironies des la souveraineté*[2], a soulevé la même question à propos de l'évolution récente des relations transatlantiques, à cause de l'unilatéralisme américain, du poids du complexe militaro-industriel, des dérapages de l'équilibre entre autorité et liberté qui rappellent, à son avis, la primauté de la préoccupation sécuritaire typique de l'État souverain classique. Mais on ne peut pas comparer les USA de 2002-2004 avec l'Asie de l'Est : n'oublions pas qu'on parle précisément d'« ironie » et de « paradoxe » à propos des USA, car nous avons appris des USA l'idée et la pratique de la souveraineté partagée, sous la forme notamment du modèle fédéral élaboré depuis la Convention de 1787, et après 1945, nous avons importé des USA le multilatéralisme, forme moderne d'autolimitation de la souveraineté au niveau des relations intergouvernementales. Il est donc légitime d'espérer que tant la démocratie et les valeurs communes que les intérêts jouent en faveur de la paix et de la coopération et aboutissent dans un délai raisonnable à un retour à l'ordre.

Par contre, en Asie de l'Est, ce ne sont pas uniquement les différences au niveau des valeurs et des cultures qui inquiètent et posent problème, mais le fait que, indubitablement, l'espace géopolitique est dominé par les héritages du passé :

- la guerre froide apparemment n'est pas encore finie et plusieurs conflits politiques risquent une dégradation militaire, comme le prouvent la tension en Corée et la question de Taiwan ;
- le réalisme politique, la menace réciproque, dominent les relations internationales entre les trois géants de la région : Chine, Japon et USA. Aucun des trois (aucun des quatre si on tient compte du rôle

---

2 R.O. Keohane, « Ironies of Sovereignty », in J.H.H. Weiler *et al.* (eds.), *Integration in an Expanding Europe*, Blackwell, Oxford, 2003.

de l'Inde – marginal, mais significatif, au-delà de la confrontation sub-régionale avec le Pakistan) ne peut prévaloir[3].

– l'importance de la Chine oblige à aborder en tant que réalité unique les cadres sub-régionaux de l'Asie du Nord-Est, celui de l'Asie du Sud-Est et celui de l'Asie du Sud.

Le prof. Tanaka de la Kejo University a mis en exergue les implications relevées par plusieurs collègues au niveau de l'approche des relations internationales en affirmant en 1996 (à l'occasion d'un colloque euro-japonais de politique comparée tenu à Kyoto et organisé en collaboration avec l'ECPR) : « avec la Chine comme voisin, nous ne pouvons qu'être néoréalistes ». C'est, en effet, une région dépourvue de toute expérience multilatérale, où pendant des décennies les alternatives n'ont été qu'au nombre de deux, le nationalisme ou le bilatéralisme.

Après 1945, les USA n'y ont pas pratiqué le multilatéralisme, à la différence de l'Europe (OTAN, OECE, OCDE). S'agit-il donc non seulement d'un système de sécurité régional de type polycentrique mais aussi d'un système multipolaire, du modèle classique de *balance of power*, qui par contre en Europe n'existe que dans la rhétorique du Président Chirac ? Très certainement, il s'agit d'une région où les enjeux économiques et politiques se recoupent et s'entrelacent tout particulièrement, une région politiquement dominée par l'émergence à moyen et long termes de la puissance du géant chinois, qui présente aujourd'hui encore un *low profile* au point de vue international.

On comprend donc fort bien que l'Europe, « puissance civile » et multilatérale, mais très faible dans la région, ait tout d'abord mobilisé sa force commerciale dans le but de renforcer les tendances à l'interdépendance complexe et à la coopération internationale, tant au niveau des relations euro-asiatiques, qu'au sein de la région ou en ce qui concerne l'insertion de la région, et de la Chine en particulier, dans le réseau multilatéral de la gouvernance globale. Par exemple, l'UE a prôné la première – et cette démarche a été controversée en raison de la répression de Tien-An-Men et des sanctions suivies – pour l'insertion de la Chine notamment au sein de l'OMC, et ce avec succès. Dans une réalité géopolitique difficile, l'Europe essaie en effet depuis quinze ans de modifier la donne régionale, de renforcer les tendances multilatérales, y compris en apportant son soutien aux organisations régionales asiatiques. Mais cette politique européenne serait vouée à l'échec si des tendances même embryonnaires à la révision du cadre multipolaire westphalien ne se manifestaient pas dans la région.

---

[3] B. Buzan and O. Weaver, *Regions and Powers. The Structure of International Security*, C.U.P. Cambridge, 2003, pp. 172-173.

D'ailleurs, de l'avis de B. Buzan et O. Waever, malgré l'apparence westphalienne, plusieurs éléments expriment une « *underperformance of the balancing mechanism* » : le poids de facteurs de longue durée pré-westphaliens (un ordre sino-centrique, les liens ethniques des *networks* chinois), la présence américaine (freinant la prolifération nucléaire), la diplomatie chinoise réussissant à empêcher les coalitions anti-chinoises[4].

II. L'UE confrontée à la question chinoise du début du XXIe siècle

Lorsque l'on parle des relations de l'UE avec la Chine, même brièvement, on ne peut éviter de rappeler que ce géant démographique, cet atelier du monde, qui est capable d'envoyer des fusées habitées d'une homme dans l'espace est encore, abstraction faite de la Côte Est et des grandes villes, un pays en voie de développement. La société chinoise est une société duale, où le taux de croissance moyen de 10 % signifie plus de 20 % par an, ce qui est extraordinaire, sur la Côte Est, et des taux bien inférieurs à 5 % dans la Chine profonde. Et que même là où la croissance montre cette percée exceptionnelle (à Shanghai ou dans la zone de Canton – Hong Kong – Macao), elle provoque un creusement profond et toujours pas maîtrisé dans ses effets des écarts de la richesse, ainsi qu'une dégradation brutale de l'environnement et des conditions sanitaires.

L'équilibre actuel entre économie de marché et autoritarisme politique est-il en mesure de garantir la stabilité sur le moyen terme ? La Chine de Hu Jintao saurait-elle, face à une nouvelle crise du type de Tien-An-Men, donner des réponses autres que celles données en 1989 ?

Le libre échange dans le cadre de l'OMC interagit en profondeur avec la société et la science politique a exprimé, avec Robert Dahl, ses doutes sur la question de savoir si elle provoque automatiquement la démocratisation et l'harmonie économique. J'ai l'impression que cette inquiétude augmente chez les responsables politiques, de même que la prise de conscience du fait que la libéralisation doit être couplée à une coopération au niveau des politiques d'accompagnement et d'un dialogue politique.

C'est dans ce contexte dynamique et instable à la fois qu'il faut situer l'action de l'UE. Les deux documents approuvés en septembre et octobre 2003, respectivement par la Chine et l'UE concernant leurs relations réciproques ont envisagé ce qu'ils appellent « un partenariat stratégique EU-Chine ».

---

4 Buzan and Weaver, *op. cit.*, pp. 179-182.

Derrière cette apparence, le dialogue instauré, englobant les dimensions politiques, des droits de l'homme, du tourisme (considéré depuis Emmanuel Kant, comme un facteur de paix) et pas uniquement l'économie, se développe entre deux pôles qui se sont bien manifestés à l'occasion de la rencontre bilatérale UE-Chine du 30 octobre 2003 à Pékin : le pôle souverainiste et le pôle interdépendance :

a) Le pôle souverainiste est bien représenté par cette phrase figurant dans le document chinois : « le principe d'une seule Chine est la pierre angulaire des relations sino-européennes ». Ce qui implique par exemple l'interdiction de relations politiques avec Taiwan et avec le Dalaï Lama du Tibet. C'est à ces conditions, que la Chine de Hu Jintao déclare que « une Europe unie et puissante contribue à la paix, à la stabilité et au développement dans le monde actuel ».

La Chine ne dispose pas de beaucoup de ressources de *soft power* : néanmoins, elle commence à jouer un rôle de puissance commerciale et à exercer une fonction de puissance régionale multilatérale. Par exemple, Pékin accueille les conférences des Six pour la paix dans la péninsule coréenne.

b) Le deuxième pôle est celui de l'interdépendance complexe : il est représenté par la volonté des deux partenaires non seulement de confirmer et améliorer la mise en œuvre du dispositif de l'OMC (notamment la lutte contre le piratage), mais aussi de promouvoir les relations au niveau des *soft powers*.

Il s'agit d'un sujet délicat, important pour ses implications pour la politique interne européenne : les pressions croissantes pour l'instauration de tarifs douaniers et la flambée néo-protectionniste vis-à-vis du « péril jaune » oublient trop souvent que, d'un côté, les tarifs douaniers seraient inefficaces et que, de l'autre, l'Europe gagne à l'heure actuelle deux fois dans les échanges, à savoir au niveau des exportations et des investissements européens en Chine. Les Chinois ont l'intention de doubler ces échanges en 10 ans, en passant de 100 milliards d'Euros à 200 milliards en 2013. Il est évident que si nous mettons en avant nos préoccupations protectionnistes, ils reviendront en arrière au pôle souverainiste.

La nouveauté la plus encourageante est le choix chinois d'intensifier la coopération politique multilatérale tant contre le terrorisme que pour la solution des crises régionales (le rôle de médiateur de la Chine sur la question coréenne est une grande première).

Et je voudrais attirer l'attention sur la signification historique de la volonté affichée de réaliser un bond qualitatif au niveau des relations bilatérales avec l'UE, et ce, par l'adhésion de la Chine au financement du projet « Galileo » (à concurrence de 200 millions d'Euros), le grand succès du Président de la Commission Romano Prodi. Et puisque chacun connaît l'importance économique, technologique et stratégique du projet d'indépendance satellitaire « Galileo », je voudrais avancer deux réflexions.

L'option philo-européenne de la Chine est due au fait que les Européens pratiquent depuis des décennies, des attitudes plus respectueuses du besoin chinois d'avoir accès à des technologies avancées, surtout les plus sophistiquées. Je voudrais témoigner de ma rencontre, dès 1988, avec les *managers* de Volkswagen de Shanghai, qui m'avaient ainsi expliqué les raisons de leur préférence pour VW par rapport à Toshiba et à Chrysler).

Non seulement la force d'entraînement politique est extraordinaire et ces investissements ont des effets multiplicateurs, mais, de plus, la force contraignante des institutions européennes est suffisante pour amener la présidence tournante de fin 2003 à signer un accord sur « Galileo », inévitablement déplaisant pour l'Amérique (comme on l'a remarqué suite aux réactions de M. Rumsfeld), malgré la célèbre amitié fidèle liant le président tournant de l'UE, M. Berlusconi au Président des USA.

En conclusion, malgré les réserves que l'on peut faire, dans le cadre du dialogue avec l'UE, la Chine est fortement sollicitée à surmonter l'opposition rigide entre multilatéralisme économique et commercial d'une part et national-souverainisme politique d'autre part. L'UE, quant à elle, a fait des pas concrets vers la politisation des relations tant multilatérales que bilatérales, ce qui a un impact sur son rôle dans la région, y compris sur son identité de puissance civile et technologique. Le scénario vertueux pourrait envisager l'imbrication accrue de la Chine dans un réseau de coopérations multilatéral affaiblissant à moyen terme la logique du nationalisme souverainiste et stimulant les réformes internes.

III. L'amitié entre deux puissances civiles : l'UE et le Japon

Puisque la politique chinoise de l'UE est très innovatrice et difficile, parfois sur le fil du rasoir, la stratégie visant à décourager des options agressives à l'extérieur et autoritaires à l'intérieur de la Chine ne sera pas un succès si l'Europe ne s'appuie pas sur ses convergences accrues et toujours croissantes avec les voisins de la Chine, les pays de l'ASEAN et le Japon. Il s'agit pour l'Europe de faciliter l'évolution de la logique de la *balance of power* vers la logique multilatérale, ce qui implique, tout comme dans le cas du Japon, un renouvellement de son rôle régional.

Le Japon, allié fondamental des USA dans cette région, peut-il renforcer sa convergence politique avec l'UE ? Aucun État de la région, de l'avis de Buzan et Weaver, ne veut imaginer son rôle futur comme celui du bras militaire ou du porte-avions des USA dans la région. L'excellent niveau des relations entretenues depuis l'accord de 1991, relancé en 2001, semble prouver que la piste d'un renouvellement proactif et multilatéral de la politique internationale du Japon est prometteuse tant au point de vue économique et culturel que politique.

Depuis cinq ans, le GEPE a promu, en collaboration avec l'IEE de l'ULB et la *Japan Foundation*, un observatoire annuel de l'évolution des relations bilatérales et des rôles respectifs dans la gouvernance mondiale. À part cette excellente initiative, une décennie de visites au Japon me permet d'apprécier la percée de l'intérêt et de la coopération réciproque. En effet, ce développement est facilité par le fait que tant l'UE que le Japon, alliés des USA, sont des puissances civiles, marquées par les conséquences de la Deuxième Guerre mondiale, ayant renoncé, pour des raisons diverses, au modèle de puissance souveraine classique.

Le Japon connaît depuis quelques années une phase délicate de transition. Non seulement, en conséquence de l'émergence de la menace nucléaire Nord-Coréenne, le rôle international du Japon fait l'objet de demandes relativement consensuelles dans la société japonaise (notamment le *membership* permanent du Conseil de Sécurité des Nations Unies) mais aussi d'une controverse publique interne qui se développe sur deux plans interconnectés : la réforme de la Constitution et la politique de sécurité régionale.

a) Sur le plan normatif, il est largement connu que l'article 9 de la Constitution japonaise statue que le Japon « renonce à la guerre et à la menace de guerre en tant qu'instrument politique » (et il faut souligner la similarité avec la première partie de l'art 11 de la Constitution de la République italienne). La renonciation au *jus ad bellum*, au droit de déclarer la guerre, c'est un trait « post-westphalien » typique des puissances civiles. En outre, dans le pays de Hiroshima et Nagasaki, le tabou du nucléaire reste fondamental, ainsi qu'en témoigne l'entretien soigné de la mémoire collective de l'holocauste nucléaire par l'enseignement, les musées, les expositions etc. La doctrine de la dénucléarisation est fondée sur trois principes :

- la densité de la population, donc la vulnérabilité ;
- la plus grande efficacité du parapluie nucléaire américain ;
- éviter le risque que le problème coréen laisse la place à un « problème Japon ».

Mais cet extraordinaire *background* n'est pas suffisant pour permettre de passer du pacifisme à une politique étrangère active et cohérente, à la hauteur du poids économique du Japon et de sa tradition de l'après 1945.

Voilà pourquoi le Premier ministre Koyzumi envisage une réforme controversée de la Constitution, permettant non seulement de changer le nom de la « force d'autodéfense » (définition hypocrite car il s'agit d'une armée sophistiquée de 250 000 hommes, disposant du quatrième budget militaire au monde en ordre de grandeur), mais aussi d'assumer des responsabilités dans le monde pour le maintien de la paix et de l'ordre international.

b) Ce débat interagit avec le débat *politique* et d'actualité concernant la menace coréenne : 700 missiles capables d'atteindre le Japon, pouvant transporter des ogives nucléaires. Le débat public présente trois points de vue :

- un courant pour le moment très minoritaire au sein de la droite met en question l'efficacité de la protection USA et prône la nucléarisation du Japon. Nos amis japonais minimisent son importance. Force est de constater que, pour la première fois en septembre et octobre 2003, on a assisté à un débat public à la une des journaux, notamment sur l'influent « Asahi Simboun » : on a avancé une hypothèse de construction d'une force de dissuasion à la française, à la portée de la technologie et du budget japonais. La Chine et les USA (J. Bolton, Sous-secrétaire d'État) ont pris au sérieux cette option qu'ils critiquent et/ou ressentent comme une menace. On explique aussi par cette menace la décision sans précédent de la Chine de jouer un rôle proactif et médiateur dans la crise coréenne ;
- la deuxième option, c'est la pure continuité avec le passé : le parapluie américain justifie la politique suiviste, un peu comme les « gentils garçons de l'Allemagne de Bonn ». Cette option a été soutenue par les leaders du Parti libéral au gouvernement depuis 50 ans et aussi, pour d'autres raisons, par une partie des pacifistes ;
- la troisième option c'est une révision de la deuxième par un rôle plus proactif du Japon tant au niveau régional que global. Mais dans la version de Koyzumi, elle est ambiguë et n'a pas encore vraiment convaincu la majorité de l'opinion publique : selon les politologues, ceci est prouvé par le fait que, malgré les succès économiques, le parti de Koyzumi a perdu des voix en 2003 et reste au pouvoir uniquement grâce aux gains enregistrés par le parti bouddhiste. Ce n'est pas la seule explication du recul électoral, bien entendu : des facteur sociaux aussi expliquent la percée

de l'hétérogène coalition autour du Parti Démocratique de M. Kahn qui passe de 137 à 177 sièges. Selon le politologue Yoichi Okita, tant le taux de participation électorale en baisse (61 %) que la percée de ce parti de l'opposition qui a offert pour la première fois une alternative gouvernementale crédible sont aussi dues à la désapprobation massive de l'intervention japonaise « humanitaire » en Iraq.

Que peut-on prévoir ? L'ancien ambassadeur japonais à Bruxelles me confiait à Tokyo en 2002 que le patriotisme modéré nourrissant les modestes ambitions du Japon ne peut plus tolérer le pur et simple suivisme vis-à-vis d'un puissant allié qui ne consulte même pas le Japon avant d'inclure la Corée du Nord, terriblement proche, dans « l'axe du mal ». Donc une régulation pacifique de la question nord-coréenne serait très populaire, à la condition que la question des Japonais kidnappés soit inclue dans la négociation et que la Chine ne bénéficie pas trop de son nouveau rôle de maître du jeu.

Je crois que le moment de vérité se rapproche pour le pacifisme nippon. La prochaine décennie sera cruciale :

- d'un côté, certes M. Koyzumi répondra aux critiques que justement l'alliance avec les USA c'est la façon de bloquer le nationalisme militariste ; l'appel à l'allié externe serait la façon de stopper la poussée interne vers un réarmement qui correspondrait tout à fait à une vieille logique de *balance of power* régionale contre les menaces chinoise et nord coréenne ;
- de l'autre côté, on peut légitimement s'interroger sur la question de savoir si le Japon a véritablement tout fait pour normaliser les relations de voisinage avec la Chine et les deux Corée. Le problème pour le Japon est qu'il peine à concrétiser un rôle politique plus important dans la région, essentiellement en raison de l'absence d'un processus de pacification avec Chine, comparable avec celui qui a caractérisé les relations franco-allemandes et, de manière plus générale, les relations de l'Allemagne démocratique avec tous ses voisins et anciennes victimes. Et cette carence dépend aussi du Japon, un pays qui partage avec l'Allemagne l'histoire de la Deuxième Guerre mondiale, mais dont une partie des autorités flirte avec le passé militariste.

En conclusion, la question cruciale est de savoir si le contexte géopolitique de l'Asie de l'est évoqué au début du présent article n'offre pas de nouvelles options pour une approche à la fois civile et multilatérale, du type de celle qui a manqué l'Allemagne, et son évolution de la république de Bonn à l'Allemagne de Berlin. C'est dans cette éventualité que le dialogue politique avec l'Europe (la Déclaration bilatérale d'il y a une décennie et le processus ASEM) et le rapprochement spectaculaire avec l'ASEAN sont à suivre avec grande attention : la « Déclaration de Tokyo » de décembre 2003 visant le développement des relations entre le Japon et l'ASEAN va nettement au-delà des limites de « l'ASEAN plus 3 » (Chine, Japon et Corée du Sud) et envisage une relation de coopération privilégiée qui ne peut être interprétée que comme une réponse à l'activisme régional de la Chine.

IV. Une troisième phase de la vie de l'ASEAN ?

L'Association des nations du Sud-Est de l'Asie est née en 1967 pour rassembler les pays anticommunistes de la région sous le leadership de l'Indonésie et rassemblant la Thaïlande, la Malaisie, Singapour et les Philippines. Dans la pratique, une fois la guerre au Vietnam finie, l'ASEAN se transforma en « la belle endormie » jusqu'en 1992, date du début de sa deuxième vie, celle du dynamisme commercial et de l'élargissement. Le sommet de Bali lança la zone de libre échange (ZLE), un succès qui favorisa l'essor économique de la région. Cette renaissance est due tant à des facteurs généraux que spécifiques[5].

Commençons par les premiers :

- le défi de la globalisation et les incertitudes de la négociation multilatérale globale (Uruguay Round) ont poussé les États de la région à construire une libéralisation limitée aux pays voisins ;
- les succès de l'UE ont poussé vers l'émulation et produit ce que l'on appelle un effet domino ;
- la fin de la guerre froide a permis le rapprochement avec les anciens ennemis (Vietnam, Cambodge, Laos) ;

En ce qui concerne les facteurs spécifiques expliquant l'évolution de l'ASEAN, nous ne pouvons perdre de vue :

- les dix pays membres comptent 530 millions d'habitants, 5 religions et constituent une réalité régionale très hétéroclite et variée ;
- le modèle d'intégration est basé sur l'importance du rôle des réseaux informels souvent ethniques et sur un faible niveau d'institutionnalisation : l'*Asian way* vers l'intégration régionale ;
- je voudrais quand même avancer l'hypothèse que la ZLE ne constitue pas l'*ubi consistam*, le cœur de l'ASEAN : les échanges internes constituent 23 % du commerce des pays membres et le premier partenaire commercial externe, l'Australie est exclu de l'ASEAN, malgré sa proximité géographique. Au-delà de l'instrumentalisation

---

[5] M.Telò (ed.), *EU and New Regionalism*, Ashgate, Adelshot, 2001.

des « Asian values » par le docteur Mahatir, ancien Président malais, la dimension culturelle, le sentiment commun d'appartenance à l'Asie, les craintes et les intérêts communs aux États membres par rapport au très dynamique grand voisin chinois et aux USA (et à l'initiative américaine de l'APEC) jouent un rôle considérable dans le processus de l'intégration.

Par ses initiatives, l'ASEAN veut négocier sur un pied d'égalité avec les grandes puissances de la région de l'Asie de l'Est. Ce qui explique les démarches telles que l'initiative économique « ASEAN plus trois », et l'« ASEAN *Regional Forum* », orienté vers le dialogue politique et de sécurité avec les grands agissant dans la région, y compris l'UE.

Si je n'hésite pas à souligner le succès relatif de l'ASEAN, c'est principalement pour les raisons suivantes :

- il a surmonté la grave crise financière de 1997-99 par le sommet de Hanoi de 1998 qui a renforcé la coopération régionale. L'absence de l'Europe n'a fait que faciliter le rôle du Japon, en tant que pourvoyeur de fonds et de programmes de coopération ;
- il a intégré les anciens ennemis, les pays relativement plus pauvres de la péninsule de l'Indochine ;
- il confirme la vision fonctionnaliste par le succès du sommet de Bali de 2003 et la décision de passer à la vitesse supérieure, une nouvelle phase de l'intégration basée sur l'hypothèse d'une communauté à trois piliers : le marché commun à l'horizon 2020, la communauté socioculturelle, la communauté de sécurité (pas limitée à la seule lutte anti-terroriste).

La référence à l'expérience heureuse de l'intégration européenne est évidente et les contacts avec l'UE se font de plus en plus intenses. L'UE constitue un facteur de rééquilibrage par rapport à l'influence USA, exercée par l'APEC.

Les problèmes principaux de l'ASEAN sont au nombre de trois :

- dans ce cas-ci, régionalisation ne rime pas avec démocratisation. Certes, la question de la démocratisation de la Birmanie-Myanmar et du dépassement du régime autoritaire du Général Kinnyunt (ainsi que de la liberté politique d'action du leader de l'opposition, Madame Auung Sun Ky, Prix Nobel pour la paix en 1991) est à l'ordre du jour de chaque réunion au sommet, notamment grâce aux pressions de la communauté internationale. Mais les autres régimes de la région ne sont pas des modèles de démocratie : le Président thaïlandais M.Taksin aspire à un rôle majeur comme leader régional, mais son pouvoir charismatique et médiatique le rapproche dans les commentaires internationaux parfois de Chavez, parfois de Mugabe ;

- le danger de la fragmentation ethnocentrique subnationale est présent et menace notamment l'Indonésie, pays qui se caractérise par la difficile transition, à l'impulsion de Madame Sukarnopoutri mais aussi les Philippines. Seul un vrai succès des États au niveau de l'intégration régionale pourra diminuer ces tendances centrifuges ;
- le troisième défi n'est pas interne mais externe : il s'agit des relations extérieures de l'ASEAN tant avec ses puissant voisins, Chine et Japon, dans le cadre du jeu régional, que, dans le cadre du jeu global, avec les deux puissances globales, les USA (APEC, menaçant sa survie comme forme d'intégration plus approfondie) et l'UE par la voie de l'ASEM.

V. L'ASEM et la compétition entre deux stratégies inter-régionales

J'attire l'attention sur la différence conceptuelle entre régionalisme et interrégionalisme. Ce dernier ne fait pas référence à l'intégration et à la coopération entre des pays voisins mais à la coopération entre des entités régionales appartenant à deux continents distincts ou plus. L'ASEM est une association inter-régionale reliant l'UE et l'Asie de l'Est. Elle donne lieu à des sommets tous les deux ans, sommets se réunissant alternativement en Asie et en Europe (Bangkok en 1996, Londres en 1998, Séoul en 2000, Copenhague en 2002).

L'interrégionalisme européen présente des similarités et des différences avec l'interrégionalisme américain. La comparaison avec l'APEC est instructive. L'APEC, était à l'origine un grand projet, une initiative américaine lancée par le Président Clinton en vue de la construction d'une zone de libre-échange à l'horizon 2020, qui aurait inclus l'ensemble des pays riverains du Pacifique, des Amériques, de l'Océanie et de l'Asie de l'Est. Il est vrai qu'elle a été ressentie comme une menace par les associations visant une intégration plus approfondie telles que l'ASEAN, mais il s'agissait indubitablement d'un grand projet dit de « *open regionalism* » (Bergsten).

L'APEC s'est réuni dernièrement à Bangkok, en octobre 2003, mais la gestion Bush connaît de l'avis de nombreux observateurs une impasse. On a assisté d'un côté à des résistances de la part des partenaires asiatiques par rapport à la volonté des USA d'imposer la primauté dans l'agenda aux dossiers sécuritaires ; de l'autre côté, les USA ont poursuivi des accords de libéralisation commerciale bilatérale avec des États de la région (Australie, Singapour, Thaïlande), provoquant ainsi des critiques au nom du multilatéralisme. Bref, la relance attendue de l'APEC comme alternative interrégionale après la crise de la négociation de l'OMC (Cancun 2003) n'a pas eu lieu.

La difficulté rencontrée par le Président Bush dans sa politique asiatique en 2003/2004 est confirmée par le refus de la Chine et du Japon de réévaluer leurs monnaies nationales par rapport au dollar et par l'initiative chinoise pour les négociations sur la crise coréenne, qui constitue un démenti du manichéisme de la doctrine de « l'axe du mal ».

Le rôle de l'ASEM doit être situé dans ce cadre triangulaire, où l'UE joue à la fois, et en parallèle, la carte bilatérale (avec la Chine, le Japon, l'Inde notamment) et multilatérale (ASEM). L'ASEM est structuré en trois corbeilles : économique, culturelle et politique. Il est évident que, dans la mesure du possible, l'UE exprime sa préférence pour les relations de région à région, mais ASEM 4 (Copenhague) a confirmé tant les progrès que les limites de cette coopération. En un mot les Asiatiques paraissent réticents vis-à-vis de toute proposition d'institutionnalisation de cette coopération qui demeure un « Meeting », cependant la structure et la régularité de l'ASEM en font un organisme en mesure de structurer en partie les comportements des États. Des avancées sont à marquer en ce qui concerne :

- la politique de soutien du dialogue multilatéral et pacifique sur la Corée ;
- la lutte au terrorisme sous le chapeau des NU et sur la base de la Charte des NU ;
- l'établissement d'une procédure de consultation rapide au cas de crise majeure.

En vue du rendez-vous de 2004 au sommet de Hanoi (ASEM 5), les autres priorités agréées sont : la lutte contre le crime international, les échanges commerciaux (atteignant déjà le niveau de 22 % du commerce mondial), le social (lutte contre la pauvreté) et l'environnement, le développement de la Fondation pour la coopération culturelle. Si l'ASEM veut exprimer ses grandes potentialités, il devra quand même : s'ouvrir aux acteurs de la société civile, surmonter les difficultés de la mise en œuvre des décisions par une structure administrative moins souple, s'élargir à d'autres États demandeurs comme l'Inde sans pour autant se transformer en un simple Forum de type NU sans USA.

On assiste en conclusion à deux inter-régionalismes intéressant l'Asie de l'Est, l'APEC et l'ASEM : leur convergence porte sur la libéralisation et la multiplication des échanges, mais leurs divergences portent sur l'importance accrue de la dimension politique, du lien avec les NU, du soutien de l'intégration régionale approfondie dans le cas de l'ASEM et aussi sur les formes de coopération commerciale souhaitées.

Conclusions

L'Asie de l'Est devrait être considérée comme un miroir par l'Europe : elle nous restitue l'image de notre force et de nos limites. Elle nous offre une perspective plus riche et prometteuse mais aussi plus « *challenging* » de l'UE du XXIe siècle. Je soulignerais quelques points conclusifs.

D'abord, l'Union européenne est obligée de situer son action globale dans un cadre qui n'est plus uniquement caractérisé par les espoirs en l'affirmation d'une « gouvernance sans gouvernement », selon l'image de J. Rosenau et de O. Czempiel de 1992, c'est-à-dire une évolution pacifique, libérale, technologique, multilatérale, vers un déclin inéluctable des hiérarchies inter-étatiques et des enjeux de sécurité. Certes, cette tendance existe toujours, mais elle s'accompagne de tendances unilatérales, des héritages de la *balance of power* et des poussées vers la fragmentation. Ce n'est pas un monde unipolaire : bien au contraire on y rencontre les limites de la puissance américaine.

Ensuite, l'UE ne peut pas se contenter d'un rôle d'exemple, de phare démocratique, tel que l'envisage par exemple le Livre blanc de la Commission de juillet 2001 sur la Gouvernance. Une Europe « Scandinavie du monde » serait-elle influente ou écrasée dans le cadre asiatique du XXIe siècle ? Il est évident que si l'UE aspire à un rôle d'acteur global, il va de soi qu'elle doit mener une politique asiatique cohérente et complexe, proposer ses solutions pour des questions régionales recouvrant souvent des implications globales.

Enfin, une UE puissance civile et politique cohérente ne signifie pas du tout une puissance militaire : la force militaire décidée à Helsinki n'est qu'un instrument pour crédibiliser le rôle de puissance civile au niveau régional, et n'aura aucune influence sur le sujet de cette étude sur l'Asie. La seule voie possible pour l'UE c'est l'achèvement de la construction d'une puissance politique visant le renforcement de la force contraignante de l'efficacité et de la légitimité du multilatéralisme politique en Asie et dans le monde, alors que la logique du multipolarisme et des sphères d'influence empêcherait l'Europe de représenter un quelconque poids politique dans la région. Le multilatéralisme européen, tant global que régional, c'est d'ailleurs un remède contre les tendances souverainistes de l'Asie, contre les dangers de prolifération des armes de destruction massive, puisqu'il ne s'agit pas du tout de la « *vox clamans in deserto* » d'un plaidoyer isolé et dépourvu de réalisme. Une gestion sage de la coopération avec cette région pousse l'Europe vers une politique multidimensionnelle (économique, politique et culturelle) de soutien du régionalisme en Asie, d'encadrement du développement du géant chinois. Par contre, l'UE ne disposera jamais d'instruments pouvant lui permettre d'agir efficacement dans la région dans l'éventualité où le scénario catastrophe de la confrontation militaire se produisait.

Il est évident que seul l'aboutissement de la réforme constitutionnelle des traités envisagée par le *draft* de la Convention peut permettre à l'UE de développer sa cohérence interne, tant horizontale que verticale, et de répondre ainsi à ses responsabilités internationales accrues, y compris en Asie.

Europe and Asia

A Common Future?

Malcolm SUBHAN

European Institute for Asian Studies, Brussels

Introduction

"Logic", Einstein wrote, "will get you from A to B. Imagination will take you everywhere". Welcome, imagination! The year is 2020. This is what the economic landscapes in Europe and Asia look like for that year, viewed from Brussels. Globalisation has enabled the creation of a vast economic zone stretching across Europe and Asia, cementing the economic relations between the 30-nation European Union (EU) and Asia, to the point where they form an economic union in all but name. Their two-way trade in finished products and components has reached the point where it is very difficult to determine the origin of finished goods. At the same time, European and Asian companies are conducting so much joint research that it is just as difficult to tell whether a product was conceived and developed in a European or Asian research institute. Collaboration between Asian and European financial institutions is so widespread now that financial services on offer no longer carry a national label, while foreign direct investments are from Asia as often as from Europe. In short, the decline of the Trans-Atlantic alliance has been followed by the rise of the Trans-Asian alliance.

I. A Trans-Asian Alliance in the Making?

Can this vision of a single economic zone covering virtually the entire Eurasian continent become a reality? Yes, if there is the necessary political will in Europe, because by the end of this decade the economic conditions will be ripe in the majority of Asian countries for cross-continental alliances. This is not surprising, given that the 19th century witnessed the emergence of a global economy in which economic operators throughout the British Empire, for example, learned how to trade with the UK and internationally, and to run factories and establish modern businesses at home. In the process they not only adopted Western (British) business and trading practices, but also absorbed the cultural values embedded in them. An English economist, Prof. Niall Ferguson, has even invented the term "Anglobalisation" to describe the process which has made it possible for Asians to operate effectively in today's global economy.

Asian countries have had no difficulty taking advantage of the current wave of globalisation. The big difference is that these countries no longer see themselves as "hewers of wood and drawers of water", in other words suppliers of basic raw materials and agricultural products to their colonial masters. On the contrary. India has established a reputation for itself as the software supplier to the world, China has emerged as the global factory, producing everything from textiles to advanced electronic products for the global market, while Singapore, a naval base in colonial times, has become a financial hub. Family-owned companies are no longer run by patriarchs but by younger members of the family, many of them MBAs from the top European and American business schools. Research and development (R&D) has ceased to be the preserve of American and European companies and scientists. The Indian pharmaceutical industry, for example, is no longer content to copy drugs developed by pharmaceutical companies in the US and Europe; it is busy developing new drugs and seeking effective patent protection for them. Indian companies are readying themselves to join the revolution in biotechnology.

The European Commission has underlined China's current economic achievements, which have made it one of the foremost beneficiaries of globalisation and the locomotive for economic growth in its region[1]. China became the world's fifth largest trading entity in 2002, with its foreign trade growing by over 20% a year. It also overtook the United States as the largest recipient of foreign direct investment in the world. A study conducted on behalf of the European Commission by the French Institute for International Relations (IFRI) in 2002 has predicted that by 2050, ASEAN will emerge as the world's largest exporter. For the European Commission, it is clear that ASEAN, with its growing export-led economies and domestic market of 530 million inhabitants, is already a region of great economic importance. After the EU's enlargement, ASEAN will be the EU's third largest trading partner, just ahead of China.

1 Commission of the European Communities, *A Maturing Partnership – Shared Interests and Challenges in EU-China Relations*, COM(2003)533 final, Brussels, 2003, p. 15.

The success of Asian entrepreneurs and scientists is matched by members of the Asian *diaspora* in the United States and Europe. The European media has unfortunately focused on illegal immigrants from China and South Asia, while the EU authorities have concentrated on fighting illegal immigration, with the their return under a readmission agreement being a key point on the agenda of the on-going political dialogue between the EU and China, for example. Positive stories in the media about Asians in Europe tend to describe their successes in the restaurant business, while the role played by Indian doctors and nurses in Britain's National Health Service is viewed by many in the U.K. as a mixed blessing. Far less prominence is given to the fact that Asians are in key executive positions in a growing number of European companies, in both the manufacturing and service sectors, and that there are Asian professors in leading European business schools and universities, and Asian scientists in European research institutes. The fact that Europeans of Asian origin have been elected to the European and national Parliaments has been totally ignored by the European media.

Asia, in short, is the natural economic partner for Europe at the beginning of the 21st century, particularly as the EU struggles to reach the new strategic goal which EU heads of state and government set themselves at their special meeting in Lisbon in March 2000. Faced with "a quantum shift resulting from globalisation and the challenges of a new knowledge-driven economy", the Lisbon summit set itself the goal of making the EU the most competitive, knowledge-based economy in the world by the end of the decade. However, many Asian countries are also implementing the Lisbon strategy in their own way, as they seek to transform large sectors of their economy through the introduction of high technology. Take the Chinese textile and garment industry, which its European counterpart views as a direct threat to itself, particularly after 1 January 2005 when the system of quotas on imports from developing countries, which has grown up over the last 30 years or so, is finally dismantled. The Chinese industry's response to the liberalisation of imports into thc EU has been to modernise rapidly in order to be able to compete with European companies in all market segments.

It is clear from Asia's economic dynamism, and the speed and success with which it is integrating into the global economy, that it will make an ideal partner for the EU. At first sight, it should not be difficult for the EU to respond positively, as it struggles to overcome the consequences of low rates of economic growth, an ageing population and its failure to keep up with the United States in developing and adopting information and communication technologies. Economic globalisation offers the EU the opportunity to team up with the rapidly growing Asian economies, to draw on the large human, technical and even financial resources available in many of these countries, and to take advantage of these resources in order to develop goods and services for both the enlarged European market and the rapidly expanding Asian market.

The EU's relations with Asia are largely driven by economics, which is also the driving force behind Asian relations with the EU. The first words of the European Commission's 1994 Communication, its first on Asia, entitled "Towards a new Asia strategy", were a call to arms: "The rise of Asia is dramatically changing the world balance of economic power... The European Union needs therefore to accord Asia a higher priority than is at present the case and, as a matter of urgency, to strengthen its economic presence in Asia in order to maintain its leading role in the world economy"[2]. The pace of change in the global economy has accelerated since 1994. It is clear that in order to remain a global economic power, the EU must do more than strengthen its economic presence in Asia: it must seek an alliance with Asia, however informal, on the basis of shared strengths and to their mutual benefit.

II. A Wider Europe of Neighbours

The strategy which the EU is following is very different; it is essentially a defensive strategy. It suggests that enlargement to 25 member countries will not be enough to set the EU on the path to rapid economic growth, and allow it to maintain parity with the United States. The Wider Europe neighbourhood policy, which the European Commission adopted in March 2003, seeks "to develop a zone of prosperity and a friendly neighbourhood – a 'ring of friend' – with whom the EU enjoys close, peaceful and co-operative relations"[3]. The EU Council welcomed the European Commission's initiative three months later, and asked it to present a communication on the concept of a New Neighbourhood Instrument. Enlargement, in other words, has given fresh impetus to attempts to draw closer to the countries that are on the external borders of the 25-nation EU. They are Russia, nine Southern Mediterranean countries – Algeria, Egypt, Israel, Jordan, Lebanon, Libya, Morocco, Syria and Tunisia – and the Palestine Authority, and the three Western Newly Independent States (WNIS) of Ukraine, Moldova and Belarus.

Many of the implications of the Wider Europe – Neighbourhood policy are set out in the report of the independent high-level study group

2 Commission of the European Communities, *Towards a New Asia Strategy*, COM(94) 314 final, 1994, p. 1.

3 Commission of the European Communities, *Wider Europe – Neighborhood: A New Framework for Relations with Our Eastern and Southern Neighbors*, COM(2003) 104 final, 2003, p. 4.

that was established at the initiative of the President of the European Commission, Romano Prodi, in July 2002. The report, entitled "An agenda for a growing Europe", was completed by July 2003. It points out, for example, that *per capita* GDP (measured in purchasing power parities) is some four times higher in the EU-25 than it is, on average, in the neighbouring regions. "This has obvious economic consequences for patterns of trade, investment and migration", the report notes. Similarly, demographic perspectives differ, while the age structure of the Mediterranean countries is very different, with clear implications for potential migration flows. Consequently, the main challenge for the EU is to foster the economic prosperity of its neighbours, "so as to ensure economic and political stability in the entire Euro-Mediterranean region"[4].

The final outcome, which would be reached well before 2010, would be the emergence of a largely self-contained European economic area, a new and enlarged Fortress Europe, as it were. Enlargement has already brought within the frontiers of the EU eight Central and East European countries with a much lower standard of living than the 15 "older" members, and consequently a skilled labour force working for wages well below those on offer in the EU-15. Under the Wider Europe programme, the neighbouring countries would be offered a stake in the EU's single market. This should include further integration and the prospect of the free movement of persons, goods, services and capital. The report of the high-level study group concludes that the creation of such a large and diverse Euro-Mediterranean trading bloc "could well precipitate the reinforcement of two other equally formidable regional trading blocs: the Free Trade Area of the Americas (FTAA)... and an Asian trading bloc, which would include the current ten members of the ASEAN Free Trade Area, plus China and Japan and, perhaps, India"[5].

The creation of a Wider Europe does not rule out the need to ensure growth within the 25-nation EU. On the contrary, an economically strong EU is essential for the success of the Wider Europe strategy. How to achieve faster, yet sustained, economic growth within the enlarged EU is the subject of the report of the high-level group of independent experts. The task President Romano Prodi set the group was to "review the entire system of EU economic policies and to propose a strategy for delivering faster growth, together with stability and cohesion in the enlarged union". The strategy it devised is very inward-looking. This is evident from the fact that out of the 173 pages which the report contains,

---

4 Report of an Independent High-Level Study Group established on the initiative of the President of the European Commission, *An Agenda for a Growing Europe. Making the EU Economic System Deliver*, Brussels, 2003, p. 118.

5 *Ibidem.*

just one is devoted to "Europe and the Wider World". The report notes that the trend towards more globalisation "is likely to continue". Increased globalisation "will create more economic opportunities, but also more economic friction between countries". Even so, the current wave of globalisation is unlikely to end with severe international conflicts, as the first wave did in 1914. But with the global system coming under stress from various quarters, the report concludes that the EU will have "to serve as one of its anchors and help ensure the success of the globalisation process"[6]. It will also have to help bring the Doha Development round of trade liberalisation to a successful outcome, and manage the euro as it assumes the role and functions of a world currency.

III. The Importance of Asia

The EU clearly is going to have its hands full in the coming years, too full to embark on a policy aimed at the creation of a Trans-Asia alliance in the medium term. And yet the European Commission recognises the need to establish a closer, more effective relationship with Asian countries and regional groupings. This is evident from the changes in the titles of its various communications to the EU Council and European Parliament on relations with Asia. Thus the 1994 communication was entitled simply "Towards a new Asia strategy". The updated version of that strategy, issued in September 2001, was entitled "Europe and Asia: a strategic framework for enhanced partnerships". The European Commission in fact had already included the term in its 1996 communication on India, to which it gave the title "EU-India enhanced partnership". And its latest policy paper, issued in September 2003, has a title which is a work programme in itself: "A maturing partnership – shared interests and challenges in EU-China relations".

Titles clearly are important. Each new title suggests that the communication to which it refers marks a significant shift in policy towards South-East Asia or China or India. But this is never the case. The fact is that the changes are relatively small, for with each new communication the European Commission, by its own admission, is only seeking to update its earlier communication. The effort, broadly speaking, is to build on what has been achieved since the earlier communication was issued. But given the accelerating pace of change in Asia, what is required of the Commission is a quantum leap in its thinking, the imagination to look into the future and to plan for it, rather than to be tied to the logic of past EU-Asia relations.

---

6 *Ibidem*, p. 119.

IV. Backing China

This absence of any imaginative leap forward is evident in the policy paper on China which the European Commission sent to the Member States and the European Parliament in September 2003. The Commission itself described its paper as "updating" its 1998 and 2001 communications on EU-China relations, in order to "help guide EU policy and action in the course of the next two to three years"[7]. Now, the basic aims of EU policy towards China, as defined by the European Commission in 1998, are laudable if Euro-centric and slightly patronising. Reading them, one would assume China to be a middle- ranking political, economic and military power. The first of these aims is to engage "China further, through an upgraded political dialogue, in the international community", the second is to support "China's transition to an open society based upon the rule of law and respect for human rights". Never mind that the EU's powers to implement these aims are somewhat limited; Beijing has indicated that it is prepared to play the game, even to the point of issuing its own policy paper, the first of its kind in China's foreign relations, on its future policy towards the EU.

The third EU policy aim is the one which the EU can implement the most effectively because it deals with trade, an area of Community competence since the creation of the European Coal and Steel Community in 1952. Here the aim is to integrate "China further into the world economy, by bringing it more fully into the world trading system and by supporting the process of economic and social reform under way in the country, including in the context of sustainable development". To this end the EU is "an ardent supporter of China's integration into the global economy", offering "open and liberal markets for Chinese exports". The European Commission also points to the "considerable efforts" that China has made "to live up to its new role in the global economic system", such as cutting tariffs across the board and undertaking a thorough overhaul of laws and regulations, in keeping with its WTO accession commitments[8].

The reality is quite different, however, as regards EU trade policies in relation not only to China but also to other Asian countries. Although the EU has in recent years reduced the number of anti-dumping and anti-subsidy measures it has taken against Asian countries in particular, the fact remains that the products in question include basic textile items, such as grey cloth and bed linen. Virtually all the products in question belong

---

[7] Commission of the European Communities, *A Maturing Partnership – Shared Interests and Challenges in EU-China Relations*, Brussels, COM(203)533 fin., 2003, p. 3.

[8] *Ibidem*, p. 5.

to the industrial age; none can be considered as representing a threat to an economy seeking to become the most competitive, knowledge-based economy in the world. Meanwhile, China's formal request for the more favourable full "market economy status" for its entire economy under the EU's anti-dumping instrument is still under examination, while requests by individual Chinese companies for "market economy" treatment in the EU's anti-dumping investigations remain subject to objective consideration. The EU has expressed its readiness, however, to establish a new dialogue on industrial policy, in order to arrive at a better understanding of regulatory frameworks on both sides. Contrary to what the European Commission claims, its actions in the trade field make it more difficult for the EU to "allay groundless Chinese fears about a negative impact on trade flows" following its enlargement to 25 countries.

V. Working with ASEAN

A similar analysis can be made of the European Commission's communication "A new partnership with South-East Asia", which it sent to the member states in 2003[9]. The Commission proposed "revitalising the EU's relations with ASEAN and the countries of South-East Asia", given that the Commission's 2001 Communication, "Europe and Asia: a strategic framework for enhanced partnerships", pointed to the need to develop these relations further. To this end it identified six strategic priorities. They ranged from supporting regional stability and the fight against terrorism to promoting human rights and good governance, and adding migration, money laundering, piracy and organised crime issues to the EU's regional and bilateral dialogues with South-East Asia. One of the six priorities called for "injecting a new dynamism into regional trade and investment relations"[10]. The Commission has therefore proposed an action plan, the Trans-Regional EU-ASEAN Trade Initiative (TREATI), aimed at expanding trade and investment flows and establishing an effective framework for dialogue and regulatory cooperation on trade facilities, market access and investment issues. The Commission also proposed that serious consideration be given to entering into a Free Trade Agreement with ASEAN, but only after the successful conclusion of the Doha Development Round.

---

9 Commission of the European Communities, *A New Partnership with South-East Asia*, COM(2003)399/4, Brussels, 2003, p. 58.

10 *Ibidem*, p. 3.

VI. Looking at India

India represents a somewhat special case, in that since it established diplomatic relations with the then 6-nation EEC in the early 1960s, it has been pressing the EU to open up its market to Indian exports. However, for political reasons successive Indian governments have, at the same time, pursued domestic policies which have made it difficult for Indian companies to compete effectively on export markets, and to expand the range of goods they can offer on these markets. From the point of view of both the EU and European economic operators, India continues to be perceived as a country determined to secure access to the EU for its own exports and yet equally determined to keep its own market firmly closed to EU exporters. This perception began to change with the launch of the country's economic reforms in the early 1990s, but the feeling remains that these reforms are being implemented in fits and starts and, despite India's long-standing membership of first the GATT and then the WTO, in a strongly protectionist manner when it comes to granting market access to EU exporters.

This attitude is clearly reflected in the European Commission's 1996 Communication, "EU-India enhanced partnership". It contains a long list of grievances, including high tariffs, the use of a balance of payments protection clause to retain extra protection for certain sectors, and direct public sector intervention in many industries[11]. Many of these perceived grievances have been remedied by India over the years. Even so, the Commission waited until the beginning of 2004 to update its 1996 communication. The new communication, which should be ready for transmission to the EU Council and European Parliament in June 2004, is expected to shift attention away from trade and investment to other aspects of EU-India relations. This may partly reflect a feeling that while the situation outlined in the Commission's 1996 Communication is improving, the pace of change is too slow compared with the pace of change in East and South-East Asia.

Conclusions

This paper has focused on the activities of the European Commission in the development of relations between the European Union and Asia. This is because the Commission is the interface between third countries and the Member States. It is the European Commission which, through its communications and policy papers for the EU Council and European

---

[11] Commission of the European Communities, *EU-India Enhanced Partnership*, COM(96)275 final, Brussels, 1996, p. 7.

Parliament, initiates the long process leading to the adoption of EU policies towards third countries and other regional groupings. Third countries interact with the EU mainly through the European Commission and the extensive institutional machinery which they have set up together under their bilateral cooperation agreements, and which range from joint committees through working groups to expert level meetings.

The political input is provided by the political dialogue, which takes place at the level of prime ministers in the case of the annual summits, and at the level of foreign ministers in the case of the twice yearly ministerial meetings, at which the EU is represented by the "troika" consisting of the foreign minister from the country holding the EU's rotating presidency, his or her predecessor and eventual successor. The EU is represented by the European Commission as regards the economic and sectoral dialogue, although the annual meetings of the Joint Commission, the key institution in bilateral relations, can be held at ministerial level also.

Although India was first off the mark in establishing diplomatic relations with the EEC in 1961, many Asian countries followed suit once Britain had joined the EEC in 1973. However, while the major South Asian countries had entered into trade and commercial cooperation agreements with the EEC during the 1970s, the ASEAN countries waited until the early 1980s, when they concluded a similar agreement with the EC, but as a regional grouping. China established diplomatic relations with the EC in 1975 and concluded its bilateral agreement with it in 1978. If one therefore views the EU's relations with its Asian partners over these relatively long periods of time, the conclusions reached by the European Commission in its 2001 Communication on enhanced partnership between the EU and Asia seem borne out by the facts: the political dialogue has intensified, trade and investment relations have expanded and there has been a modest growth in development and economic cooperation[12]. The growth in Asian exports to the EU has been substantial; it has been particularly dramatic in the case of China, whose share of total EU imports rose from 0.7% in 1980 to 8.2% in 2002.

What is missing, however, from the European Commission's assessment of the EU's relations with Asia is a recognition of just how rapidly the entire Asian landscape is changing. Most Asian countries are experiencing rapid rates of economic growth and many are becoming politically assertive as well. The policies recommended by the European Commission to the member governments and the European Parliament

---

12 Commission of the European Communities, *Europe and Asia: A Strategic Framework for Enhanced Partnerships*, COM(2001)469 final, Brussels, 2001, p. 3.

continue to provide for incremental changes. This is partly because the Commission takes a "holistic" view of cooperation with third countries. Thus questions of trade and investment are inherently linked to issues of good governance, democracy, respect for human rights, reduction of poverty and the rule of law. Undue preoccupation with such issues has perhaps prevented the European Commission from recognising that at a time of rapid globalisation, the EU must give priority to Asia, because it looks as if several Asian countries and at least one regional grouping, ASEAN, could well become the locomotives for the global economy by 2020. But to recognise this and to make the quantum leap called for by the developments in Asia takes more than knowledge of these developments; it takes imagination. "Imagination", as Einstein pointed out, "is more important than knowledge".

L'ASEAN : une mise en perspective des aspects économiques

Young-Chul PARK et Hélène DE PIERPONT

Wonkwong University, Corée et *Institut d'études européennes, UCL*

Introduction

Fondée en 1967, l'ASEAN (*Association of South East Asian Nations*) se composait au départ de cinq membres : l'Indonésie, la Malaisie, les Philippines, Singapour et la Thaïlande. Ils furent rejoints par le Brunei en 1984 et par le Vietnam en 1995 ; s'y ajouteront le Laos et la Birmanie en 1997 et, enfin, le Cambodge en 1999.

L'objectif initial de l'ASEAN était essentiellement politique ; il a cependant évolué, de sorte que de nos jours on recense trois finalités de l'ASEAN, à savoir : le développement économique, le maintien de la paix, et la promotion de la sécurité.

Le rôle économique de l'ASEAN prend son essor en 1992, année où se développe l'idée d'une zone de libre-échange entre les pays de l'ASEAN, l'AFTA (ASEAN *Free Trade Area*). D'abord très lente, la progression vers l'union économique recevra un impulsion déterminante lors des Accords de Bali de 2003. On est cependant encore loin du degré d'intégration de l'Union européenne.

Quelles sont les théories sous-jacentes à une intégration économique comme l'ASEAN ? Selon quelles lignes directrices a-t-elle évolué ? Quelles ont été ses réalisations ? Quelle place y occupent les autres économies, asiatiques et mondiales, en particulier la Chine et le Japon ? Quelle sera l'évolution de la région de l'Asie du Sud-Est ? Autant de questions auxquelles cette contribution tentera de répondre.

I. Intégration économique

A. Définition

Dans son excellent ouvrage *The Economics of European Integration*, le professeur Willem Molle[1] définit trois objectifs de l'intégration économique, à savoir : l'intégration du marché des biens et services, l'intégration du marché des facteurs de production, et l'approximation des politiques. Parallèlement, il distingue six phases propres à l'intégration : la Coopération Inter-Étatique ; la Zone de Libre-Échange (de biens et services) où les droits de douane entre pays sont supprimés, bien que chaque pays garde ses droits de douane particuliers à l'égard du reste du monde ; l'Union Douanière où un *tarif douanier commun* des États membres envers le reste du monde est instauré ; le Marché Commun, c'est-à-dire la libre-circulation des *facteurs de production* (à ce jour, une seule intégration économique est arrivée à ce stade et l'a dépassé : l'Union européenne) ; l'Union Monétaire, dont la seule réalisée jusqu'à présent est l'UEM ; et l'intégration économique complète, un stade encore utopique, dont l'entité la plus proche à l'heure actuelle est l'UE.

B. Conséquences

Parmi les effets principaux d'une intégration économique, on relève le *Trade-Deflection Effect*, le *Trade-Creating Effect* et le *Trade-Diverting Effect*.

1. Le Trade-Deflection Effect

Dans une zone de libre-échange, chaque pays pratique son taux de tarif douanier propre. Ainsi, un exportateur extérieur pourrait exporter un produit vers un pays à tarif bas, puis le faire entrer dans un autre pays de la zone de libre-échange qui, lui, pratique un tarif élevé. C'est le *Trade-Deflection Effect*.

Cet effet peut être aisément éliminé par une politique de certificat d'origine, jointe à une politique de « contenu local » : par exemple, 40 % du produit en question doivent avoir été fabriqués dans le pays de la zone de libre-échange).

[1] W. Molle, *The Economics of European Integration: Theory, Practice, Policy*, Ashgate Publishing Limited, 2001.

2. *Le* Trade-Creating Effect

Une zone de libre-échange contribue à créer du trafic commercial nouveau comme le montre le petit exemple ci-dessous.

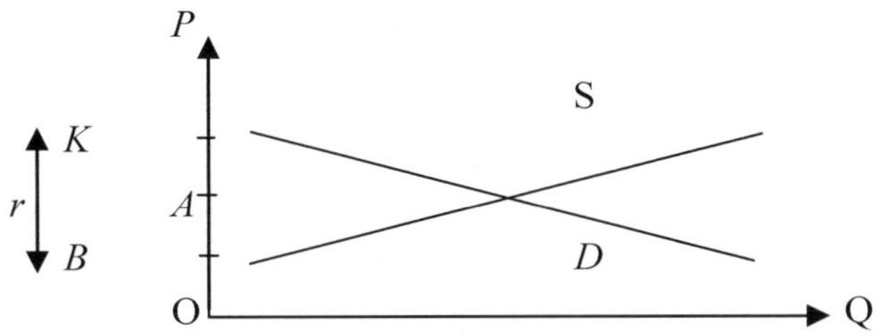

Nous partons d'une représentation traditionnelle de l'offre (S) et de la demande (D) sur le marché des télévisions en Belgique.

Dans un premier temps, admettons que la Belgique produit des télévisions au prix OA et que la Corée les produit au prix OB. La Belgique prélève le droit de douane r. Le prix des télévisions coréennes en Belgique est donc OK, ce qui est bien supérieur à OA. Étant donné ce prix élevé, il n'y a donc pas d'importations de télévisions coréennes en Belgique, situation qui n'est pas la plus efficace possible du point de vue économique.

Maintenant, supposons que la France produise aussi à un coût inférieur à celui de la Belgique. Si l'on passe à une zone de libre-échange entre la France et la Belgique, la Belgique se mettra à importer des télévisions françaises. Il y aura *création de commerce* et, par-là, création de bien-être et augmentation de l'efficacité économique. Remarquons que, dans ce cas, la situation à l'égard de la Corée restera la même.

3. *Le* Trade-Diverting Effect

Il s'agit cette fois-ci d'un effet *négatif* de la zone de libre-échange.

Toujours dans notre exemple, supposons qu'avant l'existence de la zone de libre-échange, la Belgique importait des télévisions de Corée en raison du fait que, même après payement des droits de douane, elles demeuraient plus compétitives que les télévisions belges : Le coût de production de la télévision coréenne était OA, le coût de production de la télévision coréenne augmenté du droit de douane était OB, le coût de production de la télévision française augmenté du droit de douane, OK. Et OK était supérieur à OB.

Si les droits de douane sont levés par rapport à la France, les télévisions françaises deviennent compétitives sur le marché belge et battent même les télévisions coréennes. Les consommateurs belges auront donc tendance à acheter des télévisions françaises plutôt que coréennes, en d'autres mots, il y aura un *Trade-Diverting Effect*.

Cet effet est négatif, puisqu'au niveau mondial il signifie une perte de compétitivité, de bien-être et d'efficacité du fait que les biens les plus compétitifs ne sont pas achetés, et, qu'au niveau national, un pays, la Belgique en l'occurrence, enregistre une perte importante de recettes douanières.

Pour savoir si une intégration économique est dans l'ensemble positive ou négative, il faudrait savoir qui du *Trade-Creating* ou du *Trade-Diverting Effect* l'emporte. La réponse n'est généralement pas facile.

C. Types d'intégration économique

Les économistes sont divisés en deux groupes en ce qui concerne le type d'intégration économique le plus efficace : les tenants du *multilatéralisme* et ceux du *régionalisme*.

Pour les *multilatéralistes*, la libre-circulation du commerce et des facteurs de production doit être promue par des institutions de dimension mondiale comme l'OMC (Organisation Mondiale du Commerce ; en anglais WTO). On observe en effet que grâce aux négociations du GATT puis de l'OMC, le tarif douanier moyen dans le monde est passé de 42 % de la valeur du bien importé dans les années 1950 à 5 % actuellement. Cependant, le fait que l'OMC ait 120 membres rend les négociations assez complexes.

L'approche dite *régionaliste* se veut plus pragmatique et part du principe que si l'on crée plusieurs régions économiquement intégrées, on arrivera à terme à l'intégration globale. Selon ce principe, plusieurs initiatives d'intégration régionale se développent dans les années 1950 à 1960, la plus célèbre étant la CEE en 1958, les autres concernant surtout les pays en voie de développement. Ces dernières sont cependant infructueuses, en raison de l'opposition ferme des États-Unis, d'un manque d'organisation structurée et d'une très mauvaise politique d'intégration dans les entités régionales concernées (protectionnisme, politique de substitution aux exportations pour protéger les industries naissantes, etc.).

Le début des années 1990 voit la mise en pratique du régionalisme. Il semble vouloir demeurer au moins dans les vingt années à venir, voire beaucoup plus longtemps, avec la triade Amérique du Nord et pays hispano-américains ; Europe ; Chine et ASEAN (auxquelles on peut adjoindre l'Asie du Sud : Inde, Pakistan, Bangladesh).

Notons que le régionalisme des années 1990 se différencie de celui des années 1960 en de nombreux points essentiels. Tout d'abord, le régionalisme des années 1960 est conduit par le marché alors que celui des années 1990 est conduit par les politiques (*policy integration*). Ensuite, si l'intégration régionale se faisait dans les années 1960 entre pays possédant à peu près les mêmes caractéristiques – on parle d'intégration horizontale –, l'intégration est plutôt verticale dans les années 1990. Par ailleurs, dans les années 1960, l'intégration était fermée à l'égard du reste du monde, tandis que dans les années 1990, elle est ouverte. Enfin, on est passé d'une intégration sud-sud et nord-nord à une intégration nord-sud ou sud-nord. Pensons aux exemples de la NAFTA (USA, Mexique, Canada) et de l'ASEAN avec ses futurs membres.

L'objectif final étant de passer du *free trade* au *freer trade*, qui du multilatéralisme ou du régionalisme y parviendra-t-il le mieux ? Les zones de libre-échange sont-elles un soutien ou un obstacle ? L'idée généralement admise est que l'on ne parviendra sans doute jamais au *free trade* mais que l'on peut atteindre un *second best*, puisqu'en multipliant les intégrations régionales, on tendra vers l'intégration mondiale.

II. Aspects institutionnels : structure et évolution de l'ASEAN

A. Hétérogénéité et diversité des conditions socio-politico-économiques

Le terme « Asie du Sud » désigne généralement le Bangladesh, le Népal, l'Inde et le Pakistan. L'« Asie de l'Est » comporte la Corée, le Japon, Taiwan et, selon les cas, la Chine. L'« Asie du Sud-Est » comporte les dix pays de l'ASEAN, c'est-à-dire : l'Indonésie, le Myanmar (Birmanie), la Thaïlande, la Malaisie, le Vietnam, les Philippines, le Laos, le Cambodge, Brunei et Singapour.

Les dix pays de l'ASEAN sont extrêmement divers, tant dans leurs ressources naturelles que dans l'histoire de leur colonisation, leur degré de développement économique ou leurs caractéristiques sociales, culturelles et politiques. Chaque pays se distingue également par sa superficie (1 199 440 km² en Indonésie et 648 km² à Singapour), sa population (212 millions en Indonésie, 76 millions aux Philippines et seulement 0,3 million au Brunei), mais aussi par ses ressources naturelles, ses différents groupes ethniques, ses langues, ses religions (89 % de bouddhistes au Myanmar, 81 % de musulmans en Indonésie, 83 % de catholiques aux Philippines…) et des éléments politiques tels que l'année d'accession à l'indépendance ou le type de gouvernement (communiste au Laos et au Vietnam, république aux Philippines, monarchie constitutionnelle en Thaïlande, etc.). La diversité est donc impressionnante.

Un élément très caractéristique également est le *PIB par habitant*. Celui-ci peut être calculé au taux de change avec le dollar ou à la parité du pouvoir d'achat (PPA). Ces deux types de calcul donnent des résultats très différents, le PIB par habitant calculé à la PPA étant beaucoup plus représentatif – il donne la capacité réelle d'un habitant à consommer dans son pays. Pour les pays de l'ASEAN, à l'exception de Singapour, le PIB calculé à la PPA est bien plus élevé que le PIB par habitant au taux de change avec le dollar. À titre d'indication, le PIB par habitant calculé à la parité du pouvoir d'achat est de 3000 PPA par habitant en Indonésie, de 6400 en Thaïlande, de 1200 au Myanmar, de 1400 au Cambodge, de 1600 au Laos, de 2000 au Vietnam, de 3900 aux Philippines, de 9000 en Malaisie, de 16 800 au Brunei, et de 23 400 à Singapour. Les disparités sont colossales.

Les différents pays de l'ASEAN ont bien entendu des performances hétérogènes, si bien que certains d'entre eux, tels que l'Indonésie, le Laos, le Cambodge, Myanmar, les Philippines et le Vietnam, se rangent encore parmi les « tortues »[2], alors que la Malaisie, Singapour et la Thaïlande comptent déjà parmi les « chevaux », au même titre que Hong Kong, Taiwan, la Corée et la Chine.

B. Aspects institutionnels

La structure de l'ASEAN est très souple, afin de permettre aux pays membres de conserver leur souveraineté. Lors de ses débuts en 1967, elle se composait de la réunion annuelle des ministres des Affaires extérieures, d'un secrétariat national dans chaque pays membre (sous l'égide d'un secrétariat général), d'un *standing committee*, et de comités *ad hoc*, permanents et spéciaux. La période 1976-1992 marque la montée en importance de l'ASEAN qui devient plus structurée, intégrant notamment :

- une réunion des chefs d'État tous les trois ans – remarquons toutefois qu'il n'y a eu jusqu'à présent que quatre de ces sommets, ce qui tend à montrer que l'engagement de l'ASEAN n'était pas très solide ;
- une réunion annuelle des ministres de l'Économie ;
- plusieurs fois par an, une réunion des ministres sectoriels de l'Économie – ce qui revêt de l'importance pour la dimension économique de l'ASEAN ;
- durant cette période également, le secrétariat de l'ASEAN devient général (il remplace les secrétariats nationaux) et siège à Djakarta.

---

2 Cependant, le Vietnam commence à se lancer, avec des taux de croissance du PIB qui augmentent beaucoup : selon l'ASEAN *Surveillance Coordinating Unit* (ASCU), la croissance du PIB était de 4,71 % en 1999 et de 7,04 % en 2002.

La période d'après 1992 voit d'autres changements qui contribuent notamment à renforcer le secrétariat de l'ASEAN et à le rendre plus compétitif.

C. Transformations au sein de l'ASEAN

Ce n'est que récemment que l'ASEAN est réellement devenue une entité économique importante. La poussée vers l'intégration économique de l'ASEAN a été donnée en 1992 par l'émergence de l'idée d'AFTA (*ASEAN Free Trade Area*). C'est seulement à partir de ce moment que l'ASEAN commence à intégrer une composante économique, composante qui ira s'affermissant, notamment à cause de la prise de conscience par l'ASEAN de son importance suite à la crise monétaire de 1997-98. Les accords de Bali II en 2003 lui donnent une impulsion décisive : l'ambition de réaliser un marché commun pour 2020.

Les accords de Bali ont également pour objectif d'établir des zones de libre-échange (FTA) avec la Chine pour 2010, avec le Japon pour 2012, avec l'Inde pour 2012 ou 2015 et avec la Corée pour 2011 : Cette dernière adhésion pose encore question, vu l'énorme opposition des agriculteurs coréens à la FTA.

L'idée de « régionalisme ouvert » – selon laquelle un pays peut participer à plusieurs intégrations économiques à la fois, voire ne s'intégrer qu'avec quelques pays d'une même zone de libre-échange – a également été promue. Cette possibilité n'existait pas dans l'AFTA avant les accords de Bali.

On utilise les appellations suivantes :

ASEAN 4 = les 5 pays fondateurs excepté Singapour ;
ASEAN 5 = les 5 pays fondateurs ;
ASEAN 10 = les 10 pays composant actuellement l'ASEAN ;
ASEAN 10+3 = ASEAN actuelle + Chine, Japon et Corée ;
ASEAN + Asie du Sud = ASEAN + Inde et Pakistan.

III. Défis et performances de l'ASEAN

A. Cinq défis à surmonter

Les pays de l'ASEAN se trouvent confrontés à maints défis, dont nous citons les plus importants.

1. La pauvreté absolue

Il s'agit d'un niveau de pauvreté qui ne permet pas de vivre décemment. Ce niveau est déterminé par la Banque Mondiale qui le calcule tous les trois ans pour chaque pays. Au Vietnam, par exemple, la proportion de la population vivant en dessous de ce seuil est extrêmement élevée (50,9 %) ; en Thaïlande, elle n'est que de 13,1 %. Il y a là un défi majeur à surmonter, d'autant que l'on observe dans les pays de l'ASEAN une grande inégalité dans la distribution des revenus. Le coefficient de Gini[3] y est de 30 à 48, ce qui est énorme[4].

De grands progrès ont cependant été réalisés : ainsi, en Indonésie, le taux de la population en dessous du seuil de pauvreté est passé de 58 % à 15 % entre 1972 et 1990. À titre de comparaison, l'actuel taux de pauvreté en Chine est d'environ 20 %.

2. Le secteur agricole

Tous les pays de l'ASEAN, excepté Singapour, ont de grandes richesses naturelles (minières et agricoles) et une productivité très basse dans leur exploitation. Le défi est de faire croître la productivité dans les trois groupes principaux que sont les minéraux, l'énergie, et le bois.

Dans le secteur agricole, les avancées en termes de valeur ajoutée sont remarquables dans des pays comme la Malaisie (dont la valeur ajoutée augmente de 1724 $ à 6267 $ de 1970 à 1997) ou le Japon (de 3651 $ à 28 665 $ de 1970 à 1997), par contre, elles restent limitées en Indonésie (de 443 $ à 745 $ sur la même période).

3. Les ressources humaines

Elles constituent le grand atout des pays asiatiques. Le *take-off* de la Chine est dû au moins pour 30 % aux ressources humaines. Dans l'ASEAN, deux groupes de main d'œuvre sont représentés. Tout d'abord, celle peu qualifiée mais disciplinée et diligente, à salaire très bas. Elle constitue le groupe le plus nombreux. Ensuite vient la main d'œuvre de qualité, ayant une formation universitaire, voire un doctorat, et ce surtout dans le domaine de l'engineering et de la technologie. Ce dernier groupe est beaucoup trop réduit par rapport aux besoins des pays.

4. Établir la stabilité macro-économique

La croissance du PIB, sans inflation[5], la création d'emplois, l'équilibre de la balance des payements, etc. sont autant de défis macro-économiques. S'y ajoute le défi de la stabilité politique et sociale : en effet, dans les années 1960 et 1970, des conflits idéologiques ont déchiré ces pays.

---

[3] Coefficient de Gini = 0 : Égalité totale ; Coefficient de Gini = 100 : Inégalité totale.

[4] Dans les pays européens, le Coefficient de Gini est de 10 à 15.

[5] L'inflation est de mieux en mieux maîtrisée. Au Vietnam, elle est passée de 211,9 %, entre 1980 et 1986, à 44,4 % entre 1987 et 1996.

5. La pollution

Ces pays connaissent surtout des problèmes de vapeurs toxiques.

B. Performances

L'objectif de l'AFTA était d'augmenter le commerce entre les pays membres de l'ASEAN. Or, on observe que depuis 1967, celui-ci ne s'est guère accru : si en 1967, le commerce intra-ASEAN était de 18 à 20 % du commerce extérieur des États membres, en 2002 il n'est que de 21,24 % (alors que dans l'UE actuelle, le commerce entre États membres représente 60 % des échanges extérieurs). Cela signifie-t-il pour autant un échec pour l'ASEAN ? Les économistes sont divisés. En tous cas, si le commerce intra pays de l'ASEAN continue à ne pas augmenter, il conviendra de redéfinir les objectifs de l'ASEAN, qui ne seront plus l'accroissement du commerce entre pays mais la négociation avec le reste du monde. Il est de toute façon douteux que, même avec le marché unique, le taux d'intégration augmente, étant donné la similitude dans les productions des différentes économies. Il serait plus avisé de promouvoir la libre-circulation des facteurs de production (travail, capital, ressources naturelles), mais même en ce qui les concerne, il n'est pas exclu que l'échange avec le reste du monde ne reste pas plus intéressant que l'échange intra-ASEAN. De plus, la libre-circulation du travail sera difficile à acquérir et il n'existe pas encore de cadres légaux pour les immigrés.

Pour beaucoup de pays de l'ASEAN, l'augmentation de la production est due en premier lieu à l'accumulation de capital, puis aux exportations, ensuite au travail, à l'éducation et aux progrès techniques, et, enfin, en dernière place, à la libéralisation du commerce. Cette dernière est généralement perçue comme ayant des effets moindres, voire inexistants, sur la croissance économique. Soulignons en outre la place prépondérante de Singapour dans les échanges commerciaux intra-ASEAN, pour cause, son importance comme place financière et ses infrastructures de qualité qui lui permettent de jouer le rôle d'intermédiaire entre les pays de l'ASEAN.

La crise économique de 1997 a eu un impact négatif sur la croissance du PIB de la plupart des pays de l'ASEAN. Une exception notable est le Brunei dont la croissance passe de 1,01 % du PIB en 1996 à 3,21 % en 2002. Par contre, un pays fort touché est Singapour (7,71 % de croissance en 1996 ; 2,25 % en 2002). Cependant, un redressement formidable lui a fait suite. Il s'est accompagné de la prise de conscience, chaque fois plus grande de la nécessité de coopérer, telle qu'elle s'était fait jour petit à petit à travers l'histoire des accords économiques de l'ASEAN.

IV. La coopération économique de l'ASEAN

Cette section se propose de passer en revue les principaux accords de coopération qui ont marqué l'histoire de l'ASEAN, par ordre chronologique.

A. Le PTA (Preferential Trading Arrangements) (1977)

Dans cet accord, signé en 1977, les pays partis à la PTA se sont accordés mutuellement des taux préférentiels, progressivement de 10 %, puis de 20 à 25 %, ensuite de 40 % sur certains produits. Cependant, les produits qui en bénéficient ne constituent que 2,1 % de tous les produits. C'est dire que cet accord n'a pas eu une grande portée. Les raisons de ce semi-échec sont multiples :

- La durée des négociations, qui prennent chaque fois deux à trois ans.
- La similitude des produits échangés. Il y a là un obstacle structurel.
- La forte différence de niveaux de développement entre les pays en question (« tortues » et « chevaux »).
- Les grandes différences de politique économique. Dans les années 1970, tous les pays de l'ASEAN pratiquent la politique de substitution aux importations[6] et non celle de promotion des exportations.
- Le fait que chaque pays de l'ASEAN essaye individuellement d'augmenter ses échanges avec les États-Unis et le Japon et non pas avec ses pairs, chose assez naturelle étant donné l'aide des EU et surtout du Japon apportée à ces pays au niveau de leur dette, et, de manière encore plus importante, par des investissements.

B. L'AIP (Asean Industrial Projects) (1976)

L'idée de l'AIP est que chaque pays membre mette en œuvre un projet industriel spécifique et que le produit en résultant soit vendu dans les autres pays de l'ASEAN. Le pays ayant développé le projet posséderait 60 % des actions, les quatre autres, 10 % chacun. C'est dans ce cadre que naissent par exemple l'« Urea Project » et le « Diesel Engin ».

Ces projets ne rencontrent pas un grand succès, étant donné, encore une fois, la tendance des pays membres à vouloir préserver leur intérêt national et à pratiquer la politique de substitution aux exportations. Ainsi, par exemple, dans le projet Diesel Engin, la Malaisie demande à

[6] La politique de substitution aux importations consiste à ce que le pays crée ses propres usines pour les produits qu'il avait auparavant tendance à importer.

Singapour de produire des moteurs diesel de moins de 500 chevaux afin de protéger sa production nationale.

C. L'AIC (ASEAN Industrial Complementation)

Ici, l'objectif est la production commune d'un produit manufacturé : l'« ASEAN Car », avec la contribution de tous les pays, selon leurs avantages comparatifs. Mais encore une fois, l'intérêt national prime l'intérêt collectif. Chaque pays souhaite une usine sur son territoire, et le projet connaît l'échec.

D. L'AIJV (ASEAN Industrial Joint Ventures) (1983)

Il s'agira encore une fois d'un projet voué à l'échec.

E. L'AFTA (1992)

Cette fois-ci, le but est d'éliminer toutes les restrictions possibles à l'échange en commençant par les restrictions tarifaires.

L'objectif initial était d'éliminer toutes les restrictions tarifaires endéans une période de 15 ans, de 1993 à 2008. L'échéance a ensuite été revue à 2003, et le but a presque été complètement atteint pour les premiers pays membres. Remarquons que les derniers adhérents comme le Cambodge, le Laos, le Vietnam et le Myanmar gardent l'échéance de 2008.

Quelles ont été les raisons de cette volonté de pousser l'intégration ? Tout d'abord, les pays de l'ASEAN ont suivi en cela l'exemple du reste du monde où l'importance du multilatéralisme ne cessait de croître, et ont subi l'influence de l'Uruguay Round. Dans le même ordre d'idées, l'avènement du Marché Unique Européen en 1992 et de la NAFTA en Amérique ont également fait école. Un autre facteur important est l'ouverture du bloc de l'Est après 1989 avec, pour effet, le transfert de capitaux des pays avancés, de l'ASEAN vers les pays européens ex-communistes. L'AFTA devrait permettre de rappeler ces investissements. Enfin, une raison primordiale est l'émergence de la Chine qui, à elle seule, couvre maintenant 55 % du total des investissements étrangers directs. Dans une première étape, les pays investisseurs ont quitté l'ASEAN pour investir en Chine ; dans un deuxième temps, c'est maintenant la Chine qui investit dans les pays de l'ASEAN !

Les différentes formes de réduction tarifaire suivent le système de CEPT (*Common Effective Preferential Tariff*) qui classifie les produits en quatre catégories :

*1. L'*Inclusion List

Il s'agit des produits à priorité. Le but était d'éliminer leurs droits de douane complètement pour 2002. 82,4 % des produits y sont classifiés.

2. La Temporary Exclusion List

Elle recouvre 15,5 % des produits qui devraient à terme être intégrés à l'*Inclusion list*.

3. La Sensitive List

Il s'agit de produits très sensibles, tels que les produits liés à la sécurité nationale. Pour ces produits, la détarification est retardée jusqu'en 2006, voire 2017 ou plus tard selon les pays.

4. La General Exception List

Les produits de cette liste ne font pas du tout l'objet de réductions tarifaires. Elle recouvre 1,4 % des produits. En font partie les produits archéologiques, historiques, sanitaires, de sécurité sociale…

L'ASEAN dans son ensemble a accompli ses objectifs tarifaires avec 96,24 % de réussite (avec un pourcentage moins élevé pour les membres tardifs). Ce bon résultat ne doit cependant pas faire oublier qu'il reste encore à éliminer les barrières non-tarifaires.

L'action de l'*Accord de Bali II* en 2003 a eu pour objet d'accélérer l'AFTA et d'exprimer la volonté d'étendre la zone de libre-échange, tout d'abord à la Chine en 2010, puis au Japon en 2012, à l'Inde en 2015 et, dans un futur incertain, à la Corée.

V. La politique d'industrialisation

La théorie économique a longtemps soutenu que la croissance du PIB s'identifiait à la croissance du secteur industriel. Cette idée est surtout vraie pour les pays en voie de développement mais ne s'applique plus pour les pays industrialisés, où le développement des services joue un rôle plus important.

Dans les pays en développement, la croissance du secteur industriel correspond à peu de chose près à l'augmentation des exportations.

Ceci se vérifie pour l'ASEAN, où la structure des exportations s'est beaucoup améliorée depuis les années 1970. Les biens exportés se sont diversifiés et leur qualité a augmenté. Ainsi, en 1976, trois biens à eux seuls couvraient la moitié des exportations de l'ASEAN, ce qui entraînait une énorme dépendance. En 1997, les trois exportations principales de chaque pays de l'ASEAN représentent en moyenne à peine un quart des exportations, qui intègrent de plus en plus de produits manufacturés.

Traditionnellement, deux théories s'affrontent en matière de politique d'industrialisation : *la politique de substitution aux importations*, et celle de promotion des exportations. Un pays désirant s'industrialiser aura tendance à mettre en œuvre la première, c'est-à-dire à créer des industries dans le secteur des biens qu'il importe. Cette politique s'avèrera le plus souvent catastrophique car elle est liée à la détérioration quasi permanente des termes de l'échange, à la pénurie de devises étrangères qui peut aller jusqu'à entraîner la faillite d'un pays[7], à l'inefficacité du secteur industriel surprotégé, et à la sur-évaluation du taux de change.

La politique de promotion des exportations, largement pratiquée par des pays comme le Japon, la Corée et Taiwan, est de loin beaucoup plus efficace du point de vue économique. Si celle de substitution aux exportations lui est souvent préférée, c'est toujours par simple nationalisme économique.

La politique de promotion des exportations inclut des préférences fiscales accordées aux industries exportatrices, des incitants non fiscaux comme le droit d'importer certains biens, des taux d'intérêt et des possibilités de crédits préférentiels[8], des mesures destinées à encourager les investissements étrangers directs (IDE), la politique de taux de change, et, enfin, des projets industriels communs.

Dans les années 1960 et jusqu'au milieu des années 1970, l'ASEAN dans l'ensemble pratiquait la politique de substitution aux importations. Mais dès la moitié des années 1970, elle commence à passer à la promotion des exportations[9]. La raison principale en est, outre les performances médiocres engendrées par la politique de substitution aux importations, la montée en force des « quatre tigres » (Corée, Hong Kong, Taiwan et Singapour) qui, par un phénomène extraordinaire, deviennent en peu de temps des « Nouvelles Économies Industrialisées (NEI) ». Pour les pays de l'ASEAN, c'est une incitation psychologique mais aussi l'occasion de profiter d'un effet d'entraînement selon le « modèle du vol d'oies sauvages ». En effet, la croissance économique des quatre NIE signifie

---

7 Ceci explique en partie l'énorme impact que la crise de 1997 eut sur un pays comme la Corée.

8 La Corée applique la *selective credit policy* depuis une trentaine d'années.

9 L'Indonésie, en 1986, sera le dernier pays à passer à la politique de promotion des exportations. Elle avait déjà lancé des tentatives de libéralisation entre 1964 et 1973 mais s'était refermée sur la politique de substitution aux importations entre 1974 et 1981. Les raisons en étaient l'abondance de devises provenant du pétrole, la grande taille du marché domestique, et le nationalisme économique. La crise pétrolière entraînera un changement de politique en 1986.

pour ceux-ci une augmentation constante des coûts du travail ; si bien que ne bénéficiant plus des avantages du *cheap labour*, ils passent d'une industrie intensive en main d'œuvre à une industrie intensive en capital, voire en technologie ou en recherche et développement. C'est l'occasion extraordinaire pour les pays de l'ASEAN, qui ont la même structure que les NEI avaient dix ans auparavant, de s'approprier les secteurs de marché délaissés par les NEI et, ce faisant, de passer d'une économie agricole à une économie industrialisée.

VI. Le modèle du vol d'oies sauvages

Ce modèle international de développement nous vient de l'économiste Kojima[10]. Avant lui, un autre économiste japonais – Akamatsu Kaname[11] – avait lancé l'idée du « vol d'oies sauvages » en 1930 pour modéliser l'investissement dans les différentes industries japonaises. Il avait fait la constatation que les investisseurs vont tout d'abord vers le secteur à plus haut rendement, puis, lorsque ce secteur se développe et que la productivité du capital commence à y diminuer, ils se tournent vers un autre secteur, le développent à son tour, et ainsi de suite. De cette façon, tous les secteurs se développent ensemble avec un décalage entre eux. Si l'on représente par des flèches les secteurs montants et les secteurs descendants, l'on obtient un dessin qui rappelle le vol des oies sauvages sur le beau ciel asiatique :

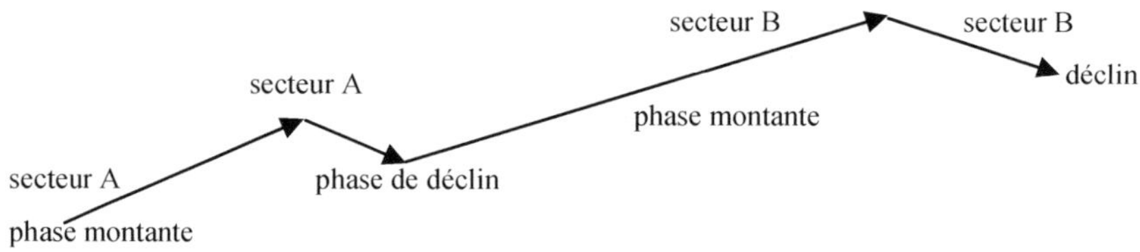

10 K. Kojima, « The 'Flying Geese' Model of Asian Economic Development: Origin, Theoretical Extensions, and Regional Policy Implications », in *Journal of Asian Economics*, n° 11, 2000, pp. 375-401.

11 K. Akamatsu, « A Historical Pattern of Economic Growth in Developing Countries », in *The Developing Economies*, Tokyo, Édition Préliminaire, n° 1, 1962, pp. 3-25.

Kojima applique ce modèle d'un pays à l'autre : Les investisseurs commencent d'abord par investir dans un secteur rentable d'un pays, puis lorsque la rentabilité diminue, ils se tournent vers d'autres secteurs dans le même pays et aussi vers le même secteur dans des pays moins développés. Le « vol d'oies sauvages » sera donc :

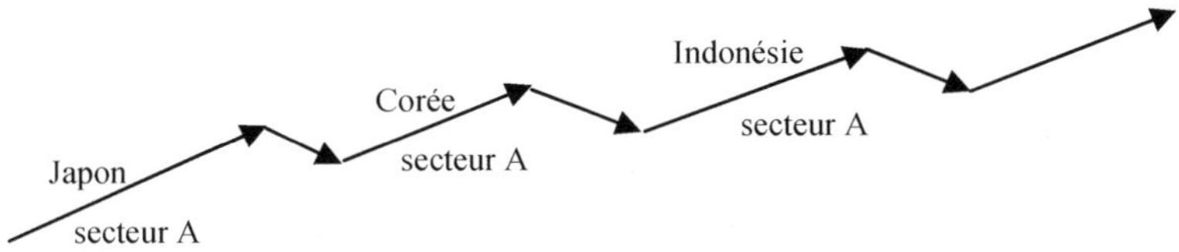

parallèlement :

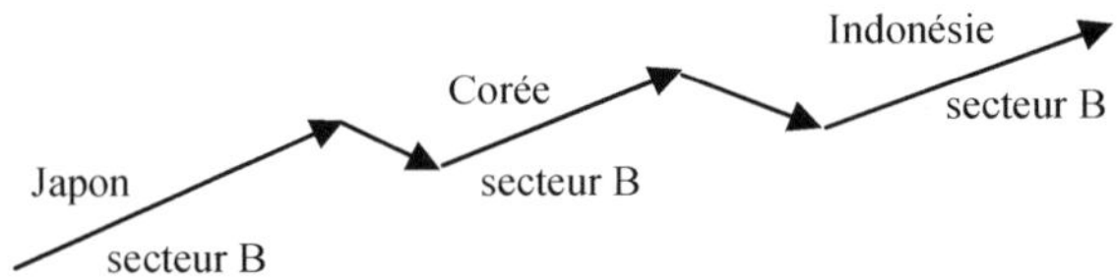

Le modèle du vol d'oies sauvages s'applique très bien à l'Asie des trois dernières décennies. En effet, les Accords du Plaza en 1985, joints à d'autres facteurs, ont accentué le rôle du Japon comme moteur de la région selon les mécanismes repris par le modèle du vol d'oies sauvages.

Modèle du vol d'oies sauvages

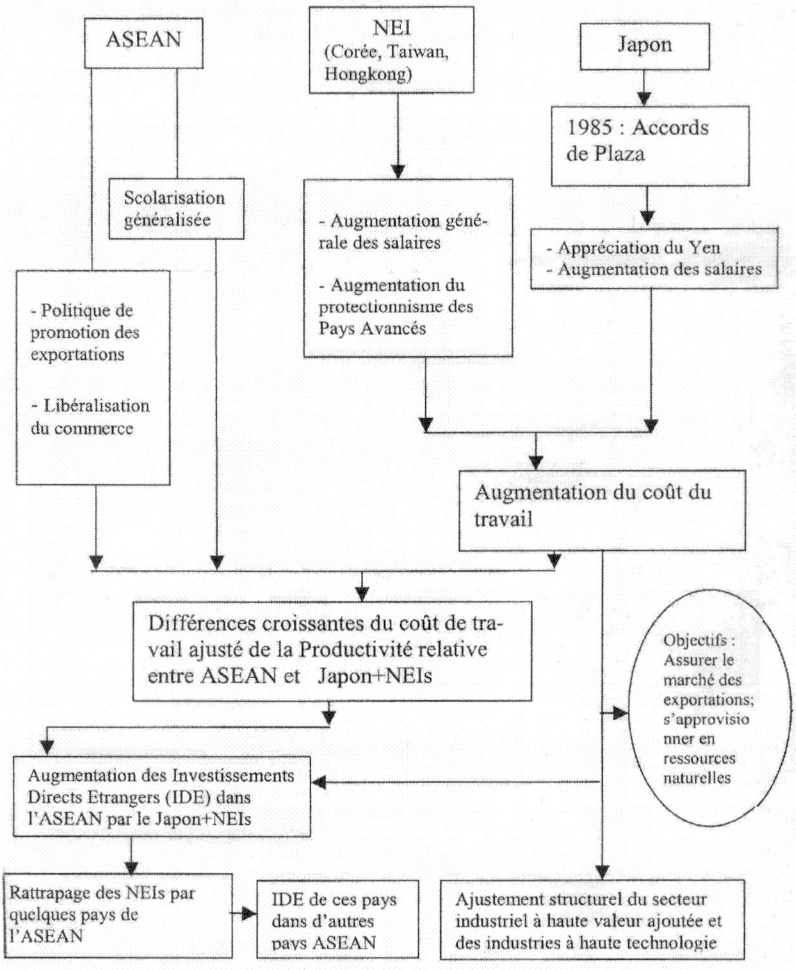

VII. L'Investissement Direct étranger

La différence entre l'Investissement et l'épargne domestique peut être financée de deux manières : soit par des prêts et dons (transferts), soit par l'Investissement Direct étranger (IDE). Le premier de ces modèles a été suivi par la Corée, le deuxième par la Chine et les pays de l'ASEAN. Bien que quasi tous les économistes s'accordent sur la préférabilité du modèle d'IDE, la Corée a choisi le modèle de transferts, et a largement emprunté aux banques étrangères. Ceci en raison en raison de son instabilité politique, de la taille réduite de son marché domestique, de son manque de ressources naturelles, et, enfin, de l'absence de politique gouvernementale d'encouragement des IDE.

A. Avantages des IDE pour le pays d'accueil

Outre le fait qu'ils servent à combler l'écart entre investissements et épargne domestiques[12], les IDE permettent au pays d'accueil de réduire sa pénurie de réserves étrangères et de relâcher sa contrainte extérieure.

Les IDE ont de plus une large part dans les exportations et dans l'ouverture des marchés étrangers. De fait, près de 90 % de la production provenant de l'investissement direct étranger est exportée.

En outre, les firmes étrangères amènent au pays d'accueil des spécificités intéressantes, telles que la technologie.

Enfin, le rôle des externalités est très important. On y retrouve des capacités de gestion, la formation, des connaissances organisationnelles administratives, des innovations dans les techniques de production..., qui toutes contribuent à l'augmentation de la productivité dans le pays.

Les avantages des IDE sont tels, que les PVD et les pays de l'ASEAN tendent de plus en plus à leur donner la préférence par rapport aux autres modes de financement, et ceci d'autant plus que les conditions liées aux prêts de la Banque Mondiale sont chaque fois plus difficiles à satisfaire.

Une autre alternative est le financement indirect étranger, mais ce mode de financement doit être utilisé avec précaution car il peut comporter des menaces pour la stabilité financière.

B. Les politiques d'incitation aux IDE

Parmi les raisons d'investir des entreprises étrangères, on peut citer les services spéciaux et les facilités spéciales fournis aux investisseurs. Y sont comprises les relations industrielles stables, c'est-à-dire les rela-

---

[12] Par exemple, cet écart était de 4 à 5 % du PIB en Corée en 1960.

tions entre syndicats et patronat – ceci pose par exemple problème en Corée où les syndicats ont le deuxième plus fort pouvoir au monde –, des accroissements des salaires très prévisibles, une administration efficace – comme en Chine où toute l'administration municipale est au service des IDE) –, l'absence de coûts d'entrée et de sortie, des infrastructures, un taux de change non contrôlé, l'absente de restrictions au rapatriement des bénéfices par les entreprises et à l'importation de biens d'équipement et de matières premières par celles-ci, l'absence de restrictions ou d'obligations en ce qui concerne l'utilisation de la main d'œuvre locale.

Un autre encouragement aux IDE sont les incitations fiscales et les subsides. Ces derniers sont même pratiqués par la Chine. Enfin, un élément très important est la stabilité politique.

C. *Quelques exemples*

Une forte concurrence entre les pays de l'ASEAN pour attirer les investissements étrangers a parfois conduit à des gaspillages. À partir de 1990, on observe un décollage, les politiques de promotion des exportations commençant à produire leurs effets.

En Malaisie, les investissements en infra-structure sont très grands ; la privatisation des entreprises nationales contribue également à l'investissement étranger par des fusions-acquisitions.

Aux Philippines, l'IDE chute de 106 à 49 millions en 1985 à cause de l'instabilité politique liée à la démission du président Marcos.

En Indonésie l'IDE diminue à partir de 1998, suite aux manifestations qui amènent la démission du président. Le mouvement contre les chinois minoritaires et capitalistes finit par entraîner l'expulsion de ceux-ci, avec une sortie considérable de fonds étrangers.

Depuis l'épisode de l'Indonésie, la totalité des IDE de l'ASEAN a diminué de moitié par rapport au niveau de 1990. L'IDE a par contre fortement augmenté en Chine, si bien qu'alors que dans les années 1989-1994, la Chine recevait à peu près le même montant annuel d'IDE que l'ASEAN dans son ensemble, ce montant est maintenant trois fois plus important pour la Chine que pour l'ASEAN.

Notons enfin que l'Europe Centrale absorbe de plus en plus de capitaux étrangers, entraînant un effet de *crowding out* pour les pays de l'ASEAN.

D. Pays investisseurs et pays recevant des investissements

Au niveau mondial, entre 1985 et 2000, les pays investisseurs sont à 90 % des pays industrialisés et à 10 % des pays en voie de développement. L'Union européenne contribue à 60 % des investissements et le Japon à 12,8 % en 1985-1995 et à 4 % en 1996-2000, pour cause de récession japonaise.

Les pays développés reçoivent 60 % des IDE, les États-Unis étant en première position. Les pays en voie de développement reçoivent 31 % des IDE. Parmi eux, l'Asie reçoit 15,2 % et la Chine 8,9 %.

Le pays investissant le plus dans l'ASEAN étaient les États-Unis, des années 1960 au début des années 1980. Après les accords du Plaza et l'appréciation du Yen au début des années 1980, c'est le Japon qui investit massivement dans l'ASEAN selon le modèle du vol d'oies sauvages. Depuis les années 1990, le poids du Japon diminue de façon dramatique, et c'est maintenant la Chine qui commence tout doucement à remplacer le Japon comme premier investisseur.

VIII. La crise économique et financière de 1997-1998

Le 2 juillet 1997, le gouvernement thaïlandais annonce la dévaluation du baht. Un mois après, c'est l'effondrement financier et économique dans toute l'Asie. Dans un mouvement de cascade, les autres pays seront amenés à dévaluer à leur tour. L'Indonésie dévaluera en un an de 83 %, la Thaïlande de 53 %, la Corée de 47 %, la Malaisie de 42 %, les Philippines de 40 %, le Japon de 20 %, Singapour de 19 %... L'effondrement des marchés financiers est aussi spectaculaire : -79 % en un an en Indonésie, -96 % en Thaïlande, -67 % aux Philippines, -65 % en Corée. Autre mécanisme de crise : les banques ont prêté sous forme hypothécaire. Avec l'effondrement du marché immobilier, elles accumulent des dettes sans recouvrement de crédit, le ratio dettes sans recouvrement de crédit / crédit total monte jusqu'à 40 %, voire 50 %, ce qui est extrêmement néfaste pour le secteur bancaire.

Le résultat économique est une grande récession[13]. La Thaïlande connaît 6 trimestres de diminution de sa croissance, le Japon 6 également, l'Indonésie 5, et Singapour 2, ce dernier pays est le moins touché par la crise en général.

Quelles sont les causes de cette crise, ses implications et sa signification ? Une pareille crise est-elle susceptible de se reproduire ? Pour répondre à ces questions, au moins sept théories ont été avancées.

---

[13] On considère par définition qu'il y a récession lorsqu'on observe trois trimestres suivis de diminution de la croissance.

Quatre d'entre elles semblent trop insuffisantes ou trop peu réalistes. Il s'agit de la théorie de la panique, de la théorie de la spéculation – qui veut que la crise soit due aux spéculations sur le taux de change par les investisseurs étrangers (elles ont en effet aggravé la crise mais n'en étaient pas la cause primordiale) –, de la théorie de la contagion – qui concerne la transmission de la crise d'un pays à l'autre mais non sa cause –, et, enfin, de la théorie de la conspiration – un complot monté par le trésor américain, le FMI et la Banque Mondiale afin de pouvoir acheter à bon prix les entreprises d'Asie.

Nous retiendrons trois théories qui méritent davantage notre attention : La théorie de la balance des payements, la théorie de l'excès de capacité et la théorie de l'incompétence.

La théorie « de la balance des payements » est à nos yeux la plus satisfaisante. En effet, les balances des payements (commerciale et courante) des pays asiatiques avaient enregistré un déficit persistant pendant 10 ans. En Indonésie par exemple, ce déficit allait de 2 % à 4 % du PIB. Il y avait là un problème très sérieux, malgré le fait que les exportations ne cessaient d'augmenter.

Par ailleurs, les taux de change n'étaient pas faits pour arranger les choses : presque tous les pays de l'ASEAN avaient un taux de change fixe par rapport au Dollar américain. De là que, lors de la très forte appréciation du Dollar en 1997, les monnaies locales se trouvèrent surévaluées, alors que, pour éponger le déficit courant, elles auraient dû être dépréciées. La compétitivité des produits de l'ASEAN diminua donc drastiquement et, par voie de conséquence, les exportations décrurent.

En outre, pendant les 15 années précédant la crise, le coût unitaire du travail dans les pays de l'ASEAN avait augmenté par rapport à celui observable en Chine, il y avait là encore une raison de la diminution de la compétitivité.

C'est dans une telle situation critique que les pays de l'ASEAN décident la libéralisation financière, et cette libéralisation se fait de façon extrême. La dérégulation est quasi totale. Les investisseurs étrangers ont le droit de faire des transactions dans les bourses asiatiques. On voit l'apparition de « hot money » (des montants investis pour un jour), et, de plus, le système permet la spéculation sur le taux de change par les étrangers. C'est ainsi que pour défendre leur monnaie, les banques centrales sont obligées de vendre des devises. La banque centrale thaïlandaise à elle seule dépensera 23 milliards de dollars en deux semaines. À ce train là, les banques centrales se retrouvent bientôt à cours de devises étrangères[14].

La théorie de l'« excès de capacité » constate l'entrée massive d'investissements directs étrangers dans les pays de l'ASEAN pendant la période précédant la crise, en particulier dans les industries à forte intensité de main d'œuvre ; avec pour conséquence une capacité surabondante de production dans ces pays et une forte compétition entre les pays de l'ASEAN.

La théorie « de l'incompétence ». Cette théorie insiste sur la façon très dangereuse dont s'est faite la libéralisation des capitaux. Ainsi, le mécanisme de « rapport à la banque centrale » lors des entrées et sorties de capitaux avait été supprimé, de sorte que les banques centrales ignoraient des données importantes, telles que le montant des dettes des entreprises nationales à l'étranger (qui avait crû de 200 % en un an en Corée…). C'était là une grande erreur, d'autant plus que, ne pouvant pas se baser sur un précédent, personne ne pouvait prévoir l'impact de la libéralisation, il convenait donc d'être prudent.

Une crise d'une telle ampleur est-elle susceptible de se reproduire en Asie ? C'est peu probable. Des mesures ont été prises à cet effet.

Du côté monétaire, les pays asiatiques commencent à permettre à leur taux de change de flotter, soit de façon totale, soit dans la limite de bandes de fluctuation. Par ailleurs, des mécanismes de supervision et de régulation des mouvements de capitaux ont été mis en place.

Dans le secteur bancaire, les banques domestiques, qui avaient fortement souffert de la crise, ont été recapitalisées et ont ainsi retrouvé leur bonne santé[15].

Par ailleurs, la gestion des entreprises a été revue. En Corée, on a augmenté le pouvoir de décision des actionnaires minoritaires dans les conglomérats, et l'on a accru la transparence de la gestion.

Enfin, l'on a assisté à une restructuration économique généralisée, avec un changement dans la philosophie de la croissance, qui ne privilégie plus la quantité uniquement, mais également le développement durable.

---

14 Remarquons que la Chine, bien qu'ayant aussi un taux de change fixe par rapport au Dollar, n'a pas du tout été affectée par la crise, grâce à son contrôle des capitaux.

15 La Chine n'a pas encore procédé à la recapitalisation de ses banques, ce qui représente un certain danger, mais elle a néanmoins pris certaines autres mesures.

Conclusion : Les perspectives de l'ASEAN

En 1967, cinq pays à données hétérogènes avaient fondé l'ASEAN, sur la base de motifs politiques, l'ensemble n'était pas viable économiquement. De 1976 à 1992 : des impulsions sont données à l'intégration économique intra-ASEAN, les résultats sont médiocres. 1992 voit se développer l'idée d'AFTA. C'est alors que le Japon, surtout après les Accords du Plaza, commence à investir de façon importante dans l'ASEAN, suivant le modèle du « vol d'oies sauvages ». Les politiques de promotion des exportations et d'industrialisation contribueront à amener une globalisation chaque fois plus grande.

Depuis 1995, la Chine se fait de plus en plus sentir auprès de l'ASEAN. D'abord perçu comme un concurrent redoutable, ce pays pourrait bien devenir le moteur de l'ASEAN.

Les premiers quatre « tigres asiatiques » (Corée, Singapour, Hong Kong et Taiwan) et les trois tigres suivants (Thaïlande, Indonésie et Malaisie) ont fait parler de « miracle économique asiatique ». Cependant, la crise de 1997-98 a remis en cause ce modèle de vol d'oies sauvages, qui supposait une trop grande intégration verticale.

Quelles sont les perspectives d'avenir de l'ASEAN ? L'entrée de la Chine entraînera de grands changements si l'on considère que la Chine est en phase de devenir le premier importateur des pays de l'ASEAN, remplaçant le Japon dans le rôle de moteur.

La tendance mondiale est aux intégrations économiques. Il semble nécessaire que l'AFTA s'élargisse dans les années à venir. À ce propos, cinq types d'intégration sont proposés pour l'Asie par une étude coréenne[16].

1. *AFTA* (ASEAN *Free Trade Area*) : les dix pays actuels de l'ASEAN continuent à être intégrés économiquement.

2. *GCFTA* (*Greater Chinese Free Trade Area*) : trois pays : Chine, Hong Kong, Taiwan.

3. *KJFTA* (*Korea, Japan, Free Trade Area*) : deux pays : Corée et Japon

4. *NEAFTA* (*Northeast Asian Free Trade Area*) : cinq pays : Corée, Japon, Chine, Hong Kong, Taiwan.

5. *EAFTA* (*East Asia Free Trade Area*) : première possibilité : 15 pays : Corée, Japon, Chine, Hong Kong, Taiwan + ASEAN 10.

---

[16] I. Park, « East Asian Free Trade Area: A Policy Option for East-Asian Economic Cooperation », in *Korea Review of International Studies*, 2002-2003, Université de Corée, Seoul, pp. 93-113.

Deuxième possibilité : dix pays : Corée, Japon, Chine, Hong Kong, Taiwan + ASEAN 5 (c'est-à-dire les cinq pays les plus développés de l'ASEAN).

Laquelle de ces intégrations économiques serait-elle la meilleure ? Pour chacun des pays, le point de vue sera un peu différent, mais en général, la plus grande intégration économique serait avantageuse pour tous. Pour la Chine et l'ASEAN, Une zone d'intégration économique sera de toutes façons profitable. Pour le Japon, elle est indispensable, car il risque sinon de se retrouver très isolé, ce qui serait catastrophique.

On peut établir un tableau des meilleures options pour chacun des pays en termes de croissance du PIB réel, comme dans le tableau ci-dessous[17].

	First Best	**Second Best**	**Worst**
Corée	EAFTA	NEAFTA	Ne rien faire
Japon	NEAFTA	EAFTA	GCFTA
Chine	EAFTA	CGFTA	KJFTA
ASEAN	EAFTA	AFTA	Ne rien faire

En termes de croissance du PIB réel, le plus avantageux pour la Chine serait un accord d'intégration économique EAFTA, la deuxième option serait un accord CGFTA, et la pire des possibilités serait un accord entre la Corée et le Japon, d'où la Chine se trouverait exclue.

Le Japon profiterait plus que la Chine d'un accord NEAFTA (sans les pays ASEAN), et la pire de ses options serait un accord CGFTA (Chine, Hong Kong, Taiwan), dont il ne serait pas parti prenante.

Les pays de l'ASEAN en général bénéficieraient d'un accord EAFTA, avec la participation du plus grand nombre, plus que de tout autre. Le second choix serait le simple accord entre eux (AFTA) et le pire pour chacun des pays ASEAN serait une absence totale d'intégration économique, ou une intégration économique d'où il serait exclu. Beaucoup de pays de l'ASEAN exportant majoritairement vers la Chine ont grand intérêt à conclure des accords avec ce pays.

Le résultat le plus désiré en général serait donc une large zone d'intégration économique du type *East Asia Free Trade Area* (EAFTA). De fait, une lente progression s'observe dans ce sens, surtout depuis l'impulsion donnée par les Accords de Bali II. L'Asie parviendra-t-elle à une grande et profonde intégration économique du type de celle de l'Union

17 *Ibidem*, p. 106.

européenne ? Il est vrai que cette dernière a mis plus de 30 ans à se mettre en place…, mais de nos jours, nous sommes plus que jamais conscients de l'importance que peut revêtir une telle intégration pour le développement et la croissance d'une région, dans un monde chaque fois plus globalisé. Le défi semble digne d'être relevé.

L'évolution des relations euro-japonaises

Jacques BOURRINET

Professeur émérite à l'Université Aix-Marseille III – Chaire Jean Monnet Intégration économique européenne

Le Japon, pour des raisons historiques, est longtemps resté à l'écart des tumultueuses relations entre l'Europe et l'Asie. La décision de fermeture du pays aux étrangers prise en 1639 entraîne la disparition du Japon de la vue européenne du monde ; il est considéré comme un archipel insignifiant de l'Extrême-Orient.

Avec l'ère Meiji, à compter de 1868, la réouverture du Japon sur le monde conduit à une modernisation qui devient synonyme d'occidentalisation. L'empreinte de l'Europe sur l'évolution japonaise se marque alors dans les divers champs de la science et de la technologie, de l'organisation juridique, politique, économique, militaire. Les désastres de la Seconde Guerre mondiale détruisent le fragile édifice des relations euro-japonaises : L'Europe est éclipsée, dès la fin des hostilités, par les États-Unis qui dominent alors l'organisation interne et les relations extérieures du Japon. Dans l'immédiat après-guerre, Japonais et Européens sont également absorbés par leurs reconstructions respectives pour envisager une coopération.

La fulgurante accession du Japon au rang de deuxième puissance économique mondiale en quatre décennies (1945 – fin des années 1980) propulse ce pays au rang de redoutable compétiteur pour une Communauté européenne qui se construit par étapes sur cette même période. Mais, depuis 1991, le Japon avec la décennie perdue (chute brutale du taux de croissance économique, montée du chômage, perte de compétitivité, éclatement des bulles financières et spéculatives) apparaît sous un nouveau profil : il reste un géant économique mais il est en quête d'un nouveau modèle de développement ; il demeure au plan international un nain politique aspirant à l'émancipation.

Dans la dernière décennie du XXe siècle l'Union européenne a tenté de définir une stratégie asiatique (1994) et une « stratégie globale » à l'égard du Japon en 1995. L'élargissement du champ traditionnellement économique, commercial puis financier des relations entre l'Union européenne et le Japon justifie une telle dénomination. En dépit de leur approfondissement et de leur élargissement, les liens euro-japonais plus tardivement tissés, émaillés de conflits commerciaux, sont encore modestes, comparés aux relations États-Unis / Japon.

Nous analyserons les structures du partenariat euro-japonais (I) avant d'évaluer son impact sur les relations bilatérales et multilatérales (II).

I. L'architecture du partenariat euro-japonais

La Communauté européenne pendant les trois premières décennies de son existence n'a pas retenu l'Asie au rang de ses priorités dans le domaine des relations extérieures. Or la place de l'Asie, sur cette même période, a beaucoup évolué : la croissance économique très rapide de différents pays asiatiques (les « tigres » des années 1970, le Japon, l'Inde, la Chine plus récemment) conduisent, inéluctablement, à un rôle plus important de ce continent dans les affaires mondiales. La Banque mondiale a estimé qu'en 2000 la moitié de la croissance de l'économie mondiale provenait de l'Asie de l'Est et du Sud-Est, régions dans lesquelles on évaluait à un milliard les agents économiques disposant d'un pouvoir de consommation significatif et à quatre cents millions les agents disposant d'un pouvoir égal ou supérieur à celui des Européens ou des Américains.

Le renforcement de la présence économique en Asie de l'Union européenne apparaît, à la fin du XXe siècle, comme une condition du maintien de sa position dans l'économie mondiale. Par ailleurs, la fin de la guerre froide permet un plus grand élargissement des relations extérieures européennes, conduisant à rechercher un dialogue politique avec l'Asie pour l'associer à la gestion des affaires internationales sur la base d'une coopération entre égaux capables de jouer un rôle constructif et stabilisateur dans le monde. On constate qu'il n'est plus possible d'envisager un monde multipolaire sans l'Asie.

Le document de la Commission européenne qui analyse les changements nécessaires (COM/94/314 final), retient quatre objectifs pour une nouvelle stratégie asiatique de l'Union européenne. L'Union européenne devrait renforcer sa présence économique en Asie, contribuer à la stabilité politique de ce continent, participer à la promotion d'une croissance et d'un développement équilibré, contribuer enfin à l'extension de la démocratie et de l'état de droit par le respect des libertés fondamentales et des Droits de l'homme. À ces fins, un certain nombre de priorités sont retenues par le document de la Commission européenne : renforcement des relations bilatérales, élévation du profil de l'Union européenne en Asie, encouragements aux efforts de coopération régionale en Asie, association des pays asiatiques à la gestion des affaires internationales, actions pour l'ouverture des marchés asiatiques et lutte contre les discriminations, contribution à un développement équilibré, ouvert sur le commerce mondial, coopération pour la lutte contre la pauvreté dans les régions les moins prospères.

Par cette nouvelle démarche politique vers l'Asie, l'Union européenne veut accroître sa capacité à jouer un rôle spécifique pour préserver ses intérêts et sa sécurité (non-prolifération). Au plan économique, la croissance très rapide de plusieurs régions asiatiques et le développement spectaculaire de leurs échanges avec l'Europe impose de dépasser la politique défensive traditionnelle pour s'engager dans une politique proactive impliquant Institutions européennes, États membres de l'Union et acteurs économiques privés.

Dès avant la formulation de cette nouvelle stratégie asiatique de l'Union européenne l'accès du Japon au rang de deuxième puissance économique mondiale et de principal partenaire économique asiatique de la Communauté avait imposé la recherche d'un partenariat avec ce pays comme objectif prioritaire. Au cours des quatre décennies qui ont suivi le second conflit mondial la Communauté européenne et le Japon ont réalisé leurs reconstructions et sont apparus, au fil des ans, comme des puissances économiques mondiales majeures. Cette évolution leur a conféré des responsabilités concernant la promotion et le maintien de la stabilité et de la sécurité aux niveaux régionaux et mondial.

Le partenariat euro-japonais est donc fondé sur des intérêts convergents ; sa construction s'appuie sur une déclaration politique commune concernant les relations entre la Communauté européenne, ses États membres et le Japon présentée à La Haye le 18 juillet 1991. Un plan d'action adopté au sommet Europe – Japon de Bruxelles en 2001 précise les objectifs et les domaines couverts par le partenariat.

A. Le préambule de la déclaration politique de 1991

Dans le préambule de la déclaration politique de 1991, les partenaires, la Communauté européenne et ses États membres, et le Japon affirment leur attachement à la liberté, à la démocratie, à l'état de droit et au respect des Droits de l'homme. Ils affirment, au plan économique, leur pleine adhésion aux principes de l'économie de marché, du libre-échange international, d'un développement favorisant la prospérité d'une économie mondiale partagée entre tous les peuples. Il est souligné que l'interdépendance croissante requiert un renforcement de la coopération internationale.

Les partenaires soulignent leur intérêt commun pour la sécurité, la paix et la stabilité du monde. Dans le cadre des principes de la charte des Nations-Unies et face aux défis que rencontre la société internationale, ils entendent, par l'approfondissement de leur dialogue, apporter une contribution à la préservation de la paix mondiale en établissant un ordre international stable et juste. Les partenaires reconnaissent que la Communauté européenne acquiert de façon croissante une identité propre dans les différents domaines de l'économie, de la sphère monétaire, de la politique étrangère, de la sécurité.

C'est pour faire face aux défis du futur que les partenaires ont décidé de renforcer leur coopération et partenariat par un sensible accroissement des consultations et échanges d'informations sur les questions internationales d'intérêt commun dans les champs politique, économique, scientifique, culturel.

Les objectifs du dialogue et de la coopération concernent notamment :

– La promotion de solutions négociées dans les crises régionales ou internationales, le renforcement des Nations Unies et des autres organisations internationales.

– L'appui aux systèmes sociaux fondés sur la liberté, la démocratie, l'état de droit, le respect des Droits de l'homme et l'économie de marché.

– Une politique de consultations renforcées et de coordination sur les questions internationales concernant la paix et la sécurité.

– Une coopération continue pour le renforcement de l'économie et du commerce mondial en rejetant le protectionnisme et le recours aux mesures unilatérales.

– La recherche d'un accès équitable aux marchés respectifs des partenaires notamment par l'élimination des obstacles structurels.

– Le renforcement du dialogue et de la coopération dans les différents domaines du commerce, de l'investissement, de la coopération industrielle, de l'énergie, des nouvelles technologies, de l'emploi, des questions sociales, des règles de concurrence.

– Des efforts communs pour répondre aux défis transnationaux, protection de l'environnement, ressources énergétiques, terrorisme réseaux criminels, mais aussi pour promouvoir tous projets scientifiques permettant d'améliorer la prospérité de l'humanité.

– Le développement des échanges académiques et culturels.

– La coopération pour le développement des pays moins développés, des pays d'Europe centrale et orientale, des pays de la région Asie-Pacifique.

Parmi ces multiples champs de coopération annoncés, l'on peut identifier trois directions principales :

– Le renforcement de la coopération politique incluant des actions politiques communes.

– Le développement de la coopération économique, y compris la coopération au développement pour les pays les moins avancés.

– La volonté commune de contribuer à la construction d'une gouvernance à l'échelle mondiale dans toute une série de secteurs (environnement, technologies de l'information, coopération scientifique et technique, etc.).

Cette troisième direction semble indiquer qu'à travers les structures et les objectifs du partenariat euro-japonais la dichotomie traditionnelle de l'ordre juridique westphalien (action autonome à l'intérieur des États, coopération internationale pour l'ordre externe) se trouve remise en cause sous la pression de la mondialisation.

Les mécanismes de consultation ordinaires sont sensiblement élargis pour permettre une nouvelle impulsion et une dynamique permanente des relations Communauté européenne-Japon.

Sont prévus dans ce but :

– Une consultation annuelle entre le Président du Conseil, le Président de la Commission et le Premier ministre japonais.

– Une réunion annuelle entre la Commission et le Gouvernement japonais au niveau ministériel.

– Des consultations semestrielles entre les ministres des Affaires étrangères de la Communauté, les représentants de la Commission en charge des relations extérieures et le Ministre japonais des Affaires étrangères.

– Un échange d'informations sur l'évolution des politiques étrangères entre les responsables de la coopération politique européenne et le Gouvernement japonais.

B. Le plan d'action pour la coopération Union européenne-Japon

Décidé en 2000, ce plan a été adopté lors du sommet Union européenne-Japon à Bruxelles en juillet 2001, soit dix ans après la déclaration de La Haye. Il est, à cette occasion, décidé de lancer une décennie de la coopération euro-japonaise permettant de façonner un futur commun grâce à une impulsion nouvelle donnée à la coopération conduisant à des mesures concrètes et des actions concertées.

Il est constaté que les principes généraux de la déclaration de La Haye restent valables, que les relations euro-japonaises se sont notablement développées dans les champs politique, économique et commercial, ce qui témoigne d'un potentiel de coopération dynamique. Mais il est également observé que des changements importants sont intervenus depuis 1991 aussi bien en Europe (développement de la capacité extérieure de l'Union) que dans la région Asie-Pacifique (développement du dialogue régional). À l'époque de la mondialisation les deux puissances économiques (Union européenne et Japon représentent près de 40 % du PNB mondial) affirment avoir des responsabilités particulières au plan global comme dans la poursuite d'une croissance économique conduisant à la promotion de la cohésion sociale.

Le plan d'action repose sur une forte coordination des politiques et sur des initiatives concrètes communes pour le court terme et le long terme. Quatre objectifs principaux sont retenus : Recherche de la paix et de la sécurité, renforcement du partenariat économique et commercial en utilisant le dynamisme de la mondialisation pour le bénéfice de tous, prise en compte des défis mondiaux et de Société, rapprochement des peuples et des cultures.

Sur l'objectif 1, promotion de la paix et de la paix et de la sécurité trois domaines prioritaires sont reconnus : renforcement du système des Nations Unies, contrôle des armes de destruction massive, protection des Droits de l'homme, démocratie et stabilité. La péninsule coréenne et les Balkans sont présentés comme les deux régions dans lesquelles le plan d'action Europe-Japon pourrait se développer en priorité.

Pour l'objectif 2, renforcement du partenariat économique et commercial en utilisant le dynamisme de la mondialisation pour le bénéfice de tous, les priorités retenues concernent le développement du partenariat bilatéral en matière de commerce et d'investissements, le renforcement de la coopération dans le secteur des technologies de l'information et de la communication, la participation aux coopérations multilatérales pour l'économie et le commerce, la consolidation du système monétaire et financier international, le développement et la lutte contre la pauvreté.

L'objectif 3, concernant les défis de Société recouvre l'action sur l'emploi et les implications sociales de la mondialisation, l'égalité des sexes, les politiques de l'éducation et de l'environnement, les développements de la science et de la technologie, les politiques énergétiques et de transport, le terrorisme et les réseaux criminels internationaux.

L'objectif 4, rapprochement des peuples et des cultures vise le monde académique, les échanges de jeunes, le développement des liens entre les divers représentants de la société civile.

Pour chaque objectif, une liste d'actions concrètes est identifiée comportant des initiatives qui peuvent être immédiatement engagées et des actions à plus long terme. L'ampleur du plan d'action semble être sa principale caractéristique. Tous les principaux domaines de la coopération politique, économique, commerciale, financière, technologique, culturelle sont retenus aussi bien pour les relations bilatérales Union européenne-Japon que pour des actions concertées des deux partenaires au niveau multilatéral. On entend, également, prendre en considération les principaux défis posés par la mondialisation au début du XXIe siècle. Des actions effectives dans ces différents champs devraient s'appuyer sur des moyens d'action spécifiques, moyens humains, financiers, techniques. Or, au-delà des consultations, échanges de points de vue et déclarations diplomatiques, on ne trouve, dans l'architecture institutionnelle du partenariat, aucune indication sur la mobilisation de moyens spécifiques pour compléter et élargir les instruments d'intervention traditionnels des relations extérieures. Dans ces conditions n'est-il pas à craindre que partenariat et plan d'action ne dépassent pas le stade du catalogue des déclarations d'intentions et ne permettent pas de surmonter les obstacles que rencontrent, depuis des décennies, les relations euro-japonaises dans le cadre du dialogue politique, des relations économiques et commerciales, de la coopération pour affronter les défis du XXIe siècle ?

II. Quel est l'impact du partenariat euro-japonais ?

La mise en œuvre du partenariat euro-japonais et son évolution dynamique conduisent-elles à la réduction des obstacles structurels qui ont longtemps limité les relations économiques et politiques entre ces deux régions ? Peuvent-elles, d'autre part, exercer une influence significative au plan multilatéral ?

A. Les obstacles économiques

Les obstacles économiques que doit surmonter le partenariat portent, pour l'essentiel, sur les difficultés d'ouverture des marchés européens et japonais et la persistance d'un déséquilibre des échanges commerciaux au profit du Japon.

Les Japonais ont souvent dénoncé le protectionnisme de la « forteresse Europe » et les mesures limitant l'accès effectif de leurs exportations au marché de la Communauté européenne (quotas, procédures antidumping, normes techniques spécifiques etc.). Les secteurs de l'automobile, de l'électronique, notamment, ont suscité depuis près de vingt ans des contentieux bilatéraux ou multilatéraux qui ne sont, aujourd'hui encore, pas intégralement réglés. Ces limitations d'accès ont accéléré les flux d'investissements directs japonais en Europe. Dans certains cas (automobile en Grande-Bretagne) ils ont largement modifié les structures de l'industrie européenne. La gestion de ces flux s'inscrit cependant dans une stratégie mondiale qui n'est pas toujours compatible avec les objectifs européens.

L'ouverture effective du marché japonais reste, depuis plus de trente ans, une énigme que les pressions européennes et les déclarations des autorités japonaises ne sont pas parvenues à déchiffrer. Les gouvernements japonais ont multiplié, depuis le milieu de la décennie 1980, les plans d'ouverture aux importations... avec des succès très relatifs. Au point que le partenariat euro-japonais doit, aujourd'hui, retenir comme priorité la dérégulation du marché nippon, caractérisé par une organisation de la distribution largement contrôlée par les producteurs locaux. Sur nombre de marchés japonais, il existe des réseaux de relations à long terme dans lesquelles les acheteurs et/ou vendeurs détiennent des participations croisées, procèdent à des échanges réguliers d'informations ou appartiennent au même conglomérat horizontal ou vertical (*keiretsu*). Ces liens commerciaux inter-entreprises, spécifiques, risquent de constituer un obstacle à l'entrée des entreprises nationales et étrangères sur certains marchés japonais et de réduire ou entraver la concurrence.

Le système des *keiretsu* n'est pas considéré, en général, comme anticoncurrentiel ; il n'y a violation de la loi japonaise anti-monopole que si des entreprises agissent de concert pour éliminer des sociétés concurrentes. On estime cependant que le système des *keiretsu* maintient globalement les importations japonaises à un niveau artificiellement bas. Les filiales de sociétés étrangères établies au Japon affirment que la passation des contrats avec une société s'avère difficile si celle-ci appartient à un groupe qui comporte une société concurrente, ce qui oblige, dans certains cas, les entreprises étrangères à effectuer d'importants investissements pour monter leur propre circuit de distribution.

Les entraves à la concurrence dans les secteurs de la distribution et des services découlent de la complexité des circuits de distribution et constituent l'un des obstacles les plus apparents à l'entrée sur le marché japonais. Une étroite réglementation par un système complet de permis et de licences et un manque de transparence dans l'application des mesures peuvent alourdir de façon disproportionnée les coûts de transaction des entreprises étrangères. Dans certains secteurs, on constate que le commerce de gros est caractérisé par une étroite intégration verticale pour les transactions internes ou les liens entre grossistes (contrats d'exclusivité, assistance de gestion ou aide financière en échange de la vente des produits du fabricant selon des modalités préférentielles ou exclusives).

Les liens entre les entreprises japonaises et les administrations apparaissent, par ailleurs, multiples et d'une grande opacité. L'Union européenne a présenté en 2003 des propositions prioritaires dans le cadre d'un dialogue bilatéral lancé depuis 1994 sur la déréglementation des marchés japonais. Un accord sur la coopération euro-japonaise concernant les secteurs japonais non concurrentiels a été signé le 10 juillet 2003. Des mesures pour faciliter l'implantation des investissements directs étrangers au Japon ont été prises avec pour objectif un doublement du stock d'investissement direct étranger en cinq ans. Certains secteurs, assurances, services financiers, produits pharmaceutiques, télécommunications ont été plus largement ouverts à la concurrence. Une révision des dispositions du droit japonais de la concurrence a été annoncée en juin 2003 pour adapter les textes à la rapide évolution des structures de marché. Il faut, cependant, noter que certains secteurs (agriculture, sécurité alimentaire) ne sont pas concernés par cette évolution.

Les demandes prioritaires de l'Union européenne concernent l'amélioration des conditions d'accueil des investissements directs étrangers, l'accès aux marchés publics, l'égalité d'accès à l'information, l'accès aux services financiers et postaux. Au total, l'ouverture effective des marchés japonais demeure aujourd'hui largement incomplète en dépit de la forte pression de l'Union européenne qui entend placer cette demande au premier rang des objectifs du partenariat euro-japonais.

La persistance d'un déséquilibre important de la balance commerciale bilatérale en faveur du Japon constitue pour l'Union européenne une raison supplémentaire pour justifier cette priorité. En 2001, les exportations japonaises vers l'Union européenne dépassent 72 milliards d'euros contre 33 milliards pour les exportations européennes vers le Japon. En dépit de la persistance de cet important déséquilibre les développements des échanges bilatéraux ont placé l'Union européenne au troisième rang des marchés d'exportation japonais (7,8 % du total), tandis que le Japon est devenu le second marché d'exportation pour l'Union européenne absorbant près de 5 % du total. Il convient de souligner que depuis la déclaration de La Haye, la nature des relations commerciales euro-japonais semble avoir sensiblement évolué : longtemps dominée par les conflits et contentieux commerciaux à différents niveaux, elle s'est orientée dans le cadre du partenariat vers l'ouverture des marchés des deux protagonistes, avec un accent particulier sur les réformes structurelles et la déréglementation des marchés japonais. Cette évolution, marquée par une volonté réciproque de coopération, a sans doute été facilitée par la construction du partenariat euro-japonais, mais résulte aussi des mutations de la politique commerciale commune européenne qui a pris conscience qu'à l'ère de la mondialisation et d'un libre échange international plus marqué il convenait d'abandonner les stratégies défensives de protection des marchés européens pour s'orienter vers des stratégies dynamiques garantissant aux exportateurs européens un accès effectif aux marchés mondiaux et, en particulier, au marché japonais.

L'accord euro-japonais de reconnaissance mutuelle de certaines normes dans quatre secteurs (terminaux de télécommunications et radio, équipements électriques, bonnes pratiques des laboratoires pour les produits chimiques et produits pharmaceutiques) constitue une étape importante facilitant l'accès aux marchés de chaque partenaire. Cet accord est entré en application le 1er janvier 2002.

En 1995, dès le début du partenariat euro-japonais, le Commissaire européen Sir Leon Brittan avait clairement défini la nouvelle conception des relations commerciales avec le Japon associant sur un objectif commun les institutions européennes et l'ensemble des acteurs économiques :

> Le leitmotiv de l'attitude européenne à l'égard du Japon est la coopération. L'Europe est déterminée à obtenir une plus grande ouverture du marché japonais, au bénéfice à la fois des consommateurs japonais et de l'industrie européenne. Un tel objectif sera plus facilement atteint en coopération avec le Japon, en particulier en insistant pour que s'accélère le processus de réforme en cours, plutôt qu'en essayant d'imposer de l'extérieur un calendrier. Notre approche implique l'identification des vrais décideurs au sein des différents ministères responsables, afin de pouvoir obtenir que la déréglementation se fasse plus rapidement et d'une manière qui corresponde aux intérêts des hommes d'affaires européens. Aujourd'hui, une telle approche implique également l'industrie.

Au cours des dernières années les flux d'investissements directs entre l'Union européenne et le Japon ont connu un accroissement spectaculaire. Les flux européens, grâce à d'importance opérations dans les télécommunications, l'automobile et certains secteurs de services, sont devenus la première source d'investissement direct au Japon dépassant les flux américains. L'Union européenne, dans le même temps, devenait la principale destination des investissements directs japonais. Il y a là un grand changement les investissements japonais étant traditionnellement orientés vers les États-Unis ou certains voisins asiatiques.

B. L'impact politique du partenariat euro-japonais semble plus difficile à cerner que l'impact économique

Certes, la déclaration de La Haye de 1991, le plan d'action de 2001 et les différents sommets annuels Europe-Japon comportent un ensemble de déclarations et références communes adoptées par les deux partenaires qui donneraient à penser que, sur de multiples sujets d'intérêt bilatéral ou multilatéral, il existe une convergence des analyses entre Union européenne et Japon ainsi qu'une volonté d'actions communes ou complémentaires.

Conçu pour contribuer à façonner l'avenir commun des relations entre l'Union européenne et le Japon, le plan d'action de 2001 retient des initiatives conjointes dans le domaine des relations politiques, de la réforme des Nations Unies, des relations économiques et commerciales, des investissements, des nouveaux défis (environnement, terrorisme etc.). On a pu noter, en 2002, une certaine convergence de vues entre l'Union européenne et le Japon dans le contexte des travaux de l'OMC, notamment de la conférence ministérielle de Doha pour favoriser le lancement du nouveau cycle de négociations commerciales multilatérales. Sur un plan plus général, le douzième sommet annuel Europe-Japon (2003) envisage une coopération étroite pour développer une compréhension mutuelle et des synergies entre les efforts des deux partenaires pour la prévention des conflits, le maintien de la paix, la reconstruction des régions dévastées par les conflits. À y regarder de plus près, il faut bien constater, cependant, que toutes ces déclarations, le plus souvent très générales, ne conduisent pas à des actions concrètes impliquant, directement ou indirectement, les deux partenaires. Plusieurs raisons permettent d'expliquer ce décalage. Dès la déclaration de La Haye (1991) nombre d'observateurs ont souligné la faiblesse des racines géostratégiques du partenariat. Le dialogue politique est resté limité en raison d'une politique étrangère et de sécurité commune de l'Union européenne embryonnaire, bloquée par les réticences des États membres de l'Union à la développer de manière significative. Or une Union européenne forte est la condition nécessaire, mais non suffisante, d'un partenariat euro-japonais dynamique. De fait, le partenariat s'est développé dans les secteurs où les positions de l'Union européenne étaient les plus avancées. Du côté japonais, l'accession au rang de deuxième puissance économique mondiale n'a pas totalement transformé le statut de nain politique sous tutelle américaine hérité des suites de la Deuxième Guerre mondiale. Les positions japonaises ne se sont jamais réellement affranchies des grandes options américaines dans les domaines stratégiques, commerciaux, monétaires, financiers, tant au plan régional que multilatéral. La guerre d'Irak de 2003 apporte une nouvelle preuve de possibilités réduites du partenariat euro-japonais face à une crise sérieuse : le Japon, très discret, n'entend pas se démarquer des positions américaines et finit même, sous pression américaine, par envoyer quelques contingents symboliques en Irak, tandis que l'Union européenne est incapable d'arrêter une position commune et laisse éclater, aussi bien entre les quinze qu'entre les dix candidats à l'adhésion, la calamiteuse opposition entre « vieille Europe » et « nouvelle Europe » ! Comment escompter, dans ces conditions, une quelconque action significative du partenariat euro-japonais dans cette crise gravissime pour le système international et la stabilité du Proche-Orient ? Et, de fait, le douzième sommet annuel Europe-Japon réuni à Athènes les 1er et 2 mai 2003 se limite à un triple constat :

– Il faut espérer pour l'Irak un nouveau futur et la réintégration du pays dans la Communauté Internationale.

– Il faut instaurer aussi vite que possible une Autorité intérimaire qui s'appuiera sur l'expérience des Nations Unies dans la gestion des situations post-conflits.

– Il faut travailler ensemble pour une plus grande stabilité de la région dans son ensemble.

Par cette série de « vœux pieux », qui n'implique pas la moindre velléité d'une action effective, le partenariat euro-japonais démontre qu'il n'a ni la capacité, ni la volonté d'intervenir de façon significative dans la crise irakienne qui met en cause l'ensemble du système international.

Au terme de cette très rapide présentation du partenariat euro-japonais on est conduit à s'interroger sur son effectivité.

Ayant retenu les objectifs les plus larges dans tous les champs des relations bilatérales et multilatérales, le partenariat n'a manifestement pas les moyens de ses ambitions puisqu'il n'existe pas de ressources spécifiques mobilisables pour la réalisation des objectifs. Les actions concrètes demeurent, en conséquence, peu nombreuses en regard de la multiplicité des objectifs retenus. On en prendra pour preuve le dernier rapport général sur l'activité de l'Union européenne en 2003 publié par la Commission. Dans ce document qui synthétise régulièrement tous les développements significatifs de l'Union, le sixième chapitre consacré au rôle de l'Union dans le monde comprend 164 pages dont… douze lignes pour les relations euro-japonaises…

Sous le bénéfice de cette importante réserve, il convient de reconnaître que le partenariat a créé les structures pour un dialogue politique permanent et qu'il a puissamment contribué à changer le climat des relations économiques et commerciales entre les deux parties. Si les résultats du dialogue politique n'apparaissent pas, le plus souvent, au plan des réalisations concrètes, susceptibles d'infléchir le cours des événements, il semble que, tant dans le domaine politique qu'économique, le dialogue a néanmoins inauguré une nouvelle ère de meilleure connaissance, de meilleure compréhension et de plus grande coopération entre les parties. Le changement de climat est particulièrement net dans le cadre des relations économiques et commerciales : après des décennies de conflits, suspicions et incompréhensions conduisant à de multiples contentieux bilatéraux ou multilatéraux, les deux parties, depuis le début de la décennie 1990, se sont engagées dans la voie d'une coopération effective dans le cadre de laquelle chacun s'efforce de prendre en compte les impératifs du partenaire pour aboutir à des solutions pragmatiques, acceptables par tous (ouverture du marché européen aux automobiles japonaises, ouverture de certaines activités de service japonaises aux opérateurs européens, début de déréglementation de certains marchés japonais etc.). Il est vraisemblable que la cassure économique subie par le Japon depuis 1991 (décennie perdue), amenant à remettre en cause certains éléments du modèle économique nippon, a facilité une telle évolution.

Notons, enfin, que le partenariat ne permet pas de trouver des solutions autonomes sur les grandes questions politiques, technologiques ou économiques. Le dossier du projet ITER est à cet égard significatif. Il s'agit d'un projet plurinational pour le développement de la fusion nucléaire qui permettrait de développer des sources d'énergie beaucoup plus importantes que la technique actuelle de fission nucléaire sans générer des risques environnementaux. L'Europe, les États-Unis, la Chine, la Russie, le Japon et la Corée du Sud participent au financement de ce programme qui dépassera 10 milliards d'euros sur trente ans. Deux sites concurrents sont en compétition pour accueillir les infrastructures de recherche et de développement du projet, l'un à Cadarache dans le sud de la France, l'autre à Rokkasho-Mura dans le nord de l'archipel japonais. Le choix devait intervenir en décembre 2003. Après de multiples tractations, il a été décidé de différer la décision et il apparaît probable qu'en définitive ce sont les pressions américaines qui décideront de la localisation pour ce site stratégique. Le partenariat euro-japonais n'a pas été en mesure de prendre en compte et, encore moins, de gérer cet important dossier. En ce début du XXIe siècle, il apparaît donc que l'hyper puissance américaine n'est pas affectée par le partenariat euro-japonais qui n'associe et ne propulse, au niveau mondial, que des pouvoirs de second rang.

L'Europe et l'Asie

Entre fascination et ignorance

Philippe PAQUET

Journaliste à La Libre Belgique

> Étudier, c'est comme courir après ce qui nous échappe,
> tout en craignant de perdre ce qu'on a déjà
> Confucius, *Entretiens*, VIII, 17.

La Chine a consommé 265 millions de tonnes d'acier en 2003. Comme sa production (220 millions de tonnes) n'a pas suffi à satisfaire une demande gonflée par une croissance générale qui frise de nouveau les 10 % annuels, et une croissance industrielle qui s'approche, quant à elle, des 20 %, la République populaire a acheté 45 millions de tonnes d'acier sur les marchés mondiaux en 2003.

Un chiffre parmi tous ceux qu'on cite à l'envi pour illustrer le miracle économique chinois et le fabuleux développement d'un pays qu'un sociologue français avait fort joliment baptisé « l'Empire du Milliard ». Un chiffre auquel, un peu blasé à force de s'entendre répéter les performances de l'économie chinoise, on serait enclin à ne prêter qu'une attention polie. À tort, parce que ce chiffre, en apparence marginal ou anodin, résume aussi bien, sinon mieux, la nouvelle toute-puissance de la Chine que les habituels critères de croissance du PNB ou d'augmentation du revenu par habitant. En effet, les achats massifs de Pékin ont provoqué une hausse de 50 % du cours de l'acier. De quoi mettre parfaitement en évidence l'influence qu'exerce désormais la Chine à l'échelle planétaire puisque les besoins de son ambitieux programme de modernisation suffisent à catapulter les prix de la deuxième matière première en importance après le pétrole – pétrole dont la Chine est par ailleurs devenue le deuxième consommateur mondial après les États-Unis.

Ce seul exemple montre à quel point il était judicieux de consacrer enfin une session de la chaire Glaverbel aux rapports de l'Europe avec cet acteur de premier plan ; et non seulement avec lui mais avec l'Asie tout entière car la Chine, malgré ses dimensions écrasantes et son formidable potentiel, malgré le fait qu'elle demeure la locomotive d'un continent qui devrait connaître une croissance moyenne de 6,2 % en 2004 selon la dernière étude en date de la Commission économique et sociale des Nations unies pour l'Asie et le Pacifique, n'en est pas moins le très gros arbre qui cache la forêt.

Le Japon, grande puissance incertaine

Dans l'immédiat, le Japon demeure, en effet, un interlocuteur plus mûr et plus riche, qui importe et exporte davantage que l'immense Chine. Comme le professeur Jacques Bourrinet l'a souligné au dernier des quatre actes de cette session Glaverbel, le Japon, c'est toujours, à lui seul, 12 % de la production mondiale et 10 % du commerce planétaire.

Sur le plan géopolitique et stratégique, l'Empire du Soleil-Levant est à un tournant de son histoire. Après un demi-siècle de ronronnement sous une Constitution pacifiste dictée par le tuteur américain et hantée par le traumatisme de Hiroshima, le pays est occupé à repenser sa place et son rôle dans le monde. Il aspire à davantage de présence ou de visibilité sur la scène internationale et brigue à cette fin un siège de membre permanent au Conseil de sécurité de l'ONU. Dans l'immédiat, il entend participer plus volontiers aux missions de maintien de la paix. Il avait bien commencé au Cambodge en 1993 mais les aléas de son aventure irakienne pourraient tiédir les enthousiasmes comme l'a suggéré le choc causé par la capture début avril 2004, près de Bagdad, de deux coopérants et d'un photographe de presse nippons que des islamistes menaçaient de brûler vifs si Tokyo ne retirait pas ses troupes d'Irak. L'incident a été rapidement et heureusement clos mais l'émotion suscitée a montré que le Japon n'était pas, sinon politiquement, du moins psychologiquement prêt à assumer un statut de grande puissance.

Les quatre « petits dragons » ou « tigres » d'Extrême-Orient – Corée du Sud, Taiwan, Hong Kong, Singapour – offrent toujours, avec leur classe moyenne en rapide expansion, les plus belles opportunités pour le commerce ou l'investissement malgré les revers causés par la crise financière de 1997 et malgré les incertitudes liées aujourd'hui aux épidémies de pneumonie atypique ou de grippe aviaire. L'inauguration du KTX, le train à grande vitesse sud-coréen, le 1er avril 2004, vient de le rappeler en offrant au TGV français sa première vitrine hors d'Europe en attendant de desservir peut-être une future ligne Pékin – Shanghai. La démocratisation en Corée du Sud (où la gauche a pour la toute première fois remporté la majorité absolue aux législatives du 15 avril 2004), à Taiwan (où l'ex-parti unique, le Kuomintang, a été par trois fois renvoyé dans l'opposition, aux présidentielles de mars 2000 et mars 2004, ainsi qu'aux législatives de décembre 2001) et à Hong Kong (où le débat sur l'introduction du suffrage universel pour l'élection du chef de l'Exécutif et du Parlement local s'amplifie depuis une manifestation sans précédent qui a fait descendre dans la rue, le 1er juillet 2003, un demi-million de personnes sur un total de 7 millions – de quoi réviser la perception généralement admise d'une citadelle du commerce présumée indifférente à la politique !) fournit autant d'exemples à méditer ou à suivre par les nations du tiers-monde.

De l'intérêt d'observer Taiwan

La question de Taiwan, que le professeur Pierre-Henri De Bruyn a brièvement évoquée, mérite une attention particulière, pour trois raisons au moins. D'abord, pour les accomplissements d'une population de 23 millions de personnes qui, après avoir signé un « miracle économique » en tous points remarquable (très montagneuse, l'île est dépourvue de ressources naturelles), a réussi sans accroc une transition graduelle mais rapide vers une démocratie parlementaire quasi parfaite, laquelle oppose un démenti cinglant aux élucubrations de feu Alain Peyrefitte quand il estimait la démocratie occidentale incompatible avec la tradition orientale. Poursuivant sur sa lancée, Taiwan s'emploie maintenant à instaurer un système de sécurité sociale digne des meilleurs pays européens.

Ensuite, parce que l'ancienne Formose cultive les paradoxes : elle vit pour ainsi dire en état de guerre larvée avec la Chine (qui menace régulièrement d'employer la force pour la reconquérir) mais ne s'en impose pas moins maintenant en premier investisseur étranger sur le continent chinois, Chine continentale qui est aussi devenue la première destination des exportations taiwanaises, détrônant les États-Unis. Certains experts soutiennent au demeurant que la forte croissance économique enregistrée à Taipei est nourrie pour l'essentiel par les échanges sino-taiwanais.

Enfin, Taiwan offre à l'historien et au sociologue un cas exceptionnel d'émergence d'une nouvelle identité *nationale*. Certes, nul ne songerait à contester les rapports ethniques, culturels, linguistiques, sociaux et économiques entre l'île et le continent. Toutefois, la dimension insulaire, les origines polynésiennes du peuplement, la lâcheté des liens avec la Chine impériale (qui méprisait la mer, les îles et toute idée d'empire maritime), le demi-siècle d'occupation japonaise, puis finalement le protectorat américain, ont profondément altéré la nature *chinoise* de Taiwan. Au point qu'aujourd'hui, une majorité d'habitants verrait sans doute volontiers l'île se proclamer indépendante *de jure*, et ne plus se contenter de l'indépendance *de facto* dont elle jouit depuis la défaite de Chiang Kai-shek face à Mao Zedong et son repli sur Formose en 1949. C'est le sens d'une campagne médiatique vouée depuis plusieurs années à obtenir l'admission de Taiwan à l'ONU (l'île est désormais la seule entité politique à n'être pas représentée dans cette organisation à vocation universelle dont, pour combe d'ironie, Chiang Kai-shek fut un des pères fondateurs), comme d'un projet de révision de la Constitution qui pourrait abolir la dénomination officielle de l'île : *République de Chine*, par opposition à la République populaire et par référence à la République fondée en 1912 par Sun Yat-sen, dont le régime de Chiang Kai-shek se voulait l'héritier et le continuateur à Taiwan.

Un Sud-Est asiatique enfin en marche

L'Asie du Sud-Est, dont l'intégration politique poursuit son petit bonhomme de chemin avec la consolidation progressive de l'ASEAN (Association of South-East Asian Nations) telle que la fort bien résumée le professeur Park, est en passe de former, avec la Chine, à l'horizon 2010, la zone de libre-échange la plus vaste et la plus peuplée : elle regroupera près de 2 milliards d'habitants et représentera un PIB combiné de 2000 milliards de dollars. L'ASEAN, fondée le 8 août 1967 à Bangkok, n'en reste pas moins entravée par la glaciation politique (en Birmanie et dans l'ancienne Indochine), la corruption et le sous-développement, les rivalités religieuses et ethniques (en Indonésie et aux Philippines notamment), voire le danger du terrorisme islamique (qui a tragiquement frappé l'île de Bali mais qui trouble jusqu'à la Thaïlande où trois des quatre provinces musulmanes du sud – Pattani, Yala et Narathiwat – sont redevenues le théâtre d'affrontements meurtriers imputés selon les uns à des séparatistes, selon les autres à des « bandits » ; ils ont fait une centaine de morts le 28 avril 2004.

Des développements récents rendent pourtant l'évolution de la région plus intéressante qu'elle n'a jamais été. Généralement frileuse sur le plan politique et hostile à toute « ingérence » dans les affaires intérieures des pays membres, l'ASEAN a rompu pour la première fois avec cette tradition l'an dernier pour examiner l'impasse créée en Birmanie par l'arrestation d'Aung San Suu Kyi, prix Nobel de la Paix et figure de proue de l'opposition à la junte au pouvoir. Cette initiative laisse présager tant un approfondissement de l'intégration régionale (appelée à n'être plus seulement qu'économique) qu'un dialogue plus serein et lui aussi plus profond avec l'Union européenne (il butait sur les droits de l'homme et singulièrement sur la situation en Birmanie). Un des sujets de réflexion qui pourrait utilement occuper les deux parties concerne le traitement des travailleurs immigrés au sein de l'ASEAN (les Indonésiens recrutés en Malaisie, les Philippins employés à Singapour ou les Birmans attirés en Thaïlande, par exemple). Ces migrants sont généralement beaucoup moins bien considérés par les autres Asiatiques que ne le sont, par comparaison, les immigrés européens au sein de l'UE. Une autre version, plutôt inattendue, du fossé culturel qu'a épinglée fort à propos le professeur Park.

Les régimes antidémocratiques deviennent par ailleurs l'exception en Asie du Sud-Est. La Thaïlande (où les coups d'État militaires ont pris fin au début des années 1980) et les Philippines (où Ferdinand Marcos fut renversé par une vague de *People Power* en 1986) avaient donné l'exemple. La chute de Suharto, le 21 mai 1998, a sans doute été décisive en faisant basculer le géant indonésien et ses 200 millions de ressortissants dans le camp démocratique, même si cette démocratie est encore balbutiante. Le départ à la retraite du Premier ministre Mahathir Mohamad, qui s'était fait, durant son très long règne, le champion du discours anti-occidental en Asie, vient sans doute d'ouvrir en Malaisie une ère de plus grande modération ; le triomphe aux législatives de son successeur, Abdullah Ahmad Badawi, qui a réussi à barrer la route aux islamistes dans les provinces du Nord, est un signe de bon augure. Hormis la Birmanie, figée dans sa dictature xénophobe et anachronique (dont les généraux, me disait un jour un ancien ambassadeur de Belgique accrédité à Rangoon, poussent la médiocrité jusqu'à perdre les élections qu'ils ont pourtant truquées – celles de 1990) et les gouvernements paternalistes musclés de Singapour et Brunei, il ne reste donc que deux régimes de parti unique, au Vietnam et au Laos, ainsi que la démocratie (très) inachevée que les Nations unies ont pu élever à grands frais dans un Cambodge incomplètement sorti de son cauchemar khmer rouge (on attend, vainement sans doute, le procès des auteurs du génocide encore en vie).

Naissance et renaissance

Une naissance et une renaissance ajoutent enfin à l'intérêt actuel d'une étude de l'Asie du Sud-Est. La naissance, c'est celle, en mai 2002, d'un minuscule État de 800 000 habitants, qui n'occupe pas même une île mais seulement une moitié : Timor oriental. Cet accès à l'indépendance, après un référendum d'autodétermination organisé en août 1999 et un ultime bain de sang, était pourtant le plus improbable des événements du XXe siècle tant l'Indonésie s'était refusée à reconsidérer son annexion brutale de l'ancienne colonie portugaise après que Lisbonne eut décidé de l'émanciper en 1976. La confusion politique qui a entouré la succession de Suharto explique en partie pourquoi le miracle s'est produit mais on ne saurait négliger pour autant le poids des pressions que l'Union européenne n'a cessé d'exercer, à l'instigation de ses États membres les plus concernés : le Portugal et, en tant qu'ex-colonisateur de l'Indonésie, la Hollande.

La renaissance, c'est à mon sens celle du Vietnam. Bien sûr, comme on l'a déjà souligné, l'évolution politique du pays n'est pas entièrement satisfaisante. Mais, sans remonter aux heures sombres des guerres d'Indochine et du Vietnam, il est loin le temps à peine moins sinistre des *boat-people*. Je me rappelle, il y a vingt ans, ces vols d'Air France qui quittaient Ho Chi Minh Ville pour Bangkok et Paris le vendredi soir. Le 747 se remplissait de réfugiés laissant derrière eux des proches en pleurs et un pays qu'ils n'espéraient pas revoir de leur vivant – au moins avaient-ils la chance de partir légalement, dans un confort certain, pour retrouver un parent déjà à l'étranger, alors que des centaines de milliers de leurs compatriotes fuyaient sur des embarcations de fortune, au péril de leur vie. Image lugubre d'un Vietnam qui s'abîmait dans le marxisme-léninisme et l'isolement. Rien ne la rappelle dans le Vietnam d'aujourd'hui, hormis des discothèques qui ne craignent pas de s'appeler *Apocalypse Now*…

La levée de l'embargo américain en 1994 a marqué un tournant, non seulement pour le Vietnam mais pour toute la région qui bénéficie par ricochet du dynamisme vietnamien et du retour des sociétés américaines. Le pays est sillonné par des cohortes de touristes (des Français et des Américains surtout). Le développement, à peine moins spectaculaire qu'en Chine, métamorphose les agglomérations, y compris les cités jusque-là alanguies du delta du Mékong. L'irruption de la vie moderne incite une ONG comme Handicap International, à Ho Chi Minh Ville redevenue Saïgon à bien des égards, à soigner non plus les victimes de la guerre mais les accidentés de la route et à lancer un programme… d'éducation à la sécurité routière. On ne le sait pas assez mais le Vietnam enregistrera cette année la deuxième plus forte croissance économique au monde, après la Chine.

« Quand l'Inde s'éveillera… »

L'Inde, surtout, ne saurait être sous-estimée, tant en raison de son poids économique que de son aura culturelle, et mon excellent collègue Malcolm Subhan s'est employé à le rappeler en opposant, aux stéréotypes du Sous-Continent misérable et surpeuplé (le Calcutta de *La Cité de la Joie* de Dominique Lapierre, aurais-je envie de résumer), cette Inde qui gagne en accueillant les délocalisations des grandes multinationales et en exportant par centaines, sinon par milliers, ses informaticiens vers les États-Unis. C'est l'Inde de Bangalore que Malcom nous a dépeint comme un paradis des travailleurs auquel ne manquent ni palmiers ni piscines. Ou, peut-être, justement celle d'un nouveau Calcutta, à en croire l'hebdomadaire de Hong Kong *Far Eastern Economic Review* qui titrait en couverture de son édition du 29 avril 2004 :

« *Asia's Surprising New Tech Hub* ». La deuxième ville indienne, celle qui incarne sans doute le mieux, dans l'imaginaire occidental, l'Inde éternelle, se prépare à goûter une nouvelle gloire en attirant des investisseurs comme IBM. Sa main-d'œuvre bon marché et son capital intellectuel, conjugués aux infrastructures portuaires et à une politique volontariste des autorités locales, pourraient faire bientôt, de l'ancienne capitale du Raj, la rivale de Bangalore.

Déjà presque aussi peuplé que la Chine, « l'autre pays d'un milliard d'habitants » devrait dans trente ans, prédisent les experts de la Banque asiatique de développement (ADB), contribuer davantage que celle-ci à l'économie mondiale car le profil démographique résultant de la politique de l'enfant unique ne permettra plus à la Chine de soutenir la croissance qu'elle connaît aujourd'hui. Certes, constatait Richard –membre de la direction générale du Commerce de la Commission européenne –, l'Inde n'est encore qu'un partenaire relativement mineur de l'Europe : l'UE achète et vend toujours davantage à la Thaïlande ou à la Malaisie qu'à cette imposante nation. Les choses sont appelées à changer, alors que l'Union planche sur une révision de ses relations avec Delhi. Et, comme devait le souligner M. Carden en paraphrasant joliment le livre à succès d'Alain Peyrefitte, « quand l'Inde s'éveillera »…

Une idylle indo-pakistanaise ?

S'il se confirme, le rapprochement esquissé ces derniers mois avec le Pakistan est lui aussi porteur de grandes espérances pour l'Inde et l'ensemble de l'Asie méridionale, dont les velléités d'intégration économique ont été jusqu'ici systématiquement torpillées par l'animosité entre New Delhi et Islamabad. Indiens et Pakistanais sont des adeptes confirmés des « montagnes russes » et leurs rapports n'ont cessé d'osciller entre des hauts et des bas. Cette fois pourtant, on a le sentiment que le réchauffement est appelé à durer, tandis qu'on rouvre la frontière non seulement entre les deux Pendjab mais entre le Rajasthan et le Sindh, tandis surtout que l'équipe indienne de cricket est autorisée, comme en mars 2004, à revenir jouer sur les terrains pakistanais ! Quelles que soient les raisons de ce changement de cap (d'aucuns assurent que, à l'instar de l'URSS face aux États-Unis à la fin de la Guerre froide, le Pakistan ne peut plus soutenir le coût d'une escalade militaire avec son puissant voisin), il annonce des retombées positives pour toute la région.

L'organisme de coopération régionale de l'Asie du Sud (SAARC, South Asia Association for Regional Co-operation), officiellement constitué en 1985, pourrait non seulement tenir enfin ses réunions au sommet sur une base régulière mais livrer des résultats concrets, voire aboutir à la création d'une zone de libre-échange réunissant un milliard et demi d'individus à travers sept nations (Inde, Pakistan, Bangladesh, Népal, Bhoutan, Sri Lanka et Maldives) mais qui représente pour l'heure à peine 2 % du PNB de la planète (pour 22 % de sa population) et moins d'un pour cent des exportations mondiales. L'Asie du Sud est à ce point rongée par les conflits territoriaux (au Cachemire), ethniques et religieux (à Sri Lanka, en Inde et, dans une mesure moindre, au Bhoutan et au Bangladesh) ou politiques (au Népal, avec la résurgence de la guérilla maoïste) que le commerce intrarégional compte seulement pour 5 % des échanges totaux des sept pays de la région.

Enfin, il convient de ne pas oublier l'Asie centrale, qui esquisse un retour en force sur la scène internationale après trois quarts de siècle d'oubli soviétique, moins comme carrefour des civilisations (ce que la région était jadis) que comme théâtre d'un « Grand Jeu » énergétique vers lequel convergent, non plus les caravanes d'antan, mais les gazoducs et les oléoducs des temps modernes, qu'ils soient russes, chinois ou américains. Le doute subsiste bien sûr sur la stabilité à long terme de l'Afghanistan mais, si elle peut être assurée, des perspectives sans précédent se dessineront pour une exploitation de ces hydrocarbures qui profitera tant aux pays de transit qu'aux nations qui ont un urgent besoin de gaz et de pétrole, en tête desquelles l'Inde et la Chine. À Kaboul, où je me trouvais le mois dernier, un expert de la Banque asiatique insistait précisément sur le fait que la pacification de l'Afghanistan permettra pour la première fois depuis trente ans de désenclaver l'Asie centrale en la reliant directement à l'océan Indien, un développement auquel on prête une importance majeure.

L'Europe et l'Asie en soixante heures

De ces considérations, auxquelles il conviendrait d'ajouter le fait que l'Asie comprend quelques-uns des pays les plus peuplés (Chine, Inde, Indonésie, Bangladesh, Japon et Pakistan totalisent à eux six environ trois milliards d'individus !) mais aussi – détail qui a son importance aujourd'hui – les plus grands États musulmans de la planète (Indonésie, Bangladesh, Pakistan, sans oublier l'Inde qui, on l'ignore trop souvent, compte plus de musulmans que le Pakistan), on mesure la pertinence du choix thématique qui a été fait pour cette session Glaverbel. Pour apprécier correctement l'énormité des enjeux, mais aussi leur complémentarité, il fallait effectivement envisager « l'Europe et l'Asie », et pas uniquement « l'Europe et la Chine », ce qui était pourtant constitué une matière amplement suffisante, dont l'étude aurait été pleinement justifiée par une actualité brûlante : la tenue, à Pékin, à la fin octobre 2003, d'un sommet Chine-Union européenne à maints égards historique.

La médaille avait toutefois son revers, par trop évident : comment réussir la gageure de présenter, en cinq conférences et soixante heures de cours, des réalités aussi complexes, des civilisations aussi anciennes, des histoires aussi mouvementées ? Comment comparer, *a fortiori* rapprocher, des ensembles européen et asiatique que tout distingue et éloigne, des langues et des religions aux mentalités et aux cultures ? Des ensembles qui, d'un côté comme de l'autre, n'ont guère d'homogénéité et qui, dans leurs relations l'un avec l'autre, n'ont pas véritablement de politique commune. Le cavalier seul de la France dans ses rapports avec la Chine en a administré en ce début d'année la preuve la plus manifeste.

Ce n'est pas vile flatterie que de prétendre ici que le pari a été tenu autant qu'il était possible, même si l'on n'aura pu éviter le sentiment d'avoir parfois effleuré des matières qu'on aurait aimé creuser, d'avoir entrouvert des portes que l'envie poussait à franchir, d'avoir perdu en cohérence ce qu'on a gagné en diversité. Les contraintes objectives de ce programme universitaire ne permettaient naturellement pas de réaliser un tour d'horizon complet, auquel un cursus de licence ne suffirait même pas. Nous avons eu droit, plutôt, à quelques coupes, partielles sans doute mais nullement superficielles.

Choc et fossé culturels

Sautant d'une discipline, d'une époque, d'un pays à l'autre, le cycle de cours nous aura ainsi initiés aux arcanes de la pensée traditionnelle chinoise (il faut saluer à ce propos la présentation aussi claire que passionnante du professeur De Bruyn) ; il nous aura introduits à la géopolitique triangulaire qui met aux prises Américains, Asiatiques et Européens ; il nous aura confrontés à la difficile gestation d'une union politique et économique en Asie du Sud-Est. Il aura été autant l'occasion de réévaluer les premiers contacts de l'Europe avec la Chine et le Japon, que de déterminer leur place respective dans le monde de ce début de XXIe siècle. Il aura exposé les sensibilités belge et française mais aussi québécoise, en même temps qu'indienne et coréenne, sur le dialogue et la coopération entre les deux continents, révélant tantôt un choc, tantôt un fossé culturels…

Au terme de ce marathon académique, chacune ou chacun aura probablement ses petites déceptions, ses grandes frustrations. On pourrait souhaiter avoir passé moins de temps sur la géographie administrative de la Chine et plus sur l'apport des religions à la contestation intellectuelle dans l'Empire du Milieu. On pourrait déplorer, par ces temps de terrorisme islamique, que la dimension musulmane en Asie n'ait pas été davantage explorée. On pourrait réclamer sur tel ou tel point particulier du programme mais en pure perte, il me semble, car tout choix est par essence contestable. Je me permettrai uniquement de regretter qu'il n'y ait pas eu débat sur des questions qui prêtent pourtant à réflexion, quoique l'absence des matières asiatiques dans l'enseignement secondaire imposât une approche essentiellement didactique pour pallier le manque de connaissances générales, même fondamentales. Plusieurs des professeurs ont pourtant essayé de susciter la discussion mais en vain. L'absentéisme, à mes yeux aussi inexplicable que consternant, à la plupart des cours donnés par des enseignants de qualité, certains venus de loin par surcroît, n'a évidemment pas favorisé les échanges de vues.

Le désert des barbares

Pour banale que puisse paraître cette constatation (puisque, en sciences humaines tout au moins, les cours universitaires semblent de nos jours voués à être donnés dans des auditoires à peu près vides), elle inspire la leçon principale que je voudrais tirer de cette session de la chaire Glaverbel et que, jouant – un peu facilement j'en conviens – sur le titre du célèbre roman de Dino Buzzati, j'intitulerai « le désert des barbares ». Je veux parler de l'ignorance qui habite les relations entre Occidentaux et Orientaux, une ignorance qui, maigre consolation, est mutuellement partagée. Parlant de nos concitoyens de l'UE, le directeur général des Relations extérieures de la Commission européenne, Eneko Landaburu, l'avait très justement noté dès la conférence inaugurale qu'il avait donnée le 14 octobre en déplorant que l'attitude de la plupart d'entre nous à l'égard de l'Asie hésite entre admiration béate et rejet inconditionnel. La même observation peut assurément être faite à propos des Asiatiques dont les sentiments envers l'Occident, et l'Europe en particulier, sont souvent tout aussi caricaturaux, quoique plus volontiers dissimulés derrière une bienveillance de façade.

Gaffes et impairs qui émaillent notamment les relations d'affaires ne sont pas l'indice du caractère « mystérieux » ou « impénétrable » que nous prêtons si volontiers à la culture et à la mentalité orientales. Ils reflètent seulement notre degré d'ignorance. Le phénomène n'est, certes, pas nouveau. Dans un contexte évidemment très particulier, au plus fort de la Guerre froide, un auteur comme Felix Green, ancien cadre de la BBC installé aux États-Unis, dénonçait, avec *A Curtain of Ignorance* (Garden City, Doubleday, 1964), le refus obstiné (et idéologiquement motivé) des Américains de voir la Chine de Mao en face. Deux décennies plus tôt, téléguidée par de puissants patrons de presse comme Henry Luce (né en Chine de parents missionnaires, fondateur des magazines *Time, Life* et *Fortune*), l'Amérique s'était abandonnée à une idolâtrie naïve et fatale de la Chine de Chiang Kai-shek. Amour et haine pareillement aveugles qui ne servent pas la cause de la connaissance et ne fondent pas une politique intelligente à long terme.

« Une longue histoire de fascination inquiète »

L'environnement a considérablement changé et l'ignorance est sans doute moins grossière aujourd'hui mais on n'oserait pas jurer qu'elle ait disparu. Dans sa contribution à un débat sur les « valeurs asiatiques » présenté dans un ouvrage collectif paru il y a quelques années aux éditions Complexe (*Japon, Chine, Corée... Cette Asie qui dérange*, Bruxelles, 2000), le sinologue Jean Chesneaux évoquait à juste titre « une longue histoire de fascination inquiète ».

Ses enjeux, écrivait-il, sont « les acquis très réels de l'Asie. Celle-ci dispose d'un patrimoine culturel riche et singulier, qui, par exemple, ne trace aucune frontière entre peinture, calligraphie et écriture. Et d'un corpus intellectuel et idéologique non moins singulier : confucianisme, taoïsme, bouddhisme, au Japon shintoïsme. L'Asie dispose également de pratiques sociales fortes, les hiérarchies rigides de la vie familiale, la discipline au travail, le pragmatisme dans la gestion des affaires. Et encore d'un « art de vivre » non moins original, l'alimentation consommée avec des baguettes, l'écriture idéographique ou semi-idéographique (au Japon), le codage subtil des relations inter-personnelles selon des non-dits, des allusions, des effets indirects. Et donc d'une philosophie générale de l'ordre et du temps, qui insiste sur le devenir en permanent renouveau, sur les processus, sur les contradictions (ainsi du célèbre couple yin-yang), sur l'agir pratique comme ciment social. Il faudrait mieux analyser cette riche expérience », concluait Jean Chesneaux, « ces acquis sociaux si divers que recouvre le terme de *valeurs asiatiques* ».

Appréhender ces valeurs (en sortant de la réflexion trop réductrice qui les a opposées aux droits de l'homme dans leur conception occidentale), étudier les sociétés asiatiques dans toute leur complexité, saisir la réalité orientale sous ses multiples facettes devraient largement nous occuper. Nous, ce n'est pas seulement ceux qui ont une raison professionnelle, une question d'intérêt à invoquer pour se pencher sur l'Extrême-Orient, qu'ils soient hommes d'affaires, scientifiques, diplomates ou journalistes. C'est chacun de nous. Parce que, comme le souligne très justement Jean Chesneaux, « l'ultime question » est de déterminer « quelle contribution peut apporter la culture asiatique à la construction d'un humanisme universel, une fois cette culture dégagée des manipulations politiques dont elle est l'objet ». « Le nouvel humanisme », affirme le sinologue français, « doit faire toute sa place à l'héritage intellectuel pluraliste dont disposent les diverses sociétés humaines. Le *non-Occident* est aujourd'hui pris en compte, il bénéficie même de l'échec patent du *développement* à l'occidentale. Et par là même ce non-Occident invite l'Occident à renoncer à sa quiétude intellectuelle, à sa rente de situation historique, à sa position privilégiée dans le monde ».

Un partenaire « crucial »... à connaître

Or, où en sommes-nous dans cet échange de contributions, cette édification mutuelle, entre les deux continents qui peuvent se targuer d'héberger les cultures les plus anciennes et les plus élaborées ? Commentant les résultats engrangés par la coopération entre l'Europe et ce « partenaire crucial » qu'est l'Asie aux yeux de la Commission européenne parce qu'elle représente 56 % de la population du globe, 25 % du PNB mondial, 22 % du commerce international et 21 % des exportations européennes, mais aussi parce qu'elle compte deux tiers des pauvres de la planète avec 800 millions de personnes (dont 213 millions de Chinois) qui vivent avec moins d'un dollar par jour, M. Landaburu épinglait, lors de la séance inaugurale, un dialogue politique renforcé (dans le cadre de l'ASEM), une progression considérable de nos échanges commerciaux (qui ont décuplé en quinze ans) et une multiplication des programmes d'intérêt commun (dans les domaines éducatif, culturel et scientifique). Il n'en reste pas moins, concluait-il, à combler un déficit de connaissance des deux côtés, nécessité d'autant plus urgente et impérieuse que les deux entités se découvrent des responsabilités énormes compte tenu de leur poids démographique, économique et politique.

Les contacts officiels ne manquent pas, certes. Ils sont même on ne peut plus variés puisqu'on relève avec plaisir jusqu'à une visite du commissaire européen à la Coopération et à l'Aide humanitaire, Poul Nielsson, au Bhoutan en mars dernier. Sur le plan institutionnel, on se félicitera par ailleurs de l'initiative prise à Bangkok en mars 1996 avec la création de l'ASEM (Asia-Europe Meeting). Alors que les États-Unis avaient déjà depuis la fin de la décennie précédente leur propre forum informel de rencontre avec l'Asie (l'APEC ou Asia Pacific Economic Co-operation, une idée au départ australienne, au demeurant, Canberra cherchant à se donner une dimension asiatique pour corriger son image de pays de race blanche, largement dépassée du fait d'une importante immigration en provenance d'Asie), l'Europe se dotait à son tour d'un cadre pour « dialoguer sur des thèmes politiques, économiques et culturels » avec une dizaine de pays asiatiques (la Chine, le Japon, la Corée du Sud et les membres de l'ASEAN à l'exception du Laos, du Cambodge et de la Birmanie).

Pas de chemises à fleurs pour l'ASEM

Avec des sommets de chefs d'État et de gouvernement tous les deux ans dans une atmosphère relativement décontractée (mais sans les chemises à fleurs et l'ambiance volontiers carnavalesque qui caractérisent ceux de l'APEC), avec des réunions ministérielles annuelles qui mobilisent alternativement les responsables des Affaires étrangères, de l'Économie et des Finances, l'ASEM a lancé une dynamique qui, en passant par Londres (1998), Séoul (2000) et Copenhague (2002), débouche sur un dialogue substantiel et diversifié. Asiatiques et Européens confrontent ainsi leur vision de la lutte antiterroriste, des droits de l'homme, du commerce international et de la mondialisation, mais aussi de la protection des enfants, de la sécurité sociale, de la traite des êtres humains et des flux migratoires.

L'ASEM encourage certainement une meilleure connaissance mutuelle mais, du discours à l'action, le fossé reste grand. Aussi doit-on constater avec dépit la modestie des moyens engagés en Europe pour promouvoir les études asiatiques. Il y a évidemment des institutions prestigieuses, dont le crédit est établi depuis longtemps. On songe, parmi quelques autres, à la *School of Oriental and African Studies* (SOAS) de l'Université de Londres, aux Langues O' à Paris ou à l'Institut international d'études asiatiques (IIAS) de Leiden. Plus près de nous, la KU Leuven remplit une mission d'enseignement et de recherches qui fait autorité et trouve ses racines dans la grande tradition sinologique des Jésuites dont le professeur De Bruyn a éloquemment parlé.

Quelques facultés allemandes, espagnoles ou italiennes méritent certainement d'être citées. Mais à part cela, et en particulier en Belgique francophone ? Rien ou peu s'en faut. Il n'y a même plus de bourses d'études pour la Chine dans le catalogue des échanges qu'organise le Commissariat général aux relations internationales de la Communauté française de Belgique (CGRI) ! Dans ce « désert des barbares », on ne sait pas ce qu'on doit fustiger le plus : la frilosité des responsables politiques et des édiles universitaires, que l'Asie intimide et qui s'interdisent de prendre des initiatives pour (se) la rendre plus familière ; ou l'échec des rares tentatives qui ont été menées, comme ces licences en études asiatiques qui, de Liège à Louvain-la-Neuve, n'ont pas remporté le succès escompté, soit que les étudiants n'en vissent point l'intérêt et la valeur, soit qu'il manquât aux enseignants le charisme et la conviction nécessaires pour en souligner l'attrait.

Le chinois du Prince Laurent

L'ignorance paraît donc appelée à durer, même si l'on a entendu avec autant de surprise que de plaisir le Prince Laurent de Belgique annoncer à la presse, peu après la naissance de sa petite Louise, qu'il souhaiterait lui apprendre non pas le français, le néerlandais ou l'anglais, « mais le chinois »...

Ce désintérêt est malheureusement partagé à l'autre extrémité du continent, où les Asiatiques ont toujours manifesté, et nourrissent encore, moins de curiosité pour l'Europe que pour l'Amérique. Certes, il ne faut pas sous-estimer tant la quantité que la qualité des échanges réalisés en un siècle par les pays asiatiques avec les puissances coloniales européennes. Le professeur Daigle a ainsi montré, dans le cas du Japon, le rôle joué par les Pays-Bas d'abord (l'ouverture à l'Occident y débutera par les fameuses « études hollandaises »), la France et l'Angleterre ensuite (le Soleil-Levant prendra pour modèles la gendarmerie et le Code civil de la première, avant de signer avec la seconde un traité de coopération sans précédent en 1902), l'Allemagne enfin (elle enverra ses officiers former l'infanterie nippone et scellera plus tard avec Tokyo une alliance militaire funeste). Il n'en demeure pas moins que ce sont les États-Unis qui s'imposent très tôt comme le premier partenaire commercial de l'archipel, auquel ils achètent massivement thé et cotonnades. Malgré l'épisode mutuellement traumatisant de la Deuxième Guerre mondiale (de Pearl Harbor à Hiroshima), l'Amérique redeviendra la référence obligée du Japon (son tuteur d'abord, son allié ensuite), comme si cela était tout naturel et comme si le conflit mondial, pourtant épouvantablement meurtrier, loin d'avoir marqué une rupture, n'avait été entre eux qu'une parenthèse vite oubliée.

Une observation comparable peut être faite à propos de la Chine malgré, ici aussi, des échanges anciens et féconds avec l'Europe. L'Empire du Milieu fascine les Américains depuis que l'Amérique existe, ou peu s'en faut. Le *China Trade* les mobilisa très tôt (les aïeux du président Roosevelt s'y illustrèrent parmi les premiers). Dans la seconde moitié du XIXe siècle, les missions protestantes s'employèrent fébrilement à racheter les âmes, tandis que des générations de marchands s'efforcèrent de vendre la leur comme l'atteste un livre maintes fois réédité de Carl Crow : *400 Million Customers* (New York, Harper & Brothers, 1937). Nous sommes en 1937... Modèle et repoussoir, l'Amérique tient, à l'inverse, une place tout à fait particulière dans la mentalité chinoise et il est sans doute utile d'en dire un mot, tant la relation à l'Amérique me paraît essentielle pour aider un Européen à comprendre la Chine d'aujourd'hui. Or, il a été trop peu question des... États-Unis dans ce programme sur « l'Europe et l'Asie », cette remarque n'étant pas aussi paradoxale qu'il y paraît.

Si différents…

Les différences entre la Chine et l'Amérique sautent aux yeux. L'une abrite une des plus vieilles civilisations de la planète ; l'autre est un pays jeune qui n'a pratiquement pas d'Histoire. L'une, hormis quelques minorités ethniques qui ne forment pas 10 % de la population, est une nation homogène qui a toujours préféré l'isolement à l'abri de sa Grande Muraille ; l'autre est une terre d'immigration et un prodigieux *Melting Pot* dont la traditionnelle physionomie anglo-saxonne et blanche est aujourd'hui menacée par l'afflux de Latino-Américains hispanophones. L'une est encore, quoi qu'on en pense en visitant Pékin ou Shanghai, un pays en voie de développement aux provinces parfois si arriérées que la misère s'y drape dans des superstitions d'un autre âge ; l'autre est, nul besoin de le rappeler, la première puissance économique du globe qui, dans l'art ou la science, prend régulièrement quelques décennies d'avance.

… et pourtant si semblables

Il y a pourtant plus de similitudes qu'on ne le pense. La Chine et les États-Unis sont tous deux taillés à la dimension d'un continent, d'immenses pays, très peuplés, aux reliefs et aux climats on ne peut plus divers. La nature y est pareillement grandiose et nourrit, à elle seule, un même sentiment de grandeur nationale. L'honnête Chinois comme l'honnête Américain peut légitimement réserver à sa mère patrie tous ses voyages, sans éprouver le besoin d'aller voir hors des frontières s'il existe d'autres merveilles. La Chine a exercé un rayonnement culturel durable, jusqu'à siniser plus ou moins profondément ses voisins – Corée, Japon, Vietnam – et son attrait « au-delà des mers » est plus considérable que jamais. L'Amérique est désormais la référence culturelle universelle, qu'on la chérisse ou qu'on la vomisse, et occidentalisation n'est bien souvent plus qu'américanisation. Avec leurs arsenaux nucléaires et leur droit de veto aux Nations unies, Washington et Pékin dominent la scène politique internationale, plus encore depuis la désintégration de l'Union soviétique et l'effacement de Moscou. L'Amérique est la première puissance économique et commerciale mais la Banque mondiale nous assure que la Chine la supplantera dans vingt ans. Les Américains se croient investis de la mission sacrée de guider l'humanité ; les Chinois, qui vivent au « Pays du Milieu » (*Zhongguo*), se pensent depuis toujours comme le centre du monde.

Différences et ressemblances inspirent aux Chinois et aux Américains une répulsion et une attirance réciproques. Les uns et les autres ne cessent de se critiquer : droits de l'homme, piratage intellectuel et prolifération nucléaire d'un côté, impérialisme militaire, ingérences politiques et soutien au Tibet ou à Taiwan de l'autre, alimentent un contentieux que rien ni personne ne semblent pouvoir vider un jour. Cependant, la Chine admire la réussite des États-Unis, le seul pays qui compte réellement à ses yeux. Tous les Chinois, à commencer par leurs dirigeants, veulent y aller ; beaucoup, à commencer par les fils et filles de ces dirigeants, y vont étudier. Bon nombre rêvent de s'y installer, de faire fortune sur ce qu'ils surnomment volontiers la « Montagne d'or » (*Jinshan*). L'imitation du modèle américain, par une Chine en modernisation accélérée, n'épargne aucun domaine comme en témoigne la trouvaille de cette compagnie d'assurances chinoise qui propose une couverture tous risques baptisée... « Carte verte », par allusion au très convoité permis de séjour aux États-Unis.

Un tiers de l'économie mondiale à deux

La connaissance que beaucoup de Chinois (et, comme eux, la plupart des Asiatiques) ont aujourd'hui de l'Occident provient de leur séjour aux États-Unis ou de leur expérience des États-Unis. L'intensité des relations entre l'Asie et l'Amérique (particulièrement évidente sur la côte Ouest des États-Unis mais aussi dans la province canadienne de Colombie-Britannique où Vancouver est devenue quasiment une ville chinoise, alors qu'au Canada, un immigrant sur deux est désormais d'origine asiatique) est un phénomène essentiel à prendre en considération dans les études de géopolitique contemporaine. Certains chiffres donnent d'ores et déjà le vertige ; ceux, par exemple, qu'avança, dans sa conférence du 11 février 2004, le professeur Park. Ils révèlent qu'en 2020, Chine et États-Unis représenteront à eux deux près du tiers de l'économie mondiale (et même 40 % si l'on prend la parité du pouvoir d'achat comme instrument de mesure). Ceux qui sont convaincus de l'importance des États-Unis peuvent-ils décemment ignorer la montée en puissance de la Chine et, derrière elle, de l'Asie tout entière ?

C'est donc un hasard heureux – ou une programmation éclairée ! – qui a fait se succéder les sessions consacrées par la chaire Glaverbel aux États-Unis et à l'Asie car elles éclairent magnifiquement les enjeux pour l'UE en exposant le maillon faible dans le triangle Asie – Amérique – Europe. En décrivant les différentes structures de coopération régionale, de l'OTAN à l'APEC, le professeur Mario Telò a montré, dans sa propre conférence du 12 novembre, à quel point les relations entre l'Europe et l'Asie sont déséquilibrées par rapport aux relations transatlantiques d'une part, aux relations *transpacifiques* d'autre part. Ce déséquilibre est d'autant plus paradoxal, aurais-je envie d'ajouter, qu'un immense océan sépare l'Amérique et l'Asie, alors qu'il existe une telle continuité territoriale entre l'Europe et l'Asie qu'un pays – la Russie – s'étend à travers les deux continents sans qu'on puisse dire s'il s'agit d'un État européen ou asiatique ! La question de l'identité russe qu'ont léguée les conquêtes de Pierre le Grand est d'ailleurs posée avec acuité alors qu'on débat aujourd'hui d'une hypothétique adhésion de Moscou à l'UE et à l'OTAN.

Un triangle bientôt équilatéral ?

Les rapports de force au sein de ce triangle pourraient, cependant, changer. Comme d'autres analystes, Mario Telò fait remarquer, en effet, que la solidité des liens entre l'Amérique et l'Asie est aujourd'hui mis à rude épreuve. La guerre en Irak a été le révélateur de tensions latentes depuis longtemps. Ainsi, en novembre 2003, trois quarts des Japonais se déclaraient-ils hostiles à l'envoi de soldats nippons en Irak (et c'était bien avant la fameuse prise d'otages), tandis que le gouverneur d'Okinawa remettait au secrétaire américain à la Défense Donald Rumsfeld une pétition de la population locale dénonçant « le fardeau excessif » que représente pour elle la présence de bases militaires américaines. Quant au gouvernement sud-coréen, c'est avec réticence, et après bien des hésitations, qu'il a consenti à l'envoi en Irak de quelque 3000 soldats, alors que le Pentagone en espérait 5000 au moins. Encore attend-on, à l'heure de coucher ces lignes sur le papier, leur départ effectif pour le Moyen-Orient. À l'évidence, au Japon comme en Corée du Sud, deux des alliés jusqu'ici les plus solides des États-Unis, des approches divergentes se font jour sur les questions de sécurité et les rapports avec Washington.

À Tokyo, la réforme constitutionnelle qui doit permettre à l'armée nippone de participer plus systématiquement aux missions internationales de maintien de la paix s'accompagne d'un besoin de s'affranchir de la tutelle américaine. Hanté par son passé colonial en Corée et par son aventurisme militaire dans le reste de l'Asie (en particulier par les atrocités perpétrées en Chine de 1937 à 1945), le Japon n'a nulle envie, par exemple, de se laisser entraîner dans d'éventuels conflits régionaux ; entre Pékin et Taipei ou entre Séoul et Pyongyang, par exemple, à cause des accords d'assistance militaire liant d'une part les États-Unis et Taiwan ou la Corée du Sud, d'autre part les États-Unis et le Japon.

À Séoul, plutôt Pékin que Washington

À Séoul, pareillement, un fort sentiment anti-américain se développe chez les jeunes qui laisse pantois les générations plus âgées, toujours gouvernées par la dette morale contractée pendant la Guerre de Corée. Cette vague nationaliste a porté à la présidence de la République, en décembre 2002, un avocat qui milita pour la défense des droits de l'homme et le retrait des soldats américains de la péninsule. Roh Moo-hyun a, certes, modéré son discours depuis son installation à la Maison-Bleue (le palais présidentiel de Séoul) et son avenir politique dépend d'une procédure sans précédent de destitution entamée contre lui par l'ancienne majorité parlementaire, mais le triomphe de son parti aux législatives du 15 avril 2004 tend à prouver que le soutien dont il jouit n'est pas accidentel.

Le fait que la Chine a détrôné l'Amérique comme premier partenaire commercial de la Corée du Sud exacerbe un besoin d'indépendance à l'égard des États-Unis, forçant les experts économiques sud-coréens à rappeler leurs compatriotes à un peu de bon sens et à souligner que « le marché américain demeure important » (comme le titrait éloquemment une manchette de journal). Il n'est pas jusqu'à la menace nucléaire nord-coréenne qui ne génère des réponses différentes à Séoul et Washington, une majorité de Sud-Coréens semblant préférer une approche conciliante (quitte à n'être guère payés en retour) alors que les faucons à la Maison-Blanche prônent une ligne dure contre ce maillon de « l'axe du mal » et exhortent périodiquement leurs alliés à renforcer les sanctions.

L'Amérique en Afghanistan…

La campagne internationale contre le terrorisme orchestrée par les États-Unis leur a sans doute permis de renforcer leurs positions dans un certain nombre de pays où ils étaient peu présents, voire absents. L'Afghanistan est certainement l'exemple le plus marquant. Dès avant l'occupation soviétique, le royaume était davantage tourné vers Moscou (qui forma l'administration, équipa l'armée et construisit les routes, y compris le percement du fameux tunnel de Salang qui allait servir plus tard tant à l'invasion qu'à l'approvisionnement des troupes russes). Washington ne lui prêta pratiquement aucune attention jusqu'aux années 1960 et bien peu par la suite. On a trop eu souligné le bouleversement stratégique que représente donc aujourd'hui l'implantation de l'Amérique (et par extension de l'OTAN) dans ce pays aux frontières de la Chine, de l'Iran et de l'Asie centrale.

… et en Asie centrale

Au cœur de celle-ci, les États-Unis ont réussi à contrebalancer, voire à éclipser, l'influence séculaire de la Russie en tissant des liens avec les régimes musclés issus de la *désoviétisation.* Tout en profitant de la volonté de ceux-ci de s'émanciper de la tutelle de Moscou (et de réduire ainsi la menace que représentent d'importantes minorités russophones, notamment au Kazakhstan), les Américains y sont parvenus en prétextant une lutte commune contre les périls islamistes que justifie la nécessité d'éradiquer le terrorisme sous toutes ses formes. Pour prix de ce soutien à des dictatures peu regardantes, pourtant, sur ces droits de l'homme qu'ils prétendent promouvoir en Afghanistan ou en Irak, les États-Unis ont obtenu le droit d'entretenir des bases militaires dans toutes les ex-républiques soviétiques d'Asie centrale (à l'exception du Turkménistan où le despotisme délirant et autarcique du président Niazov vaut bien, même s'il est moins médiatisé, celui de Kim Jong-il en Corée du Nord). Les Américains sont ainsi aux premières loges, non seulement pour traquer Al Qaeda, mais pour surveiller – et protéger – l'exploitation d'immenses gisements de gaz et de pétrole assurée en grande partie par leurs multinationales.

La croisade antiterroriste a néanmoins ses revers. Obligés de courtiser à outrance le Pakistan, les États-Unis ont ainsi pris le risque de s'aliéner l'Inde. Celle-ci a peu apprécié que Washington accorde à son rival pakistanais le statut d'« allié principal en dehors de l'OTAN » (*major non-Nato ally*), un privilège réservé à quelques pays comme Israël ou les Philippines qui leur donne un accès plus facile à certaines catégories d'armements. Le gouvernement indien a encore moins apprécié que le secrétaire d'État Colin Powell, ajoutant l'insulte à la blessure, ne souffle mot de cette intention lors de son passage à New Delhi à la mi-mars, juste avant qu'il aille porter la bonne nouvelle à Islamabad. Si d'autres intérêts sont naturellement en jeu dans la relation indo-américaine, l'attitude de la Maison-Blanche, qui montre assez clairement quelles sont ses priorités, ne peut que servir la cause de l'Europe dans cette partie du monde.

La quête bruxelloise de la Chine

Quant à la Chine, elle privilégie bien sûr sa relation avec l'Amérique mais elle n'a cessé de combattre la conception d'un monde dominé par les États-Unis. La disparition de l'URSS et l'affaiblissement de la Russie ont renforcé ce danger, ce qui a significativement donné un coup de fouet à la diplomatie chinoise restée on ne peut plus léthargique depuis sa contribution à la fondation du mouvement des non-alignés à

Bandoung en 1955. Au cours des années 1990, la Chine s'est ainsi notablement rapprochée de nations avec lesquelles elle était plus qu'en froid : la Russie, l'Inde, les pays du Sud-Est asiatique, ceux du Moyen-Orient qui ne la reconnaissaient pas encore (comme l'Arabie Saoudite)... Mais c'est surtout à Bruxelles qu'elle cherche désormais un véritable contrepoids à la toute-puissance américaine. Cette option n'est, certes, pas nouvelle ; on la trouve dans tous les discours officiels chinois sur l'Union européenne depuis les origines de celle-ci. Mais elle a pris, je pense, une dimension sans précédent avec le sommet annuel qui a réuni à Pékin, le 30 octobre dernier, les plus hauts dirigeants de l'UE et de la Chine, et dans lequel l'Histoire verra certainement le moment fondateur d'une relation plus étroite entre Chinois et Européens.

À quelques jours du sommet, le 13 octobre, Pékin publiait un document stratégique sur ses relations avec l'Union européenne. Comme le soulignait l'ambassadeur de Chine à Bruxelles, Guan Chengyuan, que la Trans European Policy Studies Association (TEPSA) avait invité le 20 novembre 2003, « c'est la première fois que la Chine élabore un tel document et le fait qu'elle a choisi l'Europe pour cette première est hautement significatif ».

Une émulation mutuelle

S'il est assez platement intitulé, dans sa version anglaise, *China's EU Policy Paper*, le texte commence par un éloge appuyé de la construction européenne « irréversible » et de la place tenue par l'Europe dans « le monde multipolaire » si cher désormais à la Chine. Le lyrisme ne tarde pas à enflammer le propos, dans la meilleure veine du discours politique chinois. Dès le deuxième chapitre, les auteurs du document constatent, en effet, qu'« à la fois la Chine et les États membres de l'UE ont chacun une longue histoire et une splendide culture, et aspirent par conséquent à plus d'échanges culturels et à une émulation mutuelle ». Au fil des sommets sino-européens, la vision commune n'a cessé, il est vrai, de gagner en ambition, passant d'une « relation durable de coopération » lors du premier sommet de 1985, à un « partenariat global » lors du troisième en 1998, et finalement à un « partenariat global et stratégique » lors du cinquième en 2003.

Le document est à cet égard d'une candeur extraordinaire en ce qu'il établit on ne peut plus clairement les priorités politiques du régime communiste : aucune tolérance pour Taiwan, que l'UE est pressée de priver de tout contact officiel ; encouragement, par contre, à coopérer avec Hong Kong et Macao qui ont cessé d'être de méprisables (quoique commercialement utiles) colonies pour redevenir des entités de la République populaire de Chine ; invitation à visiter le Tibet et à favoriser son développement économique mais en respectant les lois (et donc la souveraineté) chinoises tout en ignorant « la clique du Dalaï Lama » ; souplesse (réelle ou feinte) sur les droits de l'homme à propos desquels Pékin loue l'approche européenne préconisant le dialogue.

Apprendre les langues !

Plus que ce rappel à l'ordre et que les sept points du chapitre suivant qui détaillent tous les volets de la coopération économique, financière, agricole et commerciale, un paragraphe mérite d'être noté parce qu'il nous interpelle directement. Il concerne la coopération dans le domaine de l'éducation et recommande de faire ce que précisément nous avons largement cessé de faire en Belgique francophone : échanger des étudiants, des enseignants et des chercheurs. « L'apprentissage des langues des uns et des autres doit être encouragé et soutenu », ajoute à juste titre ce projet… stratégique.

C'est du reste l'approche que préconise aussi la Commission européenne dans son dernier document en date sur ses relations avec la Chine (10 septembre 2003). « Afin d'améliorer la compréhension mutuelle », lit-on, « des efforts doivent être entrepris pour promouvoir les contacts de personne à personne, par le biais d'échanges accrus dans les secteurs du tourisme, de l'éducation et de la culture ». La Commission, toutefois, semble privilégier davantage la sensibilisation des Chinois à l'Europe (et la visibilité de l'action européenne en Chine) plutôt que l'initiation des Européens à la Chine. Signalons pourtant qu'en France (et sans doute ailleurs dans l'Union), le chinois est devenu une langue qui peut s'enseigner à l'école secondaire. Chez nous, il reste une curiosité exotique qu'on ne saurait apprendre que dans de rares établissements aussi spécialisés que privés.

Nourri par une telle vision stratégique chinoise (même si l'on imagine qu'on n'en partage pas toutes les implications du côté européen), le dernier sommet d'octobre 2003 me paraît marquer un tournant, qui s'inscrit dans le long terme puisque les Européens ont trouvé en face d'eux la nouvelle direction chinoise issue du 16e Congrès du Parti communiste et formée autour du président Hu Jintao et du Premier ministre Wen Jiabao, une équipe qui est logiquement appelée à gouverner la Chine pendant la prochaine décennie. Les deux hommes n'ont pas tardé à se rendre en Europe : M. Hu a fait une visite on ne peut plus remarquée à Paris en février, tandis que M. Wen était attendu à Bruxelles le 6 mai.

Galileo contre GPS

Non seulement, lors du sommet de Pékin, les deux parties se sont-elles données pour objectif de doubler leurs échanges commerciaux dans un délai de dix ans (pour passer de 100 à 200 milliards de dollars d'ici à 2013) mais elles ont signé, outre une entente sur la concertation en matière de politique industrielle, deux accords aussi importants par leur contenu concret que par leur portée symbolique. L'un consacre la participation de Pékin, à concurrence de 200 millions d'euros, au programme européen de navigation par satellite Galileo (le GNSS, concurrent des systèmes américain GPS et russe GLONASS). L'autre, dit de « destination autorisée », accorde des facilités de visas aux groupes de touristes chinois, qui sont de plus en plus nombreux à visiter l'Europe, moyennant la reconnaissance par la République populaire du droit au retour de ses ressortissants trouvés en situation illégale. Rappelons, pour ne pas verser dans un angélisme déplacé, qu'Eneko Landaburu avait expliqué les mécanismes de la négociation de ce double accord, l'un étant la contrepartie – ou la compensation – de l'autre.

Ces accords, tout en signalant une coopération renforcée entre l'Europe et la Chine, illustrent par deux nouveaux exemples l'émergence de la puissance chinoise, à la fois comme partenaire d'un projet de haute technologie qui, grâce à elle, pourra mieux remplir sa vocation universelle, et comme pilier d'une industrie touristique qui, depuis le « 11 septembre », a bien besoin d'un renfort de clientèle. Ces deux développements renvoient à la nuit des temps l'image d'une Chine misérable et arriérée.

Après les Japonais, les Chinois

Ils inspirent aussi la comparaison avec le Japon. Celui-ci, a rappelé le professeur Bourrinet, s'est hissé en trente ans, de 1958 à 1988, de la 26e à la 5e place des exportateurs dans le monde. La Chine, en un peu plus de vingt ans, de 1978 (année de lancement de sa politique d'ouverture) à 2002, est passée pareillement du 34e au 5e rang mondial des puissances commerciales, dégageant elle aussi (jusqu'en 2003 au moins) un confortable excédent dans ses échanges avec le reste de la planète – de quoi faire d'un pays archaïque et ruiné à la fin de la Seconde Guerre mondiale, le premier détenteur de devises étrangères, devant… le Japon. C'est ironiquement le boom industriel chinois qui a creusé, au premier trimestre 2004, un déficit commercial de quelque 8,4 milliards de dollars lié, comme il a été dit plus haut, à des importations massives de matières premières.

Alors que nous nous sommes habitués à voir des colonnes de touristes japonais débarquer un peu partout, nous devons maintenant nous préparer à assister à un déferlement de touristes chinois : même si des vacances à l'étranger resteront pour longtemps l'apanage, en Chine, d'une minorité de gens aisés, une classe moyenne en constante et rapide expansion y promet de remplir les avions. Déjà, 645 000 Chinois ont visité l'Europe en 2002. Ils seront des millions demain et des dizaines de millions après-demain. L'Organisation mondiale du tourisme estime que 100 millions de Chinois voyageront à l'étranger en 2020 (dans le même temps, la Chine aura surclassé la France comme première destination touristique au monde avec 130 millions de visiteurs, soit 8 % du marché mondial). Une enquête publiée à Hong Kong par la *Far Eastern Economic Review* (et financée par American Express !) auprès d'un millier de citadins à Pékin, Shanghai et Canton montre que l'Europe continentale est la troisième destination de voyage à l'étranger (tant pour les affaires que pour le voyage d'agrément) après Hong Kong et Singapour. Ce n'est pas pour rien que derrière les bureaux de mon journal, au centre de Bruxelles, un restaurateur chinois achève de construire un grand hôtel destiné prioritairement – exclusivement ? – à ses compatriotes.

Enfin, tout comme les Jeux olympiques de Tokyo avaient consacré le Japon sur la scène internationale en 1964, ceux de Pékin en 2008 couronneront la Chine. Celle-ci a d'ores et déjà pris la place des États-Unis comme première destination des investissements directs étrangers (FDI) dans le monde. Elle est indéniablement un des plus gros bénéficiaires de la mondialisation, réalité dont l'admission de la République populaire à l'OMC, le 11 décembre 2001, porte témoignage en constituant, selon les termes du document européen du 10 septembre 2003, « un des événements décisifs de l'Histoire récente ». La Chine qui, en 2002, a dépassé le Japon comme deuxième partenaire économique de l'UE, sera pour l'Europe, en 2008, l'interlocuteur par excellence, si les promesses du sommet du 30 octobre 2003 sont tenues.

Un Chinois dans l'espace

Deux semaines avant ce sommet historique, l'Institut d'études européennes de l'UCL ouvrait les travaux de la IXe Chaire Glaverbel. La coïncidence était d'autant plus heureuse que, comme le soulignait le président de l'Institut et un des coordinateurs de la Chaire, Michel Dumoulin, lors de la séance inaugurale du 14 octobre 2003, la Chine venait d'accomplir un exploit supplémentaire en envoyant à son tour un homme dans l'espace, et qu'elle affirmait de la sorte des ambitions scientifiques, sans aucun doute, mais aussi politiques, économiques et militaires. Tout comme celui de la première explosion atomique chinoise le 16 octobre 1964, l'impact extra-scientifique de cette réalisation ne saurait, en effet, être minimisé. La course à l'espace reste un luxe que seule une grande puissance peut s'offrir et tel est bien le statut que la Chine revendique. La démonstration est à usage interne : un Chinois en... révolution autour de la Terre achèvera de convaincre la masse de ses compatriotes (majoritairement encore peu instruits) que les maîtres du pays sont des faiseurs de miracles et qu'ils ont donc toute légitimité pour continuer à régner. Elle est naturellement destinée aussi à l'extérieur : si Pékin se défend de toute tentation hégémonique, son ambition est clairement de jouer désormais parmi les Grands et de faire *in fine* jeu égal avec l'Amérique. Il est donc normal que ses dirigeants aient maintenant la tête dans les étoiles.

Deux semaines avant la clôture de cette session Glaverbel consacrée à « L'Europe et l'Asie », du 13 au 16 avril 2004, comme par un juste retour des choses, le président de la Commission européenne, Romano Prodi, effectuait un nouveau voyage à Pékin pour renforcer encore « des relations bilatérales dont les deux parties s'accordent à dire qu'elles ont atteint un niveau historique ». Une semaine plus tôt, c'est le commissaire européen à la Recherche scientifique, Philippe Busquin, qui était dans la capitale chinoise pour participer à la première table ronde sino-européenne sur la politique spatiale. Notre compatriote y annonçait que le partenariat dans Galileo pourrait être bientôt suivi par d'autres initiatives comme une coopération dans « des programmes d'observation de la Terre ».

Sept commissaires en Chine

Philippe Busquin était, après ses collègues au Commerce et à l'Agriculture, Pascal Lamy et Franz Fischler, et avant Romano Prodi, le troisième commissaire européen à visiter la Chine en ce début 2004. L'année précédente, un nombre record de membres de la Commission s'y était rendu, sept au total : outre MM. Prodi et Lamy encore, les commissaires Poul Nielson (Coopération au développement), Erkki Liikanen (Télécommunications et entreprises), Margot Wallström (Environnement), Mario Monti (Concurrence) et Viviane Reding (Culture et éducation). On ne saurait mieux démontrer la nouvelle dimension du dialogue sino-européen qui couvre désormais un très large éventail de sujets : politique industrielle, protection des droits de propriété intellectuelle, concurrence, politique commerciale, coopération spatiale, utilisation pacifique de l'énergie nucléaire, aviation civile, politique douanière, tourisme, immigration clandestine et, bien sûr, droits de l'homme.

En 2004, l'UE dépassera les États-Unis et en 2005 le Japon au hit-parade des partenaires commerciaux de la Chine pour en devenir le premier ; elle est déjà le deuxième fournisseur de technologies à la Chine. Certes, l'élargissement de l'Union et l'appréciation de l'euro face au dollar faussent quelque peu les statistiques mais ces deux facteurs ne peuvent occulter une réalité objective : un intérêt sans précédent de la Chine pour l'Europe qui double, selon les mots de l'ambassadeur Guan, une relation bilatérale qui n'a jamais été meilleure. « Il n'y a pas de conflits d'intérêt géopolitiques entre nous et il n'y a aucun tabou dans nos discussions », déclarait-il dans sa conférence du 20 novembre 2003. Publication de référence, la *Far Eastern Economic Review* titrait éloquemment en couverture le 12 février 2004 : « China's Love Affair with Europe ».

La Chine est déjà, pour sa part, avec des échanges dépassant 115 milliards d'euros, le deuxième partenaire de l'Europe après les États-Unis et avant le Japon. Quoique nettement moindre que celui de Washington (125 milliards de dollars en 2003), le déficit commercial européen avec la Chine avoisine les 50 milliards d'euros mais ce déséquilibre ne semble pas inquiéter les responsables de l'UE qui misent sur le long terme, l'approfondissement des réformes en Chine, la maturation de son économie de marché, le respect croissant des règles de l'OMC et la consommation en progression continue de la classe moyenne qui devrait largement profiter aux producteurs européens.

L'empire automobile

Les observateurs en veulent pour preuve le secteur automobile, celui qui connaît probablement l'expansion la plus impressionnante dans une Chine qui n'est certainement plus, sous l'angle des transports tout au moins, « l'empire immobile » que Lord Macartney et son ambassade affrontaient à la fin du XVIIIe siècle. Quatrième marché mondial aujourd'hui (derrière les États-Unis, le Japon et l'Allemagne mais devant la France désormais), la Chine, où l'on a franchi en 2002 le cap du million de voitures vendues à des particuliers, s'élèvera au deuxième rang dans les trois à cinq ans qui viennent. Or, près de la moitié des véhicules achetés en 2003 y était de fabrication européenne, contre 10 % aux voitures américaines et 40 % aux Japonaises. Volkswagen, qui commença à produire une voiture, la *Santana*, à Shanghai dès le début des années 1980, espère vendre à elle seule un million de voitures par an dès 2007. La Chine est d'ores et déjà son premier marché, bien avant l'Allemagne !

Les investissements européens en Chine ont progressé de près de 40 % en 2003 par rapport à l'année précédente ; c'est deux fois plus que les investissements américains sur la même période. Le courant en sens inverse mérite lui aussi d'être salué. Pour l'essentiel, il ne s'agit bien sûr pas encore d'investissements chinois en Europe mais d'un afflux d'étudiants et de chercheurs. Longtemps attirés prioritairement par les États-Unis, les Chinois affichent de plus en plus leur curiosité pour les pays européens et pas seulement pour les plus grands ou les plus renommés. Ainsi l'Irlande, qui n'hébergeait qu'une poignée de Chinois il y a dix ans, en accueille à présent plus de 40 000 dans le cadre d'une politique d'échanges très active qu'on aimerait voir inspirer tous les pays de l'Union, à commencer par le nôtre.

Une vision stéréotypée de l'Europe

Ces échanges, tout comme les incursions souvent météoriques des touristes chinois qui visitent cinq capitales européennes en une semaine, sont indispensables pour matérialiser une Europe dont la perception, en Chine, reste floue. Alors que l'Amérique et le Japon, révélés par leurs biens de consommation et leurs produits culturels de masse, paraissent plus familiers, l'Europe demeure, en effet, un mystère pour la grande majorité des Chinois. Une étude sino-française réalisée à Canton entre 1999 et 2001 (*Comment les Chinois voient les Européens*, Paris, PUF, 2003) révèle une image généralement fausse et parfois caricaturale qui repose sur des stéréotypes éculés (le Français romantique, l'Allemand ordonné, l'Anglais gentilhomme), et des jugements fondés sur une information imparfaite ou insuffisante (la construction européenne, par exemple, est tantôt surestimée, tantôt dénigrée). Le séjour ou le voyage en Europe permet donc de corriger ces impressions en confrontant un nombre croissant de Chinois à la réalité quotidienne des Européens et à la qualité de leur vie.

Au plan politique, l'Europe est, comme il a été dit, perçue depuis longtemps à Pékin comme un indispensable contrepoids à la domination des États-Unis. Les Chinois applaudissent par conséquent à tous les développements qui renforcent sa cohésion et son influence, même s'ils s'interrogent, comme nous, sur les défis de l'élargissement. Philosophiquement, le projet d'union des peuples dans un ensemble sans frontières et, théoriquement au moins, solidaire, séduit une Chine traditionnellement éprise d'harmonie et d'équilibre, quoiqu'elle ne puisse s'empêcher de déplorer la dilution des identités nationales, elle qui se flatte d'incarner la plus ancienne civilisation et qui se laisse volontiers porter au chauvinisme. Les Chinois nourrissent enfin un préjugé favorable à l'égard de l'Union européenne, moins prompte à « s'ingérer dans les affaires intérieures » de leur pays que les États-Unis. Ils n'en gardent pas moins le souvenir des agressions coloniales, qui furent bien plus le fait des Européens que des Américains en Chine, ce qui les conduit à s'inquiéter dès maintenant de l'émergence d'une éventuelle armée européenne...

L'anglais, c'est l'Amérique

Siège des institutions européennes, Bruxelles est un ingrédient habituel des journaux télévisés chinois et nul, en Chine, n'ignore son importance pour la politique et l'économie de la République populaire. Au-delà de cette référence de base, l'Europe est, cependant, d'autant moins connue que ses produits sont encore peu répandus et bénéficient rarement de campagnes publicitaires d'envergure, à la différence de leurs concurrents américains et, surtout, japonais. Pour les générations qui ont grandi sous le communisme, l'Europe, c'est encore principalement la Russie, dont la littérature, la musique, voire la gastronomie, ont connu, aux beaux jours de l'idylle sino-soviétique mais aussi grâce à l'émigration russe blanche d'avant-guerre, une large diffusion en Chine. La jeune génération, qui vit à l'heure de l'anglais comme moyen quasi exclusif d'ouverture sur le monde, est encore davantage tournée vers les États-Unis que vers l'Angleterre, et celles et ceux qui font preuve d'originalité en étudiant d'autres langues européennes dont le français, l'allemand et l'espagnol, passent pour des marginaux, aussi doués et passionnés soient-ils.

Comme l'attestent la multiplication des voyages de tourisme et des séjours d'études mais aussi – si l'on veut voir les choses sous cet angle positif – l'essor de l'immigration, clandestine ou non, l'Europe est certainement mieux connue des Chinois qu'elle ne l'était il y a dix ou vingt ans. Il n'empêche que, pour beaucoup d'entre eux, le degré de connaissances demeure rudimentaire, notamment parce que, malgré les progrès de l'intégration européenne, la profonde diversité des États membres de l'Union rend l'Europe plus difficile à appréhender qu'une Amérique bien plus homogène. On ne peut que saluer, par conséquent, les initiatives qui visent à combler ce déficit. Depuis 1997, quatorze centres d'études européennes ont ainsi été créés dans des universités chinoises avec le soutien de l'UE. Au cours des quatre prochaines années, celle-ci affectera 10 millions d'euros aux échanges académiques à travers ce réseau, ainsi qu'à l'établissement de bibliothèques spécialisées dans les affaires européennes à l'Académie des Sciences sociales de Chine à Pékin et à la prestigieuse Université Fudan de Shanghai, ville où existe par ailleurs depuis 1994 une *China-Europe International Business School* d'excellente réputation qui a pour vocation de former des entrepreneurs chinois aux méthodes de l'économie de marché.

Une voix dans le désert des barbares

On souhaite naturellement des efforts comparables dans l'autre sens. On appréciera donc à sa juste valeur l'effort qu'a fourni l'Institut d'études européennes de l'UCL avec cette session euro-asiatique. On saluera avec reconnaissance tant les organisateurs et les animateurs que les bailleurs de fonds de la Chaire Glaverbel. Quoi de plus naturel, sinon de plus évident, en effet, que de voir une des plus anciennes universités d'Europe se pencher, quelques mois durant, sur l'histoire, l'économie, le droit et la politique d'un pays, la Chine, et d'un continent, l'Asie, qui, par leur impact économique et politique, mais aussi par leur rayonnement culturel et humain, exerceront en ce siècle de « globalisation » une influence énorme sur l'avenir de notre continent ? Et quoi de plus réconfortant aussi, après que le vice-recteur Michel Molitor eut rappelé, non sans un sympathique embarras, que l'UCL entretenait des relations plus substantielles avec l'Afrique et l'Amérique latine, même s'il réussit à dénombrer quelque 80 activités liant l'Université à l'Asie, de l'échange d'étudiants à la coopération au développement ?

Pourtant, devait prévenir le professeur Dumoulin, le thème de cette IXe Chaire était manifestement « moins mobilisateur » que celui de la précédente, consacrée aux relations entre l'Europe et les États-Unis. L'euphémisme, comme je devais le comprendre par la suite, camouflait, sinon un vent de fronde, du moins un large courant d'incrédulité ou d'incompréhension au sein du corps académique. Aussi extraordinaire, aussi incroyable que cela puisse paraître à tout qui s'est rendu ne fût-ce qu'une fois en Extrême-Orient, en Chine en particulier, l'idée d'examiner les rapports entre les deux pôles extrêmes du continent eurasien ne faisait, en effet, nullement l'unanimité dans cette auguste maison.

On veut espérer qu'il en ira différemment à l'avenir. Les échanges, le dialogue, la connaissance mutuelle sont, en effet, plus nécessaires et plus prometteurs que jamais entre l'Europe et l'Asie. Comme siège principal des institutions européennes, comme centre historique de l'Europe communautaire, comme berceau de l'idée européenne, la Belgique doit à plus forte raison jouer son rôle, apporter sa contribution, qu'elle a entretenu des relations privilégiées avec le pays qui domine l'Asie d'aujourd'hui : la Chine. Du père jésuite Ferdinand Verbiest qui initia la cour impériale aux mystères de l'astronomie, à l'ingénieur Jean Jadot qui fit ouvrir la ligne de chemin de fer Pékin – Hankou en jetant le premier pont sur le fleuve Jaune au tournant du XIXe siècle, nos compatriotes ont su faire preuve d'audace. Ce serait bien la moindre des choses que nos universités, et celle-ci en particulier, rivalisent d'énergie et de créativité.

Un processus « lent mais sûr »

« La Chine connaît les bienfaits de l'échange », remarque François Cheng (*Cette Asie qui dérange*, *op. cit.*), ce brillant sinologue et académicien français qui est lui-même un pont vivant entre deux mondes et auquel je voudrais laisser le mot de la fin. « Du fait de son isolement géographique, la Chine durant longtemps n'avait pas pu bénéficier de rencontres fécondes. [...] Le premier pays développé dont elle a appris l'existence fut l'Inde, vers le IIIe siècle, cela par le truchement du bouddhisme. La Chine s'est ouverte à cette religion, non pas à la suite d'une conquête venant de l'extérieur, ni de l'arrivée massive des missionnaires, mais d'elle-même. Par un processus lent, mais sûr, la Chine a assimilé le bouddhisme et l'a transformé en une religion universelle à la portée de tous. Car le bouddhisme se mourait en Inde à ce moment-là ; et c'est la Chine qui l'a universalisé. Après cette assimilation, la pensée chinoise, sans aucunement perdre son âme, s'est trouvée inspirée et comme transfigurée. C'est alors qu'elle a connu sa plus grande époque d'épanouissement, sous les Tang et les Song, c'est-à-dire du VIIe jusqu'au XIIe siècle. »

Puissions-nous, comme nous y invite François Cheng, par un de ces processus « lents mais sûrs », nous imprégner des choses de l'Orient. Que celui-ci nous paraisse alors moins « extrême » et qu'à la « fascination inquiète » succède, en Europe, une curiosité sereine pour l'Asie.

Les nouvelles puissances industrielles d'Asie orientale

Le point de vue d'un démographe

Michel CARTIER

Directeur d'études,
École des Hautes Études en Sciences Sociales, Paris

L'émergence des puissances industrielles d'Asie orientale – Japon, Corée du Sud, Taiwan, Hong Kong, Singapour, et plus récemment la Chine populaire – a beaucoup impressionné les économistes, qui parlent volontiers d'un « modèle asiatique de développement ». Certains commentateurs, impressionnés par les taux de croissance chinois, voient dans la Chine la future « classe ouvrière mondiale ». D'ici quelques décennies, les pays industrialisés délocaliseraient leur production pour profiter du dynamisme chinois et des coûts réduits de la main-d'œuvre locale. Il n'est pas sans intérêt d'évaluer le rôle des paramètres démographiques dans les processus en cours, souvent ignorés, ou du moins minorés, par les économistes.

On doit partir de la constatation d'une entrée progressive des quatre pays énumérés dans la transition démographique, un processus en trois phases correspondant au passage d'un équilibre haut – forts taux de natalité et de mortalité – à un équilibre bas – faibles taux de natalité et de mortalité –, entraînant de fortes modifications des structures par âges, mais qui dans le cas qui nous préoccupe se prolonge par une quatrième phase de déclin, lorsque la fécondité est passée durablement au-dessous du seuil de renouvellement des générations et que la population diminue. Le mécanisme en cause peut s'étaler sur de nombreuses décennies. Il est décrit classiquement de la manière suivante.

Au cours de la première phase, qui correspond à la baisse de la mortalité, la population s'accroît rapidement du fait du décalage croissant entre natalité et mortalité, tandis que la proportion des jeunes de moins de 15 ans s'élève au-dessus de 40 %, et que cette augmentation compense largement une légère réduction de la proportion des personnes âgées de 65 ans et plus. Le résultat est une forte augmentation du taux de dépendance – nombre de jeunes et de personnes âgées entretenues par cent individus en âge de travailler – qui peut s'élever au voisinage de 1990. Dans le cas de pays n'ayant pas encore généralisé l'enseignement, le coût de la scolarisation peut alors absorber une part importante des investissements et constituer un lourd fardeau pesant sur l'économie. De toute manière, au cours de cette première phase, la structure de l'emploi ne se modifie que lentement et, à l'intérieur de la zone qui nous intéresse, le secteur agricole représente au minimum de 50 % des emplois, même si l'on enregistre un début d'industrialisation.

La situation change rapidement au cours de la seconde phase, qui correspond à la chute corrélative de la fécondité et de la natalité, et peut s'étaler sur plusieurs décennies. La croissance démographique se ralentit, en rapport avec la contraction du décalage entre natalité et mortalité, alors que la population active, au sens de l'ensemble constitué par les tranches d'âges susceptibles d'exercer une activité économique rémunérée, augmente à un rythme souvent double de celui de la croissance naturelle. Du fait de la diminution souvent rapide des effectifs de jeunes, dans une situation où les personnes âgées demeurent très peu nombreuses, le taux de dépendance s'abaisse et peut s'établir entre 40 et 50. Loin d'être un handicap, la rapide croissance des effectifs en âge de travailler constitue paradoxalement un atout pour des pays disposant d'une population à la fois jeune et instruite. La population active doit alors être envisagée sous l'angle du capital humain, ce qui explique que cette phase, ou du moins la seconde partie de cette phase, coïncide habituellement avec une période de haute croissance et de modernisation de la structure de l'emploi. C'est au cours de cette période que l'industrialisation est la plus rapide et qu'elle s'accompagne d'une très forte réduction de la proportion des agriculteurs, qui finit par s'établir aux alentours de 10 %, et d'un début de tertiarisation. Les emplois industriels peuvent représenter entre le tiers et 40 % du total des actifs.

La troisième phase débute lorsque le taux de fécondité est passé durablement au-dessous du seuil de renouvellement des générations et que les taux de natalité et de mortalité deviennent voisins. La population continue à croître par inertie. À moyen terme, une telle situation aboutit à la stabilisation, puis à la baisse de la population. Cette troisième phase est d'abord associée à une montée du vieillissement, y compris chez les actifs, avec une proportion des plus de 65 ans dépassant largement les 10 %, avant de dépasser celle des jeunes. On compte alors beaucoup plus de personnes âgées de soixante-cinq ans et plus que de jeunes de moins de 15 ans. Ces modifications provoquent un relèvement du taux de dépendance, qui remonte rapidement aux environs de 60. On constate alors un net ralentissement de la croissance, pouvant signifier la fin du dynamisme économique.

Envisagée à la lumière de ce modèle, l'histoire des différentes nations de l'Asie orientale au cours des cinquante dernières années s'éclaire singulièrement. Au Japon, le processus s'est déroulé sur plus de quatre-vingts ans. L'entrée dans la première phase remonte aux années 1920, lorsque mortalité et natalité amorcent une baisse parallèle, mais le passage de la première à la seconde phase n'intervient qu'au début des années 1950, lorsque la fécondité s'effondre littéralement en passant en dix ans de 4 à 2 enfants, à la suite de la légalisation de l'avortement. Cette phase, qui se prolonge pendant plus de vingt ans, se termine vers le milieu de la décennie 1970, lors du passage définitif sous le seuil du renouvellement des générations. On notera que la période 1950-1985 a correspondu à une multiplication par 1,8 du nombre des actifs, contre une hausse d'environ 50 % de la population totale, et que le pays a connu une profonde modification de la structure des emplois : la part de l'agriculture tombe de 48 % à 10 %, tandis que les emplois industriels représentent plus du tiers de l'effectif des actifs et que le secteur tertiaire dépasse les 50 %. On notera également que les années 1960 et 1970 correspondaient à la phase dite de « haute croissance » au terme de laquelle le Japon se transforme en une puissance exportatrice. Au début du présent siècle, le niveau de fécondité est de l'ordre de 1,3 enfant par femme, et l'on assiste à un vieillissement accéléré. La décennie 1990, est surtout marquée par un vieillissement beaucoup plus rapide que dans les autres pays développés. Actuellement le Japon compte 19 % de plus de 65 ans, mais la structure particulière de la pyramide des âges, qui enregistre le rebond des années 1970-1975, pourrait contribuer à une relance passagère de l'économie. Les deux groupes d'âges les plus nombreux se situent, en effet, autour de la trentaine (dix-huit millions de 25 à 35 ans) et dans la tranche des jeunes cinquantenaires (onze millions de personnes âgées de 50 à 54 ans). Il n'en demeure pas moins que la relève des générations n'est plus assurée, que le poids des personnes âgées va s'appesantir et qu'il excède déjà largement celui des jeunes de moins de quinze ans. La population a pratiquement cessé de s'accroître et elle va stagner puis commencer à décliner, à moins d'une hypothétique remontée de la fécondité ou d'une non moins hypothétique ouverture des frontières à l'immigration. Elle atteindra en 2005 son maximum historique avec 127,7 millions d'habitants, pour commencer à décroître une dizaine d'années plus tard. La tertiarisation de l'économie continue, en relation avec une réduction des agriculteurs qui ne comptaient plus en 2000 que pour 5 % des actifs, ainsi qu'une légère décrue de l'emploi industriel, mais le problème majeur reste un important déficit de main-d'œuvre, qui ne pourrait trouver sa solution que dans une hypothétique ouverture à l'immigration.

Ce modèle se reproduit en gros, avec un décalage d'une vingtaine d'années, aussi bien en Corée du Sud qu'à Taiwan, deux anciennes colonies japonaises entrées également dès les décennies 1920 et 1930, dans la première phase de leur transition démographique. On y relevait alors, comme au Japon, une accélération de croissance naturelle et un commencement d'industrialisation, alors que l'agriculture demeurait l'activité de la très grande majorité des habitants. Les soubresauts qui accompagnèrent la fin de la domination japonaise – guerre de Corée et installation à Taiwan du régime nationaliste chinois expulsé du Continent – sont à l'origine de turbulences : importants mouvements de population en provenance du Continent pour Taiwan et de la Corée du Nord pour la République de Corée, et forte reprise de natalité. Dans les deux pays, les taux de natalité sont aux alentours de 1960 très supérieurs à 30 pour 1000 et les populations s'accroissent plus rapidement qu'au cours de la période d'avant-guerre. Le passage de la première phase à la seconde phase intervient, plus ou moins spontanément, dès le début des années 1960 à Taiwan, lorsque la fécondité se met à diminuer, mais seulement entre 1965 et 1970 en Corée du Sud, à l'initiative des autorités. Dans ce pays la prise de conscience des effets négatifs d'une croissance incontrôlée est le résultat de la publication des chiffres du recensement de 1965 et un programme de contrôle des naissances est lancé dès la fin des années 1960. L'évolution est alors plus brutale qu'à Taiwan. La chute de la fécondité est particulièrement forte au cours de la décennie 1970, lorsque l'indice conjoncturel de fécondité tombe de plus de la moitié, en passant en une dizaine d'années de près de 6 à 2,5. Aussi bien à Taiwan qu'en Corée du Sud, le passage au-dessous du seuil de remplacement des générations intervient dès le milieu de la décennie 1980. Vers la fin de la décennie 1990, l'indice de fécondité coréen est proche du niveau japonais (1,35 enfant). Il s'était maintenu au voisinage de 1,8 enfant par femme à Taiwan, mais, selon les données les plus récentes, la chute aurait repris et il aurait atteint un niveau voisin de ceux du Japon et de la Corée du Sud. Les populations des deux pays continuent pourtant à s'accroître par gravité, mais on peut diagnostiquer leur entrée dans la troisième et dernière phase de la transition dans un avenir pas trop lointain. De ce fait les taux de dépendance se situent actuellement en dessous de 50 et les populations continueront à s'accroître, encore qu'à un rythme nettement inférieur à 1 % jusqu'aux alentours de 2020. On peut noter que, tout comme au Japon, la phase de haute croissance aura correspondu exactement dans les deux pays avec la seconde phase de la transition, plus particulièrement au cours des décennies 1980 et 1990, lorsque la structure de l'emploi se modernise, en dépit d'une augmentation spectaculaire de la masse des actifs, plus rapide encore que dans l'archipel nippon. Le nombre des actifs est multiplié dans les deux cas par plus de trois. En revanche, le secteur agricole s'est réduit dans l'intervalle dans des proportions proches de celles du Japon et les effectifs des emplois industriels dépassent nettement le tiers de la main d'œuvre. La crise asiatique de 1997 paraît avoir mis un terme à l'industrialisation de la Corée du Sud, où la structure de l'emploi y est désormais largement dominée par le secteur tertiaire, tandis que le secteur industriel commençait à se contracter. La délocalisation des industries de main-d'œuvre en direction des provinces côtières de Chine, sur l'autre rive du Détroit de Taiwan, a également entraîné une relative désindustrialisation de l'île. On peut ajouter qu'à la différence du Japon, ni la Corée du Sud ni Taiwan n'ont enregistré de rebond de natalité au moment où les générations du *baby boom* d'après-guerre parvenaient à l'âge adulte. Les deux pays sont donc sur le point d'aborder la troisième phase de la transition. La croissance démographique s'y ralentit régulièrement, en sorte qu'il est possible de pronostiquer dans les deux cas un arrêt de la croissance et l'existence d'un palier entre 2020 et 2030. En revanche, la montée du vieillissement à la manière japonaise n'interviendra pas avant la décennie 2020.

La question qui se pose maintenant est celle de savoir si la transition démographique, qui a affecté la République populaire de Chine depuis une cinquantaine d'années, est susceptible de déterminer une évolution économique et sociale du même type. Si l'on se reporte aux paramètres démographiques, la première phase de la transition n'aurait débuté qu'en 1950, au lendemain de la fondation du régime populaire, et la Chine serait actuellement parvenue au terme de la seconde phase. On y enregistre donc un décalage important avec les trois pays voisins. Les deux premières décennies du régime populaire, frappées par la très grave crise de la famine des années 1959-1961, au cours desquelles le pays perdit au minimum 5 % de sa population, possèdent les caractéristiques classiques d'une première phase de la transition démographique. La mortalité chute d'au moins les deux tiers, tandis que la natalité se maintient pendant toute la période à un niveau supérieur à 30 pour 1000. Il n'est donc pas surprenant dans ces conditions que, du fait de la lourde charge représentée par une proportion considérable de jeunes (plus de 40 % de la population) encore peu éduqués qu'il convient de scolariser, les transformations sociales soient lentes et relativement faibles. Le taux de dépendance est alors proche de 80. La structure de l'emploi du début de la décennie 1970 est encore largement caractéristique d'un pays sous-développé avec plus de 80 % d'agriculteurs et un secteur tertiaire extrêmement réduit.

L'entrée dans la seconde phase de la transition ne date réellement que du milieu des années 1970. Une politique vigoureuse de contrôle des naissances, rendue plus astreignante encore par le lancement de la

« politique de l'enfant unique » inaugurée en 1979, détermine une forte baisse de la natalité et de la fécondité. Cette dernière serait passée, au cours de la décennie 1970, de près de 6 à 2,5 enfants par femme. Cette politique de rigueur n'a pu, toutefois, empêcher le rebond de la « troisième vague de natalité » (1984-1990) au cours de laquelle la fécondité remonte jusqu'aux alentours de 2,8 et où le nombre des naissances oscille entre 20 et 26 millions par an, un niveau proche de celui des années 1960. C'est seulement depuis les années 1990 que la baisse a repris et que l'on passe sous le seuil de remplacement des générations. On discute des niveaux réels de la natalité et de la fécondité, occultés dans les statistiques par un sous-enregistrement des naissances, mais on peut estimer que la fécondité se situe actuellement au-dessous de 1,8 enfant par femme et que la croissance naturelle est inférieure à 1 %. Toutefois, comme dans les trois pays décrits plus haut, la croissance de la population active potentielle, relativement lente au cours de la première phase, s'est accélérée depuis les années 1970 et elle dépasse largement celle de la population totale. En 2000, l'effectif des personnes employées est supérieur au triple du chiffre des actifs de 1950, et il devrait continuer à s'accroître pour atteindre 900 millions de personnes d'ici une dizaine d'années après l'entrée dans les classes d'âge actives des jeunes de la troisième vague de natalité. Le taux de dépendance est descendu au-dessous de 50 et il continuera à décliner, alors que le pays dispose maintenant d'une population jeune et mieux éduquée. Toutefois, du fait de la masse considérable de la population, seule la création de centaines de millions d'emplois non agricoles serait en mesure de déterminer une modification importante de la structure de l'emploi.

Les divergences considérables entre les chiffres des ministères, qui tiennent compte des statuts des personnes et des critères d'âge fixés dans la législation du travail, et les données rassemblées à l'occasion des recensements, qui se bornent à refléter des états de fait, doivent nous inviter à la prudence. La lecture des chiffres des annuaires fait apparaître, comme dans les autres pays, une diminution notable de la proportion des agriculteurs, qui descendrait de 72 % à 50 %, compensée par une remontée des secteurs modernes, avec environ 20 % d'emplois industriels et 30 % de personnes affectées aux services, une structure rappelant celle des trois autres pays industrialisés avant la haute croissance. Il ressort, néanmoins, de l'analyse comparée des trois recensements de 1982, 1990 et 2000, complétés par les enquêtes intercensitaires de 1987 et 1995, que les modifications ont sans doute été plus modestes. La proportion des actifs agricoles, en particulier, dépasserait de loin la barre des 50 %, même en tenant compte de l'important sous-emploi rural, qui gonfle artificiellement l'effectif des « paysans ». Certains spécialistes n'hésitent pas à parler d'un sous-emploi agricole touchant une centaine de millions de personnes. Par ailleurs, on constate que l'évolution n'a pas été linéaire. La montée des secteurs secondaire et tertiaire aura été plus forte pendant la décennie 1980, au cours de laquelle le secteur socialiste, majoritaire, était complété par un secteur « collectif » rural, plus libéral dépendant de l'initiative individuelle. Le nombre absolu des paysans aurait, certes, continué à s'accroître, mais les très nombreuses créations d'emploi du secteur industriel et des services permettaient néanmoins de rééquilibrer la structure d'ensemble dans le sens de la modernisation. Selon les chiffres du recensement de 1990, le pays comptait encore 72 % d'agriculteurs. Il en va tout à fait différemment au cours des années 1990, en dépit d'un ralentissement de la croissance de la population active potentielle, du fait de l'entrée en scène des classes de jeunes moins nombreux nés au début de la seconde phase de la transition. Il semble que la décision d'axer le développement sur une stratégie d'exportation, sanctionnée en décembre 2001 par l'admission de la Chine au sein de l'Organisation Mondiale du Commerce, soit à l'origine d'une situation particulièrement complexe. Certes, la proportion des agriculteurs s'abaisserait, puisqu'ils ne représentaient plus en 2000 que 63 % – et non 50 % – des actifs recensés. Le fait le plus paradoxal est la contraction du secteur secondaire, et surtout de l'emploi manufacturier, qui perd alors globalement 3 millions d'emplois en passant de 83 à 80 millions. Les destructions d'emplois causées par les « restructurations » du secteur socialiste n'auraient pas été entièrement compensées par les créations d'emplois dans secteur semi-capitaliste et les industries travaillant directement pour l'exportation. Tout en affichant des taux de croissance très élevés, qui font l'admiration du monde entier, et en augmentant la part du pays dans le commerce mondial, la Chine connaît de très graves difficultés, depuis peu reconnues par les autorités : montée du chômage qui toucherait maintenant 10 % – et non 4 % – de la population active urbaine ; mouvements migratoires incontrôlés en provenance des provinces moins développées du centre et du nord, se soldant par le transfert de plusieurs dizaines de millions de ruraux – au minimum trente millions – vers les grands centres urbains et plusieurs provinces côtières incapables de leur fournir des emplois stables ; baisse générale des taux d'emplois dans plusieurs tranches d'âge, en particulier les jeunes urbains, maintenant touchés par le chômage, et les plus de quarante-cinq ans, qui sont licenciés ou mis en pré-retraite. Lorsque la Chine, qui ne comptait encore en 2000 que 7 % de personnes âgées, abordera la troisième phase de sa transition démographique, elle sera confrontée, à partir de 2030 à un vieillissement sans égal dans le reste du monde, à partir du moment où la masse des *baby-boomers* nés avant la chute de la natalité atteindra l'âge légal de la retraite. Sans parler d'un retournement de la conjoncture économique, qui pourrait résulter d'une augmentation des importations et d'un retour dans la situation des années 1980 marquées par un déficit commercial aggravé par les tensions sur les prix des matières premières nécessaires à la poursuite de la croissance, on peut envisager à moyen terme un ralentissement du rythme de croissance économique, d'abord lié au vieillissement d'une main-d'œuvre industrielle mal compensé par un afflux de jeunes ruraux moins éduqués. Ces perspectives inquiètent déjà vivement les autorités qui insistent à la fois sur la nécessité de « refroidir » l'économie, tout en accroissant les créations d'emplois et la réinsertion des chômeurs. Le Premier ministre évoquait récemment des totaux annuels de neuf millions de nouveaux emplois urbains complétés par quatre millions de réinsertions.

De toute manière, le rapide tour d'horizon esquissé dans les pages qui précèdent aura montré que la période de haute croissance traversée par les trois pays industrialisés d'Extrême-Orient, maintenant rejoints par la Chine, est sans doute proche de son terme et que l'avenir de cette dernière est encore peu clair. Les problèmes de dépendance énergétique, de déficit du commerce extérieur et de vieillissement de la population ne sont sans rappeler les difficultés qui attendent l'Europe en train de s'étendre à des pays moins riches et qui n'a pas encore réussi à s'imposer comme une puissance économique dominante.

La mise en œuvre des droits sociaux fondamentaux en Europe et en Asie par l'autorégulation

Maxime WOITRIN

Diplômé d'études spécialisées en études européennes – Master in European Studies, UCL

Introduction

À l'heure de la mondialisation de l'économie, de nombreuses entreprises sous-traitent une grande partie de leur production – celle qui nécessite une main d'œuvre importante (textile, jouet, etc.) – dans des pays en voie de développement où les droits sociaux fondamentaux ne sont pas toujours respectés. Ceci implique de nombreuses dérives telles que la discrimination, le travail des enfants, le travail forcé, des horaires excessifs pour des salaires misérables, etc.

Ces excès de la mondialisation ont poussé la société civile à réagir. En effet, sous la pression de syndicats, d'organisations non gouvernementales (ONG) et de consommateurs responsables, des entreprises ont adopté, depuis le début des années 1990, des codes de conduite pour elles-mêmes et pour leurs fournisseurs.

Si ce phénomène d'autorégulation s'observe dans le monde entier et concerne des multinationales occidentales présentes dans les pays en voie de développement, il s'applique aussi aux entreprises européennes et à leurs fournisseurs asiatiques. Les relations économiques entre ces deux régions se sont, en effet, fortement développées au cours des dernières années.

L'objet de cette étude sera donc de montrer que les pressions exercées par la société civile traduisent une volonté d'introduire plus d'éthique dans les affaires – l'objectif étant de rendre les entreprises responsables de leurs actions sur la société en matière d'abus sociaux. Par ailleurs, il s'agira de comprendre que ces pressions reflètent un décalage entre les entreprises multinationales agissant au niveau international et des législations sociales différentes d'un État à l'autre. Enfin, ce travail cherchera aussi à comprendre comment des entreprises européennes telles que Adidas ou WE Europe ont pu, grâce à l'autorégulation, favoriser la mise en œuvre de droits sociaux fondamentaux auprès de leurs fournisseurs asiatiques.

I. Les conditions de travail en Asie et en Europe

La mondialisation se manifeste principalement au niveau de la filière d'approvisionnement (*supply chain*) des entreprises multinationales, en offrant à ces entreprises la possibilité de sous-traiter, complètement ou en partie, la production via une main d'œuvre bon marché. Or, la libéralisation économique de nombreux pays asiatiques en voie de développement a créé un excédent de main d'œuvre bon marché. Cette situation s'est encore aggravée par les migrations importantes des travailleurs des campagnes attirés par les meilleurs salaires pratiqués dans les villes, notamment en Chine[1].

Les multinationales recherchent les fournisseurs les moins chers et ceux-ci, pour limiter au maximum leurs coûts et rester compétitifs, imposent, dès lors, des conditions de travail déplorables : salaires dérisoires, charge horaire très élevée (parfois 90 heures par semaine), non-respect des législations locales sur le travail, limitation maximale des dépenses pour la sécurité et l'hygiène, non-respect des droits des travailleurs et des droits de l'homme (interdiction de former des syndicats, travail forcé, discrimination, travail des enfants). On appelle ce genre d'atelier des *sweatshops*.

Selon le Bureau International du Travail (BIT), il y avait en 2000 environ 272 millions d'enfants travaillant dans le monde – soit un enfant sur six, entre cinq et dix-sept ans –, dont 127 millions en Asie[2]. En outre, parmi ces enfants, 179 millions sont soumis aux pires formes de travail, à savoir l'esclavage, l'exposition à des risques graves pour la santé ou la prostitution infantile. Si la pauvreté est évidemment la cause principale de cette situation – les bas salaires ne permettant pas aux familles de faire face aux premiers besoins –, il faut noter qu'outre le travail des enfants, le problème crucial concerne les conditions de travail : horaires trop chargés et faiblesse des salaires. Les deux sont liés, car si les salaires sont trop faibles, les travailleurs sont obligés de travailler davantage pour gagner le minimum vital. Ils travaillent parfois

---

1 Le revenu annuel par habitant en Chine est de 266 dollars dans les campagnes contre 710 dollars dans les villes (State Statistical Bureau, Chinese Academy of Sciences, 2000).

2 Cf. Bureau International du Travail, *Un avenir sans enfants au travail*, Genève, Bureau International du Travail, 2002.

jusqu'à quatorze heures par jour, mais leur productivité n'est alors plus très élevée et on ne peut guère les payer plus. Actuellement, 3 milliards d'individus gagnent moins de 2 dollars par jour, et 500 millions de personnes disposeraient même de moins de 1 dollar par jour.

Au-delà de ces données brutes, il existe des problèmes spécifiques à l'Asie. Dans cette région, les entreprises dissuadent les travailleurs de rejoindre un syndicat, par exemple en les menaçant de licenciement – une forme d'intimidation parmi d'autres. Les syndicats indépendants sont d'ailleurs parfois interdits par les gouvernements, comme en Chine ou au Vietnam. Il n'existe alors que des syndicats contrôlés par l'État[3]. Le travail forcé des prisonniers, des femmes ou des travailleurs immigrés constitue aussi un sérieux problème.

Si le problème des droits des travailleurs ne se limite évidemment pas aux pays asiatiques – il existe aussi en Europe des ateliers clandestins où des immigrés illégaux sont exploités –, il sera question ici de comprendre comment on peut, à court terme, promouvoir les droits sociaux fondamentaux dans les échanges entre l'Europe et l'Asie. Deux pistes existent pour y arriver : réguler via les pouvoirs politiques ou réguler par le marché.

II. La régulation par les pouvoirs politiques

A. Les normes nationales du travail

Les législations sur le travail relèvent au premier chef de la compétence des États. L'harmonisation internationale dans cette matière pose souvent problème, car chaque État désire garder ses spécificités et sa souveraineté. Mais ces législations nationales sur les conditions de travail ne semblent plus adaptées à la nouvelle structure de l'économie.

Selon une étude récente, cette nouvelle structure a provoqué une décentralisation croissante de la production à travers un réseau de fournisseurs et de sous-traitants présents tout le long de la filière d'approvisionnement, rendant difficile la localisation de l'origine des produits[4]. Dans ce contexte, les régulations sociales traditionnelles et les contrôles par les gouvernements ont montré leurs limites. En effet, ces lois nationales se limitent aux entreprises actives sur le territoire national et les inspecteurs du ministère du Travail contrôlent le respect de ces normes uniquement dans les usines du pays.

---

[3] D. Leipziger, *SA 8000, the Definitive Guide to the New Social Standard*, Londres, Prentice Hall, 2000.

[4] A. Fung, D. O'Rourke and C. Sabel, « Realizing Labor Standard », in *Boston Review*, February-March 2001.

Les pays d'Europe ont développé des législations sociales poussées et ont atteint en général un niveau élevé de protection sociale. Par contre, en Asie, les législations sociales sont parfois incomplètes et souvent peu appliquées. Comme nous l'avons déjà signalé, la Chine interdit par exemple la création d'un syndicat libre. La Thaïlande reconnaît officiellement le droit de grève, mais en décembre 2003, deux cent soixante-neuf travailleurs de l'industrie du textile étaient arrêtés pour grève illégale[5].

Dans une économie mondialisée, les régulations nationales traditionnelles du travail ne semblent plus adéquates pour faire face aux défis de la mondialisation. Une régulation au niveau international, ou du moins au niveau régional, s'impose.

B. Les régulations régionales et internationales

Les droits sociaux fondamentaux occupent une place relativement marginale dans les organisations régionales telles que l'Union européenne ou l'*Association of South East Asian Nations* (ASEAN)[6]. Ces deux organisations sont, à la base, des projets d'intégration économique et la protection des droits sociaux y est abordée à des niveaux d'intensité différents. Si la problématique est très peu évoquée au sein de l'ASEAN[7], elle a par contre progressivement été introduite dans le droit communautaire[8]. Ainsi, celui-ci protège-t-il directement les droits sociaux : la libre circulation des travailleurs et le droit à l'égalité de traitement entre les hommes et les femmes. En outre, le droit communautaire contribue à protéger de manière indirecte d'autres droits sociaux. Mais, ici encore, l'application de ce droit se limite aux ressortissants des États membres : on ne peut l'invoquer pour défendre les droits des travailleurs en Asie, par exemple. Une régulation au niveau mondial semble donc nécessaire pour répondre aux défis de la mondialisation.

L'Organisation Internationale du Travail (OIT) semble être l'institution indiquée pour une telle régulation. Composée de représentants des gouvernements, des employeurs et des travailleurs, l'OIT adopte des normes internationales sur le travail. Elles deviennent obligatoires après ratification par les États. Les normes fondamentales portent sur la liberté syndicale et le droit de négociation collective (conventions 87 et 98), sur

5 Cf. le site Internet suivant : http://www.icftu.org/survey (juillet 2004).

6 Cette association des pays du Sud-Est asiatique regroupe les Philippines, le Brunei, la Malaisie, le Cambodge, le Laos, la Thaïlande, la Birmanie, l'Indonésie et Singapour.

7 Voir dans ce volume la contribution de Y.C. Park,et d'H. de Pierpont, « L'ASEAN : Une mise en perspective des aspects économiques ».

8 F. Vandamme, « Les droits sociaux fondamentaux en Europe », in *Journal des tribunaux – Droit européen*, 23 mars 1999, pp. 49-56.

l'abolition du travail forcé (conventions 29 et 105), sur l'interdiction du travail des enfants (conventions 138 et 182), ou encore sur l'égalité et la non-discrimination entre les travailleurs (conventions 100 et 111). Ces normes représentent la base des droits des travailleurs et sont universellement acceptées.

L'OIT contrôle l'application de ces normes via la présentation par les États membres d'un rapport annuel sur la conformité de leur législation aux conventions ratifiées, mais aussi via des plaintes introduites auprès du BIT par des travailleurs ou par des employeurs contre un État membre pour non-respect de ses obligations[9].

Toutefois, l'OIT souffre de certaines faiblesses pour être un régulateur international efficace. Tout d'abord, les normes du travail créent des obligations pour l'État membre à partir du moment où il a ratifié cette norme. Or, de nombreux États n'ont même pas encore ratifié toutes les conventions fondamentales[10]. Ensuite, l'OIT peut faire pression sur les États, mais elle n'a pas de pouvoir supranational pour la mise en œuvre des normes et peut difficilement les sanctionner pour le non-respect d'une convention qu'ils ont ratifiée. Cela devient délicat pour les pays en voie de développement disposant de peu moyens économiques tels les pays d'Asie[11]. Enfin, les normes de l'OIT s'adressent aux seuls États membres, mais elles ne s'appliquent pas directement aux entreprises. Les États doivent s'assurer que leurs politiques sont conformes aux normes de l'OIT et les entreprises sont sanctionnées uniquement par les gouvernements nationaux pour les violations à la loi locale. L'OIT ne dispose, en revanche, d'aucun pouvoir de sanction direct sur les entreprises.

Au vu de tous ces éléments, la régulation traditionnelle par le politique ne semble pas, dans un premier temps, être capable de corriger les problèmes de *dumping* social en Asie et en Europe. En effet, les législations nationales sont limitées dans leurs champs d'application et souffrent de la faiblesse de leur contrôle. Les règles internationales dépendent quant à elles du bon vouloir des États. Face à ces difficultés, comment le marché va-t-il réagir ?

---

9 V. Santos, « Asignatura de Organizaciones Internacionales », syllabus de l'Universidad de Salamanca, Salamanque, 2002.

10 Si la Chine n'a ratifié que trois conventions (138, 182 et 100), les États-Unis n'en ont ratifié que deux. Cf. le site Internet suivant : http://www.ilo.org (juillet 2004).

11 Cf. le site Internet suivant : http://www.mineco.fgov.be (juillet 2004).

III. La régulation par le marché

Au-delà de la régulation classique, c'est surtout la pression du marché – c'est-à-dire celle des consommateurs – qui pousse les entreprises à adopter des mesures pour améliorer les conditions de ses travailleurs.

A. L'émergence de la consommation éthique

Au début des années 1990, quelques ONG ont été à l'origine d'une prise de conscience des consommateurs européens en dénonçant les pratiques des *sweatshops*. De nombreuses protestations prirent surtout pour cible les multinationales de l'industrie du textile. L'entreprise allemande Adidas fut accusée d'utiliser des prisonniers en Chine et d'exiger cinquante heures de travail supplémentaires par semaine à ses travailleurs en Indonésie. Les entreprises britanniques Umbro et Reebok étaient accusées de faire travailler leurs salariés chinois à raison de dix-sept heures par jour en haute saison[12]. Certaines de ces ONG – comme la « Campagne Vêtements propres »[13] – ont appelé les consommateurs à boycotter les produits de ces multinationales pour faire pression.

Toutes ces révélations ont provoqué une prise de conscience par les consommateurs des problèmes sociaux engendrés par la mondialisation. Cette prise de conscience se manifeste par l'émergence d'une « consommation éthique »[14].

Les consommateurs conscientisés souhaitent disposer de plus d'informations sur les conditions de travail des ateliers où les produits qu'ils achètent sont fabriqués et privilégient les produits qui respectent leurs convictions éthiques. De ce fait, ils tendent à éviter les entreprises impliquées dans les mauvaises pratiques sociales. Un récent sondage d'*Environics International* mené à travers le monde montre que 39 % des Européens du Nord ont « puni » une entreprise pour mauvaise performance sociale durant ces dernières années[15]. Par ailleurs, une semaine de la consommation responsable a été organisée en octobre 2003 au sein des institutions européennes pour sensibiliser leur personnel en collaboration avec Oxfam[16].

---

12 Oxfam, *Play Fair at the Olympics*, Bruxelles, Oxfam, 2004.

13 Clean Clothes Campaign (CCC) est une ONG hollandaise regroupant des ONG européennes qui militent pour améliorer les conditions de travail dans le secteur du textile à travers le monde. Cf. le site Internet suivant : http://www.cleanclothes.org (juillet 2004).

14 Fung, O'Rourke and Sabel, *op. cit.*

15 Cf. le site Internet suivant : http://www.environics.net (juillet 2004).

16 Commission des Communautés Européennes, *Semaine de la consommation responsable*, Bruxelles, Commission des Communautés Européennes, 2003.

L'émergence de la consommation éthique explique l'intérêt croissant pour l'investissement socialement responsable. Ce concept englobe les fonds éthiques composés de participation dans des entreprises évaluées selon des critères sociaux et environnementaux. Il inclut aussi les placements durables tels que ceux proposés par la banque hollandaise Triodos.

B. L'autorégulation

Après avoir tenté de démontrer que la législation ne couvre pas toutes les exigences éthiques, nous allons maintenant aborder la problématique des nouvelles attentes des consommateurs et des investisseurs qui pressent les entreprises à adopter une démarche éthique. Ceci s'est traduit par la création de régulations s'appliquant tout au long de la filière d'approvisionnement à travers des normes volontaires, des contrôles internes et externes de la filière de production, de nouvelles sanctions et de nouveaux incitants.

À l'exception de certaines entreprises – comme Triodos ou la britannique Body Shop – qui placent l'éthique au cœur de leur préoccupation, ces activités d'autorégulation s'inscrivent plutôt dans le cadre d'une gestion des risques de la réputation des entreprises. Ces grandes entreprises – par exemple les allemandes Puma ou Adidas – sont devenues des entreprises de marques spécialisées dans la conception et le marketing et sous-traitent la production et la vente. À travers ces initiatives, elles veulent légitimer ou protéger leur image. En effet, les entreprises sont aujourd'hui la cible de l'attention de nombreux groupes : ONG, groupe de consommateurs, investisseurs socialement responsables, etc. L'avis de ces groupes, combiné à la pression des médias sur les entreprises, peut affecter la réputation de l'entreprise, ses ventes et sa valeur boursière. Cette démarche n'est donc pas désintéressée, puisqu'un seul mauvais fournisseur peut provoquer un boycott de la marque et endommager durablement la réputation de l'entreprise.

Rétablir une image brisée par un scandale nécessite en effet beaucoup de temps et de moyens, à supposer même que l'entreprise y parvienne. Les entreprises européennes veulent donc montrer qu'elles adoptent un comportement socialement responsable et espèrent ainsi se protéger des boycotts potentiels. À travers ces programmes, elles souhaitent également montrer aux pouvoirs politiques leur volonté d'assumer leurs responsabilités sociales et éviter ainsi une réglementation plus sévère. Pour toutes ces entreprises, l'autorégulation présente il est vrai l'avantage d'être plus souple et plus proche du terrain, contrairement à une loi qui, par définition, est plus rigide, plus générale et ne rentre pas dans les détails.

Ces initiatives de régulation volontaire présentent l'originalité d'impliquer des acteurs venus d'horizons différents. Aussi retrouve-t-on, d'une part, les acteurs traditionnels – l'entreprise, les travailleurs, les syndicats, les actionnaires, les clients, les fournisseurs – et, d'autre part, de nouvelles entités comme les ONG, les communautés locales, les gouvernements et les organisations intergouvernementales (OIT, ONU, etc.), chacun participant au phénomène de régulation volontaire.

Ces initiatives sociales s'appliquent à leurs fournisseurs asiatiques. Ceux-ci représentant un maillon important dans la filière d'approvisionnement globalisée, ils jouent un rôle majeur dans l'autorégulation. Pour eux, se conformer aux initiatives sociales de leurs entreprises-clientes devient une exigence permettant d'entrer dans les filières de production globales. Le respect de ces régulations peut signifier un plus grand accès aux marchés et de meilleures relations avec les acheteurs globaux.

Les organisations de travailleurs – tant en Europe qu'en Asie – s'impliquent également de plus en plus dans l'élaboration d'initiatives volontaires des entreprises.

La participation des ONG (Oxfam, *Clean Clothes Campaign*, *Labour Rights in China*, etc.) à ces initiatives volontaires est un phénomène nouveau, car elles sont traditionnellement sceptiques vis-à-vis du marché et des régulations privées. Cependant, quelques ONG perçoivent ces régulations volontaires comme un moyen complémentaire à la régulation de l'État dans les pays où celle-ci est inefficace, voire comme un moyen de pression sur les multinationales. Les ONG utilisent différentes approches dans ce domaine. Tantôt, elles collaborent avec les entreprises par le dialogue ou par le développement de codes et de labels, tantôt elles exercent des pressions en rendant publics les abus sociaux des entreprises[17]. Ces actions doivent être combinées pour atteindre une certaine efficacité.

Le phénomène d'autorégulation prenant une importance croissante, de nombreuses entreprises d'audit se sont intéressées à ce nouveau marché. Cependant, peu d'entre elles ont de l'expérience dans le domaine des normes sociales et des relations de travail. Ces entreprises regroupent aussi bien des sociétés spécialisées dans la responsabilité sociale – citons par exemple la belge Ethibel – que des sociétés d'audit traditionnelles qui élargissent leurs activités à la responsabilité sociale – PwC ou KPMG – ou des firmes de contrôle de qualité – comme SGS ou BVQI. Les services proposés sont variés : aide à l'élaboration d'un code de conduite,

17 Oxfam lance cette année une campagne « Play Fair at the Olympics » pour sensibiliser le mouvement olympique aux conditions de travail des fabricants de sport. Cf. le site Internet suivant : http://www.fairolympics.org (juillet 2004).

contrôle des filiales et des fournisseurs pour la mise en œuvre de ces codes, gestion responsable de la filière d'approvisionnement – contrôle interne et externe –, etc.

Par autorégulation en matière sociale, on entend donc une entreprise qui décide volontairement d'aller plus loin que le minimum du cadre légal dans le domaine des conditions de travail. Insistons cependant sur le fait que ces initiatives ne visent pas à se substituer à la législation existante : les lois garantissent, en effet, des normes minimales qui s'imposent à tous, alors que les initiatives volontaires visent à compléter ces législations et à promouvoir des règles plus strictes pour ceux qui y souscrivent[18].

Selon D. O'Rourke, le changement important dans le processus de régulation est le passage d'une régulation centrée sur les usines – la régulation gouvernementale se concentrant sur les sites individuels de production –, à une régulation couvrant l'ensemble de la filière d'approvisionnement et des activités d'une marque – cette approche se concentrant sur les multiples acteurs de la chaîne de production[19]. On cherche ici à réguler la filière d'approvisionnement de manière globale, ce qui implique d'établir des systèmes de gestion pour toute la chaîne de production : les entreprises créent des normes et des systèmes de contrôle en collaboration avec des ONG en utilisant, en général, les conventions de l'OIT et les lois locales comme normes minimales. Quant au système de sanctions pour la mise en œuvre de ces règles, il repose principalement sur le marché, à travers les décisions d'achats entre entreprises ou les campagnes des ONG à l'intention des consommateurs.

La régulation volontaire recouvre en fait un ensemble divers de stratégies de régulation, dont beaucoup se concurrencent actuellement. Même la terminologie utilisée pour décrire ces systèmes n'est pas encore tout à fait établie. Une première stratégie consiste à établir des codes de conduite que les entreprises s'engagent à respecter. Ces codes, souvent créés par les grandes entreprises, parfois en collaboration avec les syndicats et les ONG, édictent des règles sociales et environnementales. Il existe également des labels sociaux attribués à des produits ou des entreprises selon des critères sociaux. Ces labels garantissent le respect, par une entreprise, de son code de conduite.

Toutes ces différentes initiatives peuvent néanmoins prêter à confusion. Pour tenter de retracer l'évolution de ce phénomène, il nous faut

---

18 Commission des Communautés Européennes, *Promouvoir un cadre européenne pour la responsabilité sociale des entreprises*, Bruxelles, Commission des Communautés Européennes, 2001.

19 D. O'Rourke, « Outsourcing Regulation: Analyzing Non-Governmental Systems of Labor Standards and Monitoring », in *Policy Studies Journal*, novembre 2002.

aborder, en premier lieu, le sujet des codes de conduite des entreprises et des systèmes de contrôle y afférents ; ensuite, nous nous intéresserons aux labels sociaux et aux codes de conduite à plusieurs parties prenantes (*multistakeholder codes*) avec système de certification. Ces évolutions seront illustrées par l'exemple de l'équipementier sportif allemand Adidas et de la chaîne de magasins de vêtements hollandaise WE Europe.

C. Les codes de conduite

Un code énonce des normes minimales et atteste de l'engagement pris par l'entreprise de les observer. Les codes intégrant des éléments sur les conditions de travail sont apparus au début des années 1990 dans les pays anglo-saxons avant de se développer en Europe continentale. Les premières critiques formulées par les ONG visaient, en 1992, les multinationales anglo-saxonnes Levi's et Nike. Celles-ci furent donc les premières à réagir en introduisant de nouvelles clauses sociales dans leurs codes de conduite. Elles furent suivies par Adidas en 1998[20].

1. Contenu des codes

Une entreprise peut élaborer son code de manière unilatérale ou elle peut également choisir de consulter ses parties prenantes – par exemple ses travailleurs ou la société civile (ONG et communautés où l'entreprise est active). Le processus d'élaboration d'un code peut donc revêtir des formes très variées.

Des divergences existent également au sujet du contenu de ces codes. Les problématiques du travail, les normes de référence et les objectifs de mise en pratique peuvent différer d'un code à l'autre.

Selon l'étude des deux cent cinquante-huit codes de l'OIT, les normes de travail les plus souvent citées dans les codes de conduite sont celles touchant à la santé et à la sécurité sur le lieu de travail, à la non-discrimination et au salaire minimum. Suivent les normes concernant l'interdiction du travail des enfants et du travail forcé. *A contrario*, la norme de travail principale la moins présente dans les codes de conduite est celle de la liberté d'association et de négociation.

Les normes de santé et de sécurité au travail concernent, par exemple, la présence de sorties de secours ou d'extincteurs, la formation du personnel aux premiers soins, le port d'équipements de protection ou la sécurité des machines. Ces clauses sont souvent décidées par les entreprises elles-mêmes.

---

20 Cf. le site Internet suivant : http://www.cleanclothes.org (juillet 2004).

Les clauses de non-discrimination au travail visent à éliminer les discriminations basées sur le sexe, l'âge, la confession, la race, l'opinion politique du travailleur, etc.

De nombreux codes interdisent le travail des enfants, surtout ceux en vigueur dans le secteur textile et l'industrie du jouet. Ces deux secteurs sont également ceux qui interdisent le plus fréquemment le travail forcé, c'est-à-dire le travail obligatoire, le travail comme sanction disciplinaire, le travail de prisonnier, etc.

Les clauses sur les salaires font parfois référence au « salaire minimum légal ». Ce critère est ambigu, car bien souvent le minimum légal est insuffisant pour satisfaire les besoins de base des travailleurs et de leur famille.

Enfin, la liberté d'association et de négociation collective est la norme la moins citée dans les codes de conduite, et ce, même si l'on tend à constater une amélioration durant les dernières années[21].

À côté des principales normes du travail, d'autres problèmes liés à l'emploi sont abordés par les codes de conduite : citons ainsi la sécurité sociale – allocations de maladie, de maternité, possibilité d'avoir un repas –, les horaires de travail, les formations, la sécurité de l'emploi – les clauses tendant à refuser le recours trop fréquent aux contrats à court terme – et l'implication dans les communautés locales.

Sous la pression des ONG, Adidas a développé en 1998 son propre code de conduite. Cette entreprise est le deuxième fabricant mondial d'articles de sport avec 15 % de parts de marché (PDM), après l'américain Nike (22,75 % PDM), mais devant l'anglais Reebok (7,19 % PDM) et l'allemand Puma (3,17 % PDM). Plus de la moitié de ses fournisseurs viennent d'Asie (Indonésie, Chine et Vietnam). Son code de conduite – basé sur les conventions de l'OIT – inclut le respect de la législation locale, exige un environnement de travail sain et sûr, assure la non-discrimination parmi les travailleurs, s'engage à verser au moins le salaire minimum légal et à donner une prime pour les heures supplémentaires et interdit le travail des enfants (de moins de quinze ans) et le travail forcé. En outre, la liberté d'association et de négociation est reconnue aux travailleurs et Adidas favorise les partenaires commerciaux qui contribuent à améliorer les conditions des communautés locales. Les travailleurs peuvent au maximum travailler soixante heures par semaine, avec au moins un jour de repos. Enfin, les violences et les abus physiques, sexuels, psychiques ou verbaux sont interdits par le code d'Adidas

[21] Cf. M. Urminsky, *Self-Regulation in the Workplace: Codes of Conduct, Social Labelling and Socially Responsible Investment*, Genève, BIT, 2001.

qui, au bout du compte, s'avère donc relativement complet et précis[22]. Mais qu'en est-il de sa mise en œuvre et, partant, de la mise en œuvre des codes de conduite des entreprises multinationales ?

2. Mise en œuvre des codes

Nous avons vu que ces dernières années, de plus en plus d'entreprises ont adopté un code de conduite. Au début, la majorité des codes se limitaient à des déclarations de principes. Aujourd'hui, de nombreuses entreprises réalisent des audits sociaux internes pour améliorer la situation.

L'implémentation des codes de conduite tout au long de la chaîne de production d'une entreprise passe tout d'abord par la mise en place de systèmes de gestion internes. Une étude pointe plusieurs éléments essentiels à la mise en œuvre effective des codes : la mise en place d'une politique d'entreprise claire et détaillée – procédure de contrôle interne des fournisseurs –, l'allocation de ressources suffisantes et de personnel, le développement et l'implémentation d'outils de contrôle, la publication des résultats et la définition de mesures correctrices en cas de non-respect des codes[23]. Si le non-respect persiste, des sanctions sont parfois prévues, allant du licenciement de l'employé qui a violé le code jusqu'à la rupture du contrat d'approvisionnement avec le fournisseur fautif. Ce sont des sanctions de marché ; il n'y a pas de sanctions pénales (amendes, peines de prison, travaux d'intérêt général).

La société Adidas, par exemple, a mis en place tout un système de gestion pour son code de conduite *Standard of Engagement* (SOE). Ce code fait partie intégrante du contrat de fourniture. Au niveau de l'organisation interne, elle a établi à l'attention de ses fournisseurs – dont, rappelons-le, plus de la moitié provient d'Asie – des « directives pour la santé, la sécurité et l'environnement », des « directives pour les normes de travail » et un « guide pour les meilleures pratiques environnementales ». Elle a également organisé des sessions de formations sur SOE pour ses fournisseurs[24]. Adidas a de plus mis en place une équipe de trente personnes effectuant des visites d'usines pour le contrôle interne de son code[25]. Après ces inspections, les contrôleurs évaluent et classent les fournisseurs selon le système de cotation du groupe comprenant cinq étoiles[26]. Aux usines qui transgressent le code, un plan d'amélioration

---

[22] Cf. le site Internet suivant : http://usa.adidas.com (juillet 2004).

[23] Urminsky, *Self-Regulation in the Workplace, op. cit.*

[24] En 2002, 255 sessions étaient organisées dont 143 en Asie.

[25] En 2002, cette équipe a effectué 1148 inspections.

[26] Une étoile : plusieurs contraventions graves au code de conduite ; cinq étoiles : respect du code.

est proposé en fonction des transgressions. Si le producteur n'obtempère pas, Adidas met fin à la collaboration. En 2002, quatorze fournisseurs – neuf en Chine, deux en Indonésie et un aux Philippines – ont ainsi vu la firme allemande mettre un terme prématuré à leur contrat de fourniture. En général, Adidas invoquait le non-respect des normes sur le salaire minimum, sur les heures de travail et sur la santé et la sécurité au travail[27]. Reebok et Nike, les principaux concurrents d'Adidas ont créé des programmes similaires.

Cependant, des ONG ont dénoncé des violations des codes par les fournisseurs de ces grandes marques, et ce, malgré les contrôles[28]. Ces critiques ont démontré la nécessité de contrôles indépendants, et c'est ainsi que de nombreuses entreprises d'audit – KPMG, PwC, Ernst & Young – et de contrôle de qualité – SGS, BVQI – ont proposé leurs services pour le contrôle de l'application des codes de conduite par les fournisseurs. Nike fait par exemple contrôler le respect de son code par Ernst & Young[29].

Chacun de ces cabinets d'expertise a sa propre méthode de travail mais, en général, les techniques de contrôle mêlent des observations des conditions de travail dans l'usine, un examen du code de conduite et une vérification de la tenue des documents concernant l'emploi – fiches de paie, horaire de travail, etc. Ces informations sont ensuite confrontées aux interviews des travailleurs[30].

Toutefois, la plupart de ces cabinets d'expertise sont spécialisés dans les questions techniques et non dans les questions sociales. Des critiques sont donc apparues sur le manque de rigueur de leurs méthodes de contrôles : l'information, qui est principalement recueillie auprès du management, est rarement confrontée à d'autres sources d'informations (ONG, bureau de l'emploi local) ; les contrôleurs se contentent d'une courte visite de l'entreprise ; les interviews des ouvriers ne durent qu'une dizaine de minutes et des entretiens aussi courts ne permettent pas de créer un climat de confiance et d'aborder les sujets sensibles. Signalons

---

27 Cf. Adidas, *Standard of Engagement. Communication au CSR EMS Forum*, Bruxelles, 29 septembre 2003.

28 En janvier 2001, l'ONG hollandaise Somo mettait en cause les conditions de travail déplorables de plusieurs fournisseurs indiens et sri lankais de la société d'habillement hollandaise Vendex : horaires de travail de 80 à 100 heures par semaine, ateliers insalubres, liberté syndicale inexistante. Vendex dont les filiales sont HEMA, Prénatal, M&S mode, etc. avait pourtant un code d'éthique complet (interdiction du travail des enfants, horaire de travail raisonnable, salaire garantissant le minimum vital, liberté d'association) et contrôlait elle-même ses fournisseurs. Cf. M. Vossen, « Mooie woorden, vuile handen », in *Management Team*, janvier 2002, p. 29.

29 BVQI, *Social Accountability Auditor Training Course*, Londres, 2000.

30 *Ibidem*.

encore que dans une usine coréenne, le contrôleur supprima, lors des interviews, toutes les questions relatives à la liberté syndicale parce qu'il n'y avait pas de syndicat dans cette usine.

3. Évaluation des codes

Déterminer l'impact des codes et des systèmes d'autocontrôle sur les conditions de travail est très difficile.

De plus en plus d'entreprises ont adopté des codes de conduite, si bien que dès la fin des années 1990, il en existait une profusion. Ce succès témoigne d'une première prise de conscience de la problématique des conditions de travail de la part des entreprises.

Mais comme chaque entreprise possède son propre code et sa propre méthode d'évaluation, on remarque des divergences tant sur le contenu que dans les mesures d'implémentation et de contrôle. Ce manque de standardisation affecte les fournisseurs asiatiques, qui doivent se soumettre à divers codes aux normes parfois contradictoires. Par exemple, un atelier chinois fournissant Puma et Adidas pouvait subir des contrôles différents suivant les exigences du code appliqué. Enfin, le manque de standardisation des principes rend difficile, voire impossible, la bonne implémentation des codes et toute comparaison des données pour mesurer les progrès réalisés par l'entreprise vis-à-vis d'elle-même et vis-à-vis des autres entreprises du même secteur[31].

Le manque de standardisation et de transparence, couplé à la prolifération des codes, a donc créé une certaine confusion parmi les consommateurs. Sur la base de cas récents, où le code se limitait à une simple opération de relations publiques, de nombreuses parties prenantes critiquent les codes des entreprises et leur système de contrôle interne pour leur vulnérabilité aux manipulations de l'entreprise[32].

D. L'implication des parties prenantes

Devant la faiblesses des codes de conduite des entreprises, les différentes parties ont tenté, vers la fin des années 1990, de lancer des initiatives visant à établir des codes standardisés, contrôlés et certifiés par des auditeurs externes accrédités[33] – le but étant de clarifier le message envoyé au consommateur et d'avoir des contrôles fiables et indépendants. Parmi plusieurs initiatives de ce type, retenons, d'une part, la *Fair*

---

31 Urminsky, *Self-Regulation in the Workplace, op. cit.*

32 D. O'Rourke, *Monitoring the Monitors: A Critique of PricewaterhouseCoopers (PwC) Labour Monitoring*, Cambridge, 2000.

33 O'Rourke, « Outsourcing Regulation… », *op. cit.*

Labour Association (FLA) et, d'autre part, la création de la norme « SA 8000 ».

Lancée aux États-Unis en 1998, la FLA regroupe plusieurs multinationales, principalement actives dans de la confection – Nike, Reebok, etc. –, des ONG, des syndicats et environ cent septante universités[34]. La FLA a développé, sur la base des normes de l'OIT, un nouveau code de conduite fonctionnant comme une certification de marque. La FLA accrédite des contrôleurs – il s'agit d'ONG, d'organisations non-marchandes ou d'agences d'audit –, et examine les résultats des audits. Les entreprises qui souhaitent acquérir la certification FLA doivent identifier les usines fabriquant leur marque. À la suite de critiques formulées par diverses ONG, la FLA a renforcé, depuis avril 2002, son contrôle externe : elle sélectionne les usines à évaluer, choisit les auditeurs externes, exige que les inspections ne soient pas annoncées et reçoit directement tous les rapports d'audit. Après le contrôle, la FLA collabore avec la marque dans un processus de remédiation[35]. Mais, malgré ces efforts, des reproches fusent toujours, notamment en ce qui concerne le respect du salaire minimum légal ou le soutien aux syndicats[36].

Adidas fait partie de la FLA depuis 1999 et celle-ci a effectué quelque quarante-deux inspections externes auprès de ses fournisseurs. Suite à ces contrôles, Adidas a introduit des plans en vue d'améliorer le fonctionnement de l'entreprise. Le contrôle externe de la FLA joue donc un rôle important dans le système de gestion du code d'Adidas[37]. Retenons, à titre d'exemple, qu'Adidas a pu mettre fin à de graves manquements relatifs aux salaires et heures de travail supplémentaires dans une usine chinoise à la suite d'une inspection de la FLA.

Créée en 1997 par des entreprises, des ONG, des syndicats et des experts des droits de l'homme (Amnesty International), la « norme SA 8000 » est gérée par le *Social Accountability International* (SAI). Considérée comme l'une des plus achevées et des plus exigeantes, cette norme se base sur les conventions de l'OIT et l'ONU et sur les droits de l'enfant. Elle exige un salaire viable et un système de représentation des travailleurs au cas où les syndicats sont interdits, comme c'est le cas en Chine. Pour avoir le certificat « SA 8000 », une usine – et non toute une marque – doit respecter un cahier des charges précis concernant la formation du personnel et la mise en place de systèmes de gestion se basant sur la norme de qualité ISO 9000 ; l'usine doit également engager ses

---

[34] Cf. le site Internet suivant : http://www.fairlabor.org (juillet 2004).

[35] O'Rourke, « Outsourcing Regulation… », *op. cit.*

[36] Cf. le site Internet suivant : http://www.cleanclothes.org (juillet 2004).

[37] Adidas, *Standard of Engagement, op. cit.*

fournisseurs à respecter le code, informer les parties prenantes de ses performances sociales, etc.[38]

En 1998, suite aux inquiétudes de ses clients, la chaîne de magasins WE Europe a créé son propre code de conduite. Pour s'assurer de la mise en œuvre du code, l'entreprise décide de demander la certification « SA 8000 » à ses fournisseurs – ceux-ci étaient principalement chinois – et, pour montrer l'exemple, de l'appliquer aussi à son siège social aux Pays-Bas. En 2000, la chaîne reçut le certificat « SA 8000 » et, en 2002, huit de ses principaux fournisseurs étaient certifiés « SA 8000 », alors que cinq étaient sur le point de l'obtenir[39].

L'ONG *Labour Rights in China* (Laric) critique cependant la formation des auditeurs du SAI – ils négligeraient trop les interviews des travailleurs – et d'autres reproches s'élèvent également à propos du manque d'expérience social de ces auditeurs qui proviennent surtout d'organismes de certification de qualité[40].

Conclusion

L'autorégulation au sein des entreprises européennes est un phénomène récent, mais il a déjà eu un impact positif sur les conditions de travail en Asie. Ainsi, des ONG ont reconnu qu'Adidas avait fait des progrès importants – notamment au niveau de la réduction des heures supplémentaires en Chine, de la promotion de la liberté d'association en Indonésie, du paiement des salaires minimum et de l'abolition du travail des enfants[41]. Cela fut possible grâce aux efforts consentis par l'équipe des affaires sociales et environnementales du groupe et grâce à son adhésion à la FLA – le code faisant partie intégrante de la philosophie de l'entreprise[42].

Ces améliorations montrent le rôle que peuvent jouer les entreprises européennes dans la promotion des droits sociaux fondamentaux en Asie. Il reste cependant beaucoup d'améliorations à apporter pour que

---

38 O'Rourke, « Outsourcing Regulation… », *op. cit.*

39 BVQI, « We promoot maatschappelijk verantwoord ondernemen », in *Add Value*, juin 2002, p. 4.

40 Labour Rights in China, *No Illusions: Against the Global Cosmetic SA 8000*, Hong Kong, Laric, 1999.

41 Adidas, à travers la fédération mondiale de l'industrie des articles de sport, soutient les projets pour la réinsertion des enfants travailleurs au Pakistan et en Inde. Ces projets impliquent les fabricants locaux, l'OIT, l'UNICEF et des ONG locales. Cf. le site Internet suivant : http://usa.adidas.com (juillet 2004).

42 Cf. le site Internet suivant : http://www.cleanclothes.org (juillet 2004).

l'autorégulation améliore effectivement les conditions de travail tout au long de la chaîne production.

Chaque partie a en effet un rôle important à jouer : les ONG doivent continuer à sensibiliser l'opinion publique à la problématique des conditions de travail dans le monde[43]. Elles doivent, aussi, encourager les entreprises à améliorer leurs systèmes de contrôle ; les travailleurs et les syndicats doivent apprendre à utiliser les régulations volontaires pour défendre leurs droits ; les consommateurs sont la base des réglementations volontaires et, à ce titre, ils doivent continuer à faire pression sur les entreprises pour les sensibiliser aux conditions de travail ; les entreprises, quant à elles, doivent poursuivre leurs efforts. Plus fondamentalement, elles devraient accorder des délais de production plus longs pour permettre aux fournisseurs de donner des salaires décents et des heures de travail raisonnables. Elles doivent aussi communiquer leurs efforts en la matière à leurs parties prenantes, mais cela s'améliore. Adidas, par exemple, publie chaque année depuis 2000, un rapport social et environnemental. En cas de sanction d'un de ses fournisseurs, l'entreprise doit l'accompagner d'un plan de remédiation ; les auditeurs et les contrôleurs doivent affiner leurs méthodes de contrôle, en particulier leur connaissance des réalités sociales. Ils doivent apprendre à s'ouvrir et surtout à écouter les différents acteurs. Enfin, les pouvoirs publics devraient également s'impliquer dans ce phénomène. Si cette question n'est pas encore débattue au sein de l'ASEAN, la Commission Européenne – avec l'appui du Conseil[44] – a lancé en 2001 un projet de promotion d'un cadre européen pour la responsabilité sociale des entreprises. Ce projet vise, en fait, à favoriser la cohérence et la convergence des différentes initiatives existantes[45]. Mais, depuis la publication du livre vert en 2001, le projet est en attente. Par ailleurs, en avril 2003, la Belgique lançait son propre label social semblable à la norme « SA 8000 », mais concernant des produits et prévoyant des sanctions pénales en cas de non-respect de son contenu[46].

---

43 La campagne Fair Play organisée par Oxfam (2004) en est un bon exemple.

44 Cf. le site Internet suivant : http://www.europa.eu.int (juillet 2004).

45 Commission des Communautés Européennes, Promouvoir un cadre européen pour la responsabilité sociale des entreprises, Bruxelles, Commission des Communautés Européennes, 2001.

46 Amendes de 2 500 à 2,5 millions € et emprisonnement de 8 jours à 5 ans pour le responsable de l'entreprise qui demande le label et triche sur le contenu du rapport. Cf. le site Internet suivant : http://www.mineco.fgov.be (juillet 2004).

Cette approche a déjà produit des résultats positifs, mais elle n'en est encore qu'à ses débuts. Elle va connaître de nombreux développements tant au niveau privé qu'au niveau public. Cette dynamique s'améliorera avec l'expérience et grâce au dialogue entre toutes les parties prenantes.

The EU Embargo on Trade in Arms to China

Veerle WULTEPUTTE

Master in European Studies – Diplômée d'études spécialisées en études européennes, UCL

Introduction

On 3 and 4 June 1989 several hundred civilians were shot dead by the People's Liberation Army during a bloody military operation to crush a democratic uprising in Peking's (Beijing) Tiananmen Square. Demonstrators, mainly students, had occupied the square for seven weeks, refusing to move until their demands for democratic reform were met. The military offensive came after several failed attempts to persuade the protesters to leave. The Chinese government warned it would do whatever it deemed necessary to clamp down on what it described as 'social chaos'. But even though the violence was expected, the ferocity of the attack took many by surprise, bringing condemnation from around the world. In response, several European Union Member States announced arms embargoes against China. On 26 June 1989, in Madrid, the European Council of Ministers agreed that the arms embargo would become part of a set of EU-wide diplomatic and economic sanctions intended to signal disapproval of Chinese actions.

Today, almost fifteen years later, the subject is still 'current affairs'. More specifically, recent calls from some EU countries and China itself to lift the arms embargo have set off a debate in many countries and among several international organisations such as Amnesty International.

This paper gives an overview of the main elements of the debate about lifting the arms embargo or not. Section II begins by setting out what the arms embargo against China actually implies. It is placed in the context of a series of diplomatic and economic sanctions imposed by the EU on China following the European Council Declaration of Madrid on 26-27 June 1989. Attention is given to the lack of juridical force of that political statement.

We then embark on the current debate about lifting the ban. In the first place, we examine developments in China since 1989 with regard to human rights, and progress on the political scene. We consider more especially the framework of human rights as defined, for example, in the International Covenants ICESCR and ICCPR, and the position of Amnesty International on the status of human rights in China. On the political scene, we focus on the improving and closer bilateral relationship between the EU and China. More specifically, we zoom in on the latest developments, i.e. the most recent EU policy paper on China (October 2003), the first Chinese policy paper on the EU (October 2003), the sixth EU-China summit (October 2003), the EU's security strategy paper (December 2003) and the meeting of 16-17 March 2004 in Beijing between the EU and top Chinese leaders. In the subsequent section, we introduce another element that may influence the viewpoint on the embargo, namely the EU Code of Conduct on Arms Exports. A short analysis of the Code will help us decide whether it can be seen, for example, as a fully fledged alternative for the protection of human rights when the arms embargo is lifted. The decision to lift the ban or not is to be made unanimously by the 25 Member States of the European Council. We will point out the views of some EU countries and describe the latest tendency in the European Council. In addition, we sketch the position of the European Commission and the European Parliament on the issue. Besides the summary of the elements presented, we conclude with some personal findings.

I. Keep It or Lift It?

Since the EU arms embargo against China was imposed by the European Council of 26-27 June 1989 in Madrid, it has to be lifted unanimously at that same level. The External Relations Council in Luxemburg on 26-27 April 2004 exchanged views on the arms embargo. The Council noted that a solution had to be found which was in line with the current situation in China, the increasingly close bilateral EU-China relations and the EU's intention to develop a strategic partnership with China. The Council was also of the opinion that the issue required further discussion, in particular taking into account the human rights situation in China and questions relating to the application of the EU Code of Conduct on Arms Exports. These issues will be dealt with in this chapter. The last section sets out the current position of the European Council, and that of the European Commission and the European Parliament to a lesser extent.

A. European Council Declaration on China

The EU declaration on China was issued by the European Council of 26-27 June 1989 in Madrid. In its statement[1], the European Council strongly condemned the brutal repression that was taking place in China. It expressed its dismay at the pursuit of executions in spite of all the appeals of the international community. It solemnly urged the Chinese authorities to stop the executions and to put an end to the repressive actions against those who legitimately claim their democratic rights. The European Council also requested the Chinese authorities to respect human rights and to take into account the wishes of the population to have freedom and democracy: this was a vital element of the quest for a policy of reforms and openness that had been supported by the European Community and its Member States. In these circumstances the European Council considered it necessary to adopt the measures that would:

- raise the issue of human rights in China in the appropriate international fora: ask for the admittance of independent observers to attend the trials and to visit the prisons,
- interrupt military cooperation by the Member States of the Community and impose an embargo on trade in arms with China,
- suspend bilateral ministerial and high level contacts,
- postpone new cooperation projects by the Community and its Member – States,
- reduce programmes of cultural, scientific and technical cooperation, maintaining only those activities that might be meaningful in the present circumstances,
- prolong the visas of Chinese students in the Member States.[2]

In addition, the climate of uncertainty, created in the economic field by the policy of the Chinese authorities, was taken into account. Therefore the European Council advocated postponing the examination of new requests for credit insurance and of new World Bank credits.

It is crucial to understand the value of this press communiqué, it is purely a political declaration, which is not legally binding. The declaration was prior to the creation of the Common Foreign and Security Policy (second pillar of the EU, Treaty of Maastricht, 1992). Since the Treaty of Maastricht, the common positions of the EU on CFSP matters are published in *Official Journal of the European Community* (JOCE) and are binding on all Member States. In 1989 the European Union had no common position on what items were covered under the expression

---

1 European Council, European Council of Madrid, *EU Declaration on China*, 26-27 June 1989, available at http://projects.sipri.se/expcon/euframe/euchiemb.htm.

2 *Ibidem*.

term "arms embargo"[3]. Therefore, it was up to the individual Member States to interpret the embargo in the context of their national laws, regulations and decision-making processes. More specifically, it was up to the individual Member States to interpret the phrase:

> In the present circumstances the European Council thinks it is necessary to adopt the interruption by the Member States of the Community of military cooperation and an embargo on trade in arms with China.[4]

In fact that particular item, the adoption of an arms embargo against China, is the only one of all the EU-wide diplomatic and economic sanctions against China taken at the European Council of Madrid in June 1989, that remains valid today[5]. So let us look at developments in China since 1989 and examine the elements that plead in favour of lifting the ban as well as the obstacles in the way of its removal.

B. Developments in China since 1989

Respect for human rights in China today and the state of political and diplomatic developments between China and the EU constitute the general framework in which to explore the removal or, on the contrary, the maintenance of the arms embargo.

1. Human Rights in China

In October 1997 China signed the International Covenant on Economic, Social and Cultural Rights (ICESCR)[6]. A year later it signed the International Covenant on Civil and Political Rights (ICCPR)[7]. This is a significant development for the promotion and implementation of international human rights standards in China. These International Covenants are considered the cornerstones of the United Nations human rights framework[8]. Together with the Universal Declaration of Human Rights (UDHR) they constitute what is known as the *International Bill of Rights*. All the signatories to the two Covenants are legally bound by them. Not only does the ICCPR require that states party to the Convenants submit periodic human rights status reports, but it establishes a mechanism for accepting appeals from any country concerning human

---

3 *Ibidem*.

4 *Ibidem*.

5 Interview with a Permanent Representative (who wishes to remain anonymous).

6 China signs international human rights covenant, available at http://www.dfat.gov.au/media/releases/foreign/1997/fa131_97.html.

7 *Ibidem*.

8 See Appendix 1 and 2 for a summary of the content of those Covenants.

rights violations[9]. Although China signed the ICCPR in 1998 it has not ratified it yet[10]. However, China ratified the ICESCR on 27 June 2001 (three years after signing it)[11]. According to Zeng Jianhui, Chairman of the Ninth National People's Congress (NPC) Foreign Affairs Committee, the ratification of the ICESCR demonstrates China's efforts to protect human rights as well as its cooperation in the this field[12]. In addition, in 1992 it approved the CRC (Convention on the Rights of the Child); in 2001 it signed the CRC-OP-AC (Optional Protocol to the Convention on the Rights of the Child); and in 2003 it approved the CRC-OP-SC (Optional Protocol to the Convention on the Rights of the Child)[13].

Today in 2004, Amnesty International says China's new administration still struggles with the basic legal and institutional weaknesses which allow human rights violations to continue[14]. Political interference in the administration of justice, as evidenced in ongoing political campaigns such as the 'strike hard' campaign against crime, continue to undermine attempts to establish and strengthen the rule of law[15]. Amnesty International states that while legal reforms in the commercial sphere have progressed rapidly since China's entry to the World Trade Organization in December 2001, little attention has been paid to the reform of other laws or regulations, including the Criminal and Criminal Procedure Laws which have wide-ranging implications for human rights[16]. In October 2003 Amnesty International issued a summary of the key human rights concerns on China, among them "the continued use of the death penalty during the ongoing 'strike hard' campaign resulting in high numbers of executions, often after unfair or summary

---

9 White paper: *Human Rights Policy*, available at http://www.gio.gov.tw/taiwan-website/5-gp/2002hr/hrp03.htm#1.

10 Office of the United Nations High Commissioner for Human Rights. *Status of Ratifications of the Principal International Human Rights Treaties as of 2 November 2003*, available at http://www.unhchr.ch. President Hu of China confirmed during his meeting in Paris in the beginning of this year that the Chinese government remains committed to early ratification of the ICCPR.

11 *The Standing Committee of the NPC ratified the International Covenant on Economic, Social and Cultural Rights*, available at http://www.china.org.cn/english/2001/Mar/8285.htm.

12 *Ibidem*.

13 Office of the United Nations High Commissioner for Human Rights. *Status of Ratifications of the Principal International Human Rights Treaties as of 2 November 2003*, available at http://www.unhchr.ch.

14 China's new administration under the leadership of President Hu Jintao and Premier Wen Jiabao formally took office in March 2003.

15 *China: Continuing Abuses under the New Leadership. Summary Human Rights Concerns*, available at http://news.amnesty.org/library.

16 *Ibidem*.

trials' the persistence of serious allegations of torture and ill-treatment within China's criminal justice system, the increasing arrests and detentions of Internet users or so-called 'cyber-dissidents', the continued repression of the rights to freedom of expression and association in Tibet and the ongoing crackdown on the Falun Gong spiritual movement[17]". In a media briefing in Brussels on 14 April 2004, Amnesty International emphasized that dozens of people are still in prison in China as a result of the brutal crackdown on protestors calling for political reform in June 1989.

> Let us not forget why the EU's arms embargo against China was imposed in the first place – it was in response to, in the EU's own words "the repressive actions against those who legitimately claim their democratic rights". [...] While the EU may be discussing whether the arms embargo against China is "out of date", for the activists who are still being persecuted in China, sometimes merely for posing questions, the issue is certainly not "out of date". Pro-democracy advocates are still suffering in the China of today and the EU should think twice before letting them down. [18]

So, despite the positive steps taken by the Chinese government since 1989, it is still a bleak picture for human rights in China, according to Amnesty International.

2. EU-China Relations

The bilateral relations between China and the EU have experienced ups and downs since their birth in 1975, but they have grown by leaps and bounds since the 1990s[19]. In 1995, the EU released its first policy paper on China, sketching out the general framework for its long-term policies towards China. The annual summit meeting mechanism was launched in 1998 to provide leaders from both sides with an opportunity to exchange views and determine areas of closer cooperation[20]. The first EU-China summit was held on 2 April 1998, the second on 21 December 2001, the third on 23 October 2000, the fourth on 5 September 2001, the fifth on 24 September 2002 and the sixth on 30 October 2003. The seventh EU-China summit is scheduled for the second half of this year. If we compare the different stages of relations between China and the European Union, it cannot be denied that the ties between them have gained extraordinary momentum over the past few years.

---

17 *Ibidem*.

18 Dick Oosting, Director of Amnesty International's EU Office, told the media briefing in Brussels.

19 *China, EU Stride into Maturing Relationship*, available at http://www.chinaview.cn.

20 *Ibidem*.

Subsequent to the EU's latest policy paper on China (in which the EU defines its relationship with China as 'a strategic partnership'), the Chinese government itself has for the first time issued a policy paper on the EU. The paper highlights the objectives of China's policy towards the EU and outlines the areas and plans of bilateral cooperation in the next five years.

We zoom in on the latest developments, namely the last EU policy paper on China (October 2003), the first Chinese policy paper on the EU (October 2003), the sixth EU-China summit (October 2003), the security strategy paper of the EU (December 2003) and the meeting of 16-17 March 2004 in Beijing between the EU (Foreign Affairs and SG/HR for the CFSP Javier Solana) and top Chinese leaders (Prime Minister Wen Jiabao, State Councillor Tang Jiaxuan and Foreign Minister Li Zhaoxing).

The achievements in bilateral ties and the maturing strategic partnership can be demonstrated by many factors. Firstly, the fast growing trade between China and the EU. When trade with the ten new members who joined the EU on 1 May 2004 is added to the trade between China and the EU-15, the EU will constitute China's largest trading partner, ahead of the USA and Japan[21]. Secondly, the cooperation in the Galileo programme, a satellite navigation system similar to GPS, reinforces the exchange of know-how and scientific knowledge[22]. So, not only trade in goods, but also trade in ideas and culture are included.

The tourism pact signed in 2003 between the EU and China (Memorandum of Understanding on Approved Destination Status, October 2003 EU-China summit) is a "milestone agreement which will make a tremendous contribution in people-to-people contacts, not only in tourism but also in EU-China business contacts[23]".

Fourthly, looking at the world from a strategic point of view, the EU publicly identified China as one of the EU's six global strategic partners. The security strategy for the EU outlines the EU's key security concerns, particularly the proliferation of weapons of mass destruction (WMD), arms control, terrorism, organised crime but also frozen conflicts and failing states[24]. It also sketches the plans to address these

21 "EU and China, Strategic Partners with Global Objectives: Interview", in *People's Daily*, available at http://ue.eu.int/newsroom/NewMain.asp?LANG=1.

22 *China, EU Stride into Maturing Relationship*, available at http://www.chinaview.cn.

23 J. Solana, *The European Union and China: Strategic Partners*, available at http://ue.eu.int/newsroom/NewMain.asp?LANG=1.

24 J. Solana, *Security Strategy Paper*, December 2003.

issues, notably through support for more effective multilateralism, with the United Nations at the centre of these efforts[25].

In the analysis of China's first policy paper on relations with the EU the extent of the commonality of view and shared interests makes itself apparent. The EU's key concerns are fully mirrored in the Chinese paper. Moreover, the EU and China correspond closely in the methods chosen to resolve these problems[26]. The decision itself to develop such a paper marks the growing strength of the EU-China relationship. Two elements in China's EU policy paper are among others the section on human rights and the section on the military aspect.

> *Continue the human rights dialogue*: There are both consensus and disagreements between China and the EU on the question of human rights. The Chinese side appreciates the EU's persistent position for dialogue and against confrontation and stands ready to continue dialogue, exchange and cooperation on human rights with the EU on the basis of equality and mutual respect so as to share information, enhance mutual understanding and deepen cooperation in protecting, inter alia, citizens' social and cultural rights and the rights of the disadvantaged.
>
> *The Military Aspect*: China and the EU will maintain high-level military-to-military exchanges, develop and improve, step by step, a strategic security consultation mechanism, exchange more missions of military experts, and expand exchanges in respect of military officers' training and defence studies. […] The EU should lift its ban on arms sales to China at an early date so as to remove barriers to greater bilateral cooperation on defence industry and technologies.[27]

This brings us back to the central topic of our study: should the EU lift the arms embargo against China or not? We have already identified the core elements – respect for human rights in China and the strategic partnership between the EU and China – that appear in the discussion around lifting or keeping the ban. At the EU Foreign Ministers meeting in January 2004 it was decided to start reviewing the arms embargo against China. On the assumption that the EU lifts the ban, the EU export of arms to China is in no way completely freed from all barriers. Each arms transfer is bound by the EU Code of Conduct on arms trade. To illustrate its importance in this context, we go more deeply into the subject in the next section.

---

25 "EU and China, Strategic Partners with Global Objectives: Interview", in *People's Daily*, available at http://ue.eu.int/newsroom/NewMain.asp?LANG=1.

26 *Ibidem*.

27 *China's EU Policy Paper*, available at http://www.fmprc.gov.cn/eng/topics/pwjbve/t27708.htm.

C. EU Code of Conduct on Arms Exports

On 8 June 1998 the Council of Ministers adopted the EU Code of Conduct on Arms Exports[28]. After years of intensive lobbying by European nongovernmental groups, the European Union became the first group of states to accept a regional Code of Conduct[29]. It is a politically binding commitment that seeks to create 'high common standards' for all EU members to use when granting arms export licences[30]. The EU Member States pledge not to approve arms exports in cases where the sale would violate the exporting state's commitments under the UN Charter or specific arms control agreements[31] (Criterion One); where there is a 'clear risk' that the weapons will be used for internal repression[32]; where the arms could provoke or prolong armed conflict[33]; where there is a 'clear risk' that the arms would be used aggressively against another country[34]. Under the EU Code of Conduct, EU members, when granting arms export licences, will weigh up *inter alia* the risk of these weapons being used against allies, and the risk of unintended diversion of technology[35]; they will consider the buyer country's record on terrorism, implementation of humanitarian law (non-use of force against civilians) and arms control agreements[36]; the effectiveness of the im-

---

28 Full transcript of the EU Code of Conduct for Arms Exports (8 June 1998) can be found on http://projects.sipri.se/expcon/eucode.htm.

29 *European Code of Conduct*, available at http://www.fas.org/asmp/campaigns/code/eucode.html.

30 *EU Code of Conduct for Arms Exports, 8 June 1998*, available at http://projects.sipri.se/expcon/eucode.htm.

31 *EU Code of Conduct for Arms Exports – Criterion One*: Respect for the international commitments of EU Member States, in particular the sanctions decreed by the UN Security Council and those decreed by the Community, agreements on non-proliferation and other subjects, as well as other international obligations.

32 *EU Code of Conduct for Arms Exports – Criterion Two*: The respect for human rights in the country of final destination.

33 *EU Code of Conduct for Arms Exports – Criterion Three*: The international situation in the country of final destination, as a function of the existence of tensions or armed conflicts.

34 *EU Code of Conduct for Arms Exports – Criterion Four*: Preservation of regional peace, security and stability.

35 *EU Code of Conduct for Arms Exports – Criterion Five*: The national security of the Member States and of the territories whose external relations are the responsibility of a Member State, as well as that of friendly and allied countries.

36 *EU Code of Conduct for Arms Exports – Criterion Six*: The behaviour of the buyer country with regard to the international community, as regards in particular its attitude to terrorism, the nature of its alliances and respect for international law.

porting state's export control laws and mechanisms[37]; the economic situation in the importing state, including relative levels of military and social spending[38]". The EU Code of Conduct also has a unique operative mechanism designed on the one hand to increase transparency amongst EU members and on the other hand to discourage states from using such information to undercut arms sales rejections by other EU states[39]. EU members are to report to each other 'through diplomatic channels' when they reject a request for an arms export licence on the basis of the EU Code of Conduct on Arms Exports criteria. If another Member State intends to grant a licence for an 'essentially identical transaction' which, within the previous three years, has been turned down by another Member State, it must first consult the State that refused the deal. Member States are also required to share among themselves and 'in confidence' an annual report on their arms exports and their implementation of the EU Code of Conduct on Arms Exports[40].

We will go deeper into Criterion Two[41] concerning respect for human rights as it constitutes for some countries and organisations a major obstacle to the removal of the EU arms embargo against China. We wonder, if the EU arms embargo against China is lifted, whether the EU Code of Conduct on Arms Exports has the power to prevent arms exports to countries that violate human rights. First of all, it is crucial to understand the political and legal status of the EU Code of Conduct. The Member States have agreed to adopt the EU Code of Conduct on Arms Exports only as a Council Declaration (under CFSP)[42]. This type of politically, but not juridically, binding instrument is not sufficient to

---

37 *EU Code of Conduct for Arms Exports – Criterion Seven*: The existence of a risk that the equipment will be diverted within the buyer country or re-exported under undesirable conditions.

38 *EU Code of Conduct for Arms Exports – Criterion Eight*: The compatibility of the arms exports with the technical and economic capacity of the recipient country, taking into account the desirability that states should achieve their legitimate needs of security and defence with the least diversion for armaments of human and economic resources.

39 *European Code of Conduct*, available at http://www.fas.org/asmp/campaigns/code/eucode.html.

40 *European Code of Conduct* – Operative provisions.

41 For Criteria, see notes 31 to 38.

42 "The decision that the EU Code of Conduct is not legally binding upon the Member States means that the need for parliamentary scrutiny over arms exports from the EU becomes more pressing. EU governments must be held accountable for their implementation of the EU Code of Conduct and, the absence of any legal mechanism for achieving this, increases the importance of parliamentary scrutiny over EU arms exports and the need for the Council to publish the consolidated annual report", cf. http://www.basicint.org/WT/armsexp/EUcode-final.htm.

ensure a common approach amongst the Member States. The individual Member States interpret the EU Code of Conduct in the context of their national laws. Furthermore, not all Member States have introduced the text of the EU Code or reference to it in their domestic controls[43]. Returning to Criterion Two, it is important to note that the term 'internal repression' does not equate with 'violations of international human rights standards and/or humanitarian law' (as that term is not used in international human rights law) but the Member States should interpret it like that[44]. In addition, the Operative Provisions of the EU Code of Conduct state that "EU Member States will work for the early adoption of a common list of military equipment covered by the Code, based on similar national and international lists". This process has not completed yet and therefore national lists form the basis of denial notification and consultation "incorporating, where appropriate, elements from relevant international lists"[45]. The EU Code of Conduct suffers from other shortcomings such as the need to clarify the language and application of the Code, the necessity to broaden the scope of the definition of export licence and enhance the transparency and accessibility of information, both for annual reports and denial notifications[46]. The fifth annual report on the use of the EU Code of Conduct says that the possibility of reviewing the Code is under discussion[47]. The Dutch government has announced that it intends to address this issue during its Presidency in the second part of this year[48]. The decision to improve the EU Code of Conduct comes none too soon[49]. Despite the commitments the Member

43 *EU Code of Conduct on Arms Exports, Criterion 2*, available at http://news.amnesty.org/library/index/ENGIOR610072004.

44 *Final analysis: EU Code of Conduct on the Arms Trade*, available at http://www.basicint.org/WT/armsexp/EUcode-final.htm.

45 *Ibidem*.

46 "In its current form the EU Code of Conduct does not require the Member States to circulate explanatory notes on denials to all Member States but only to the one(s) specifically requesting the information. Circulating all information about arms transfers should be swift, and there should be a central database for easy access to this information", cf. *EU Code of Conduct on Arms Exports, Criterion 2*, available at http://news.amnesty.org/library/index/ENGIOR610072004.

47 Fifth Annual Report According to Operative Provision 8 of the European Code of Conduct on Arms Exports (2003/C 320/1), available at http://europa.eu.int/eur-lex/pri/en/oj/dat/2003/c_320/c_32020031231en00010042.pdf.

48 International Alert and Safeworld: strengthening global security through addressing the root causes of conflict: priorities for the Irish and Dutch Presidencies in 2004, February 2004.

49 The revision of the EU Code of Conduct is to be seen independent of the debate about the EU arms embargo against China. Interview with a Permanent Representative (who wishes to remain anonymous).

States made in the Preamble to the Code – (the Member States are) "determined to set high common standards which should be regarded as the minimum for the management of, and restraint in, conventional arms transfers by all EU Member States, and to strengthen the exchange of relevant information with a view to achieving greater transparency; and determined to prevent the export of equipment which might be used for internal repression or international aggression, or contribute to regional instability" – some EU countries have interpreted the EU Code of Conduct in such a way that arms and security equipment was can be transferred, even to countries against which the EU has imposed an arms embargo. Several countries, including the UK, Austria, France, Italy and Germany, have exported arms to China in 2002[50]. We select the case of the UK and look at it more closely[51]. For the UK, it seems that the embargo on China has primarily been imposed to cover lethal items and major weapon platforms. However, certain other goods and technologies with potential military applications are not considered as falling under the embargo (though they are still subject to national export control procedures which could lead to a denial of the export licence). In response to a parliamentary question asked in 1995, the UK government clarified its interpretation of the arms embargo against China.

> Since 7 June 1995 the United Kingdom has enforced an embargo on the sale to China of "weapons, and equipment which could be used for internal repression". The EU introduced a ban on arms sales to China on 26 June 1989 but the scope of that ban has, in the absence of agreement on a common interpretation, been left for national interpretation. In the interests of clarity we have decided that hence forward the embargo will include: lethal weapons such as machine guns, large calibre weapons, bombs, torpedoes, rockets and missiles; specially designed components of the above, and ammunition; military aircraft and helicopters, vessels of war, armoured fighting vehicles and other such weapons platforms; any equipment which is likely to be used for internal repression. All applications will be considered on a case-by-case basis in the light of these criteria as well as our usual criteria governing all defence exports.[52]

For this reason the UK has been able to export China equipment with military applications in the period since the embargo was imposed.

---

50 Fifth Annual Report According to Operative Provision 8 of the European Code of Conduct on Arms Exports (2003/C 320/1), available at http://europa.eu.int/eur-lex/pri/en/oj/dat/2003/c_320/c_32020031231en00010042.pdf.

51 Information with regard to UK arms export can be found on http://www.fco.gov.uk and in the Basic Research Report of Export Controls in the Framework Agreement Countries, available at http://www.basicint.org/pubs/research/2001Export controls2.htm.

52 *UK Interpretation of Arms Embargo against China*, available at http://projects.sipri.se/expcon/euframe/euchiuk.htm.

The fact that the individual Member States are confronted with two politically but not legally binding commitments – the arms embargo on China and the EU Code of Conduct on Arms Exports – gives rise to different and divergent viewpoints on the part of EU Member States. In the next section we will have a look at the positions of the EU institutions and the EU countries relating to the arms embargo and try to find out the progress made towards a common EU position on this sensitive issue.

D. Tendencies of the EU Institutions

Although the arms embargo against China is a CFSP matter (second pillar) and therefore the European Council is competent to act in that area, we will have a quick look at the relevant viewpoints of the Commission and the European Parliament and set out the tendencies perceived in the European Council.

1. European Commission

When in December of last year (2003) the European leaders announced that they were prepared to reconsider the arms embargo against China, the Commission's reaction was one of contradictory signals: The President of the Commission, Romano Prodi, backed the statement by the European leaders, while the External Relations Commissioner, Chris Patten, said that China would first "need to demonstrate very clearly the progress made in human rights[53]" first. Chris Patten also declared in March of this year that "it would be a great deal easier to negotiate lifting the embargo if the Chinese government took some concrete steps to improve the human rights record[54]". So, if China gave positive signals[55] on respect of human rights – without considering this step to be a conditionality, it would help the EU-25 to lift the embargo.

2. European Parliament

In response to the statement of the EU leaders in December 2003 to reassess the arms embargo against China, the European Parliament has requested the EU to maintain the embargo because of the nation's

53 "European Parliament opposes Lifting Arms Embargo against China", in *Asia News*, 20 December 2003.

54 "EU External Relations Commissioner Chris Patten", in *China Presses EU to Lift Arms Embargo*, 8 March 2004.

55 For example releasing the last thirteen Tiananmen prisoners.

human rights record on the one hand and its threats against Taiwan on the other hand[56].

> Human rights are still not respected. Tibet is still militarily occupied by China and China is still threatening Taiwan.[57]

Although having no direct say on the issue, the MEPs were unanimous and outspoken in their opposition to changing the status quo. The EU assembly overwhelmingly adopted a resolution rejecting the proposal to lift the embargo[58].

3. European Council

As already mentioned, the European Council is the EU body that has to decide whether or not to lift the arms embargo. Since 1 May 2004, the historical enlargement of the EU with ten new Member States is a fact[59]. So the decision must now be taken unanimously by those 25 countries. Remember that the ten new countries have been active observers[60] over the past year, and therefore they too took part in the debate on the arms embargo on 26-27 April 2004.

In this section we do not going to put forward the position of each EU country towards the arms embargo. The debate in the European Council is in practice led by those countries that wish to get involved in the discussion. Other countries may only comment on the subject, while others do not wish to take part actively in the debate, meaning they agree with the direction the dossier is taking and will not block the consensus. So before diving into the tendencies that can be perceived in the European Council after 26-27 April 2004, here are some remarks on the positions held by a number of EU countries. To begin with, France is and has been the key force behind the push to lift the ban. At the Summit in Brussels in December 2003, the French President Jacques Chirac urged that the arms embargo against China be reconsidered. The Chinese President Hu Jintao was entertained lavishly during his visit to Paris in January 2004. The fact that Beijing's long shopping list includes French Mirage fighter jets and German stealth submarines, combined

---

56 N. Smith, *MEPs Protest Lift of China Arms Embargo*, 17 December 2003, available at http://www.eupolitix.com/EN/News/200401/1fdff6a6-fbce-4e73b6afb.htm.

57 *Ibidem*. MEP Daniel Cohn-Bendit (co-leader of the Greens).

58 Interview with a Permanent Representative.

59 The EU-25 are: France, Germany, Belgium, Luxemburg, Netherlands, United Kingdom, Ireland, Spain, Portugal, Greece, Italy, Denmark, Finland, Sweden, Austria (the former EU-15) and Cyprus, Czech Republic, Estonia, Lithuania, Latvia, Hungary, Malta, Poland, Slovenia and Slovakia (the ten new Member States).

60 Being an active observer implies presence and attendance at all EU meetings without taking part in the decision-making.

with China's position as the fastest growing economy in the world and its readiness to spend heavily on modernising the country's armed forces[61], undoubtedly play a role in the French and Chinese opinion to abolish the EU arms ban as soon as possible. Secondly, we highlight the position of the United Kingdom that initially opposed the lifting of the embargo. Apart from the fact that the embargo does not imply an economic loss for the UK (since it exports arms to China under the present embargo anyway, see 2.3), its position should also be seen in relation to its great ally, the USA, which are also strongly in favour of maintaining the arms embargo against China. For the USA, lifting the embargo would lead to regional instability with regard to Taiwan[62]. In addition, fearing that American technology might fall into Chinese hands, USA tries to exert pressure on the EU by 'threatening' to review its commercial defence policy with the EU; more specifically the USA promise to offer easier access to its technology if the EU maintains the embargo against China[63]. Thirdly and lastly, we refer to the Dutch position to show that it is not possible to give the position of each EU country on this matter, not only because national viewpoints are not made public, but also because, as in the Netherlands and other countries, no national position exists because government and Parliament have opposite viewpoints.

We return to the current point of interest, i.e. the tendency in the European Council after 26-27 April 2004. The main tendency is that no one explicitly opposes the lifting of the embargo. The European Council requested the Permanent Representatives Committee (COREPER) and the Political and Security Committee (PSC) to examine the issue further and to take the discussion forward. The latest report indicates that the European Council will try to take a decision in the second half of this year.

The following and final chapter briefly summarises the substance of our paper and concludes with some personal findings.

---

61 Annual increase of the Chinese defence budget of about 10% in the past twelve years! Suggestion Reviser to Author: Use bold face for Annual in this note and in note 62.

62 The USA recently supplied Taiwan with a defensive system of about 1.8 billion dollars. Cf. Interview with a Permanent Representative.

63 Interview with a Permanent Representative.

II. Conclusion

The EU arms embargo was imposed on 27 June 1989 as a direct response to the brutal actions of the Chinese authorities against protesters calling for democratic and political reform. The protests culminated in the night of 3-4 June 1989 in the area around Tiananmen Square when the Chinese army moved in and hundreds of unarmed civilians were killed or injured.

As the 15th anniversary of the demonstration approaches, one of the sanctions taken by the EU – the arms embargo against China – is on the current affairs agenda. Some countries among the EU-25 and China itself are pushing to have lifted, claiming it is outdated.

The political declaration of the European Council of Madrid in 1989 clearly stated that under *the present circumstances* it would seem advisable to adopt an embargo on trade of arms with China. Therefore we put the question whether the embargo should be lifted once those circumstances have changed or whether the decision should be made dependent on fulfilling certain conditions.

Opponents of lifting the embargo, for example Amnesty International, demand that China should fully respect human rights in the first place. Despite the signing of several international human rights accords (such as the International Covenants ICESCR and ICCPR) and substantial progress since 1989, serious violations of human rights continue to take place in China. Thirteen Tiananmen prisoners for example are still kept in jail.

The EU Code of Conduct on Arms Exports cannot be considered as a credible and fully fledged alternative to the arms embargo against China in terms of human rights protection. While the EU Code of Conduct sets out human rights criteria to be taken into account when granting arms export licences, it has no legal teeth and the weak wording is open to interpretation by each Member State individually. Note however that the Code is currently under review to tackle its shortcomings.

Advocates of lifting the arms embargo, however, argue that the ban does not reflect the political reality of the contemporary world and is therefore outdated. China does not belong in the list of countries against which the EU maintains weapons embargoes, for example Myanmar, Sudan, Burma and Zimbabwe. The bilateral relations between the EU and China have gained extraordinary momentum over the past few years, so that China is becoming a strategic partner of the EU.

So where does the European Council – the EU body that must unanimously decide whether or not to lift the arms embargo against China – find itself today? The latest tendency shows that no EU country has explicit objections to abolishing the embargo. But it is believed that if China should send out positive signals (for example releasing the last thirteen Tiananmen prisoners and justified its progress in the field of human rights), then it would be easier for the EU to lift ban. The most recent meeting of the European Council requested that the PSC and COREPER take the discussion forward and the decision has been postponed to the last half of the current year (2004).

We conclude this paper by returning to the question of whether or not the decision to lift the arms embargo should be made dependent on fulfilling certain conditions. It is my personal opinion that the abolition of the ban should not be coupled to new conditions such as the current state of human rights in China. Even when the embargo was imposed – besides a lot of other diplomatic and economic sanctions against China, which have all been lifted in the meantime – no political dialogue about human rights in China took place. We are having it at the present time and the EU now disposes of a formal framework to dialogue with China. Tiananmen and the embargo have little to do with that. Foreign Policy must work with the world as it is, not as it should be ideally. Countries cannot circumvent associations by 'suppressing' countries. Diplomacy has never been a game of virtuousness, rather a school of realism[64]. Nevertheless, consistency should be possible when sending out signals and taking decisions.

III. Appendix

A. Content of the ICCPR (International Covenant on Civil and Political Rights)

"The ICCPR includes a preamble and 53 articles divided into six parts, and lays down concrete regulations concerning all civil and political rights. The preamble makes clear that these rights derive from the inherent dignity of every individual and that they accord with the spirit of the UDHR". It stresses that "The ideal of free human beings enjoying civil and political freedom and freedom from fear and want can only be achieved if conditions are created whereby everyone may enjoy his civil and political rights, as well as his economic, social and cultural rights".

The Covenant guarantees the following rights: (1) the right to life, which requires that the death sentence can be meted out only in the most serious of cases, and may not be used against those under eighteen years

64 De diplomatie is "nooit een wedstrijd van deugdzaamheid geweest. Ze is veeleer een school van realisme". Cf. M. Doornaert, "Doorprikt staat netjes. Mensenrechten of wapens, Chinees dilemma", in *De Standaard*, 31 January 2004.

old nor carried out against pregnant women; (2) prohibition of inhuman or degrading treatment or punishment; (3) prohibition of slavery and forced labour; (4) right to liberty and security of persons; (5) right of persons deprived of their liberty to be treated with humanity and with respect for the inherent dignity of the human person; (6) no one shall be imprisoned merely on the ground of inability to fulfil a contractual obligation; (7) freedom of movement and of choice of place of residence; (8) prohibition of illegal expulsion of aliens; (9) equality before the law, the guarantee of a fair trial, the presumption of innocence, and non-retroactivity of criminal law; (10) right of everyone to recognition as a person before the law; (11) freedom from interference with privacy, family, home, and correspondence; (12) freedoms of thought, conscience, religion; (13) freedom of expression; (14) the rights of peaceful assembly and freedom of association; (15) the guarantee of freedoms of family and marriage, and the rights of children to such measures of protection as are required by their status as minors, on the part of their family, society, and the state; (16) the right to take part in the conduct of public affairs, the right to vote and to be elected, and the right to have access, on general terms of equality, to public service in one's country; (17) the right of equality; and (18) the rights of minorities"[65].

B. Content of the ICESCR (International Covenant on Economic, Social and Cultural Rights)

"The ICESCR includes a preamble and 31 articles divided into five parts. Its preamble contains equivalent language about creating conditions for everyone to enjoy all human rights. The rights which the signatory nations are legally required by this Covenant to protect include: (1) the right to work; (2) the right to just and favourable conditions of work; (3) the right to form trade unions and join the trade union of one's choice and the right to strike; (4) the right to social security, including social insurance; (5) the right to an adequate standard of living, freedom from hunger, and the right to enjoyment of the highest attainable standard of physical and mental health; (6) the right to education; (7) the rights to take part in cultural life, to enjoy the benefits of scientific progress and its applications, and to benefit from the protection of the moral and material interests resulting from any scientific, literary, or artistic production of which one is the author"[66].

[65] White Paper: Human rights policy. http://www.gio.gov.tw/taiwan-website/5-gp/2002hr/hrp03.htm#1.

[66] White Paper: Human rights policy. http://www.gio.gov.tw/taiwan-website/5-gp/2002hr/hrp03.htm#1.

The EU and Macau

When History Motivates Political Co-operation

Violet SOEN

Master in European Studies –
Diplômée d'études spécialisées en études européennes, UCL

"Don't even start with it, you won't find a thing". The reaction came from Malcolm Subhan, vice-chairman of the European Institute for Asian Studies and lecturer of the IXth Chair Glaverbel, as I reflected on a paper about the western colonial past in Asia, as presented in European Union policy documents.

I honestly admit that after an inquiry into key words such as "history", "past" and "colonialism" in several policy documents concerning EU-Asia relationships, the catch was poor. This or that agreement or strategy might mark "a historical step" with regard to the future but accompanying considerations on the past are persistently lacking. The reason for the obvious absence is natural, even human, because past relationships between the European and Asian continents are considered highly problematic, they do not provide a solid base for political co-operation.

While most policy documents concerning EU-Asian issues thus cautiously avoid mentioning historical relationships, I was surprised to find a case in which they are abundantly quoted: Macau, a small region of only 23 km^2 situated in the southwest of the Pearl River Estuary, was formerly an overseas Portuguese territory but since its retrocession on 20 December 1999, it became a Special Administrative Region (SAR) within the People's Republic of China (PRC) under the "one country, two systems" formula.

Macau was the first European settlement in China, officially going back to 1557. Moreover, Macau has hosted the longest European presence as its retrocession only occurred just before the turn of the second millennium. During the late 16th and early 17th centuries *Macao* was a vibrant Portuguese trading centre where Europeans and Chinese exchanged products and knowledge. Furthermore, through its first western-style college, where Jesuits were trained in Chinese language, culture and philosophy before starting missionary activities on the Chinese mainland, Macau also became a keystone of cultural exchange between East and West.

The positive European attitude towards the historical relationship between Europe and Macau is striking. During a working visit in November 1998, the then president of the European Commission, Jacques Santer, praised Macau "for its long historical relations with Europe". He insisted on the fact and stated that Macau and Europe "share the same common values and civilisation"[1]. The first annual report from the Commission to monitor the situation in Macau after the handover evoked the "long-standing historical links [...] the shared values and similar approaches to progress and development" as a motivation for political cooperation[2].

This repeated insistence on long historical relationships from the European side is even more striking compared to the Chinese point of view. The Chinese translation of the *transferencia de poderes* was *Hui Gui*, a return of something to its original owner[3]. The handover of Macau, less acrimonious than the retrocession of Hong Kong, was for the Chinese a clear process of decolonisation, in which colonial policymakers transferred administrative and political power to indigenous people[4]. When Macau returned to China – the term is not neutral – not only the Macau and mainland Chinese community celebrated, but all Chinese communities worldwide[5].

Portugal did not oppose the retrocession, because, already in 1974, it had agreed to hand over sovereignty to China in 1999. Nevertheless, Macau remained a Portuguese "national question", partly because it was

---

1 "European Commission President, Jacques Santer, Praises Macau for Its Long Historical Relations with Europe", in *Newsletter of the World Trade Center Macau*, vol. XIII, January 1999, p. 2.

2 European Commission, *Report from the Commission to the Council and the European Parliament, First Annual Report by the European Commission on the Macau Special Administrative Region*, COM(2001)432 final, 25 July 2001, p. 3.

3 H. Brunning, "Solemn Events for the Big Day", in *South China Morning Post*, 2 July 1999.

4 For this definition I refer to: H.S. Yee and S.S.H. Lo, "Macau in Transition. The Politics of Decolonization", in *Asian Survey*, vol. XXXI, No. 10, October 1991, pp. 905-919, p. 905.

5 W. Wuyi, "Small Macau Consolidates Relations with Big Europe", in *Europe-China Magazine*, September 2002: reprinted in *GC. comm* (Newsletter of the German Industry and Commerce Hong Kong, South China, Vietnam and the German Chamber of Commerce, Hong Kong, February 2003) pp. 19-22, p. 19.

the last administrative territory in East Asia with a Portuguese cultural legacy and partly because it was regarded as a bridge for trade with China[6], but for China, Macau constituted the last testimony of European interference, even European imperialism[7].

The interpretation of history is fundamental to the issue of colonialism and decolonisation and the following anecdotic example may illustrate the point. During the transition process, after the Joint Declaration of China and Portugal in 1987 on the future status of Macau, a high-ranking Chinese official criticised the Macau government for keeping a statue in honour of João Ferreira do Amaral[8]. While for local Portuguese residents this governor of Macau (1846-1849) is a hero because he secured free trade with China, he is a symbol of colonialism for the Chinese. No objective view of Ferreira do Amaral's governorship can be put forward since an up-to-date biography of the governor has yet to be written. Portugal wisely ended up by removing the statue of Ferreira do Amaral and shipping it to Lisbon[9].

It seems as though the European Union was trying to overcome the touchy point of decolonisation by transferring the strained bilateral political relationship onto European level. Policy documents also focus on the length of the intercultural relationships transforming the European presence in Macau into an overall harmonious period. This one-sided positive approach hardly takes into account that China regarded the Portuguese presence as a part of overall European imperialism.

This essay will not define a political strategy to overcome the clash of views and interpretations of history on either the Chinese or the European sides. Every view of history, especially on intercultural issues, remains fundamentally "coloured" by origin, language and culture. But recognition of this basic fact with consequent better historical awareness and, above all, better understanding of opposite views can ameliorate political co-operation.

The first part of this essay tries to reconstruct "Macanese history", which, remarkably for both Chinese and Portuguese, is "national history". More than a summary of names, facts and dates, this reconstruc-

---

6 Yee and Lo, "Macau in Transition", *op. cit.*, p. 919.

7 See the contribution of J.-G. Daigle in this volume.

8 Yee and Lo, "Macau in Transition", *op. cit.*, p. 910.

9 R. Ptak, "Macau and Sino-Portuguese Relations, ca. 1513-1514 to ca. 1900, a Bibliographical Essay", in *Monumenta Serica*, t. XXXXVI, 1998, pp. 343-396, p. 392. Cf. H.S. Yee, "The Eurasians (Macanese) in Macau: The Neglected Minority", in *Issues and Studies*, t. XXXIII, No. 6, 1997, pp. 113-132, p. 131 and R.L. Edmonds, "Macau and Greater China", in *China Quarterly*, t. CXXXVI, 1993, pp. 878-906, p. 911.

tion searches for divergent views and their underlying reasons. It also tries to confront the European positive attitude with these "images". The second part evaluates European policy-making in relation to SAR Macau, and more especially the search for the preservation of the European cultural legacy in Macau.

I. Interpreting History: Facts or Images?

While historical research on Macau has long remained overshadowed by contributions on Hong Kong, the former Portuguese overseas province has become a flourishing field of study during the last two decades. Zhang Haipeng, director of the Institute of Contemporary History at the Chinese Academy of Social Sciences, even has the impresssion that Macau research has caught up with Hong Kong historical research[10]. But this favourable stance is not neutral.

A. Structural Obstacles of Historical Research on Macau

Certainly "in the case of Macau, history is nearly always related to politics, and politics is tied up with the complex theme of Sino-Portuguese relations"[11]. The sudden interest of Chinese scholars in Macau's past was a factual result of the Sino-Portuguese political negotiations which started in the 1980s[12] and writing up Macao's past seems to have become something of an 'industry'[13]".

During the transition period, funds were made available for historical research into the Sino-Portuguese heritage, in the hope that this would keep Macau's identity alive after 1999. Unfortunately, the competition between scholars and institutions also led to "unwanted rivalries" between different research groups. Roderich Ptak, a prominent German researcher on Macau who describes his position as a "neutral obser-

10 Z. Haipeng, "Die Erforschung der Geschichte von Macau: Fortschritte und Probleme bei der Untersuchung der macanesischen Geschichte in Festland China", in R. Malek (ed.), *Macau: Herkunft und Zukunft* (China-Zentrum Sankt-Augustin), Sankt Augustin, 2000, pp. 213-228, p.215 and R. Ptak, "Twentieth Century Macau: History, Politics, Economy. A Bibliographical Survey", in *Monumenta Serica*, t. IL, 2001, pp. 529-593, p. 539 and 541.

11 R. Ptak, "Twentieth Century Macau", *op. cit.*, p. 565.

12 G.M.C. Ngai, "Macau's Identity: The Need for Its Preservation and Development in the Next Century", in A.H. Chen (ed.), *Culture of Metropolis in Macau: An International Symposium on Cultural Heritage Strategies for the 21th Century* (Instituto Cultural do governo da regiao administrative especial de Macau), Macau, 2001, pp. 139-155, p. 139. Cf. Haipeng, "Die Erforschung", *op. cit.*, pp. 214-215.

13 Ptak, "Macau and Sino-Portuguese Relations", *op. cit.*, p. 396.

ver"[14] reported how local newspapers – as a result of their "backward" links with the Chinese mainland pressure groups – only reported these rivalries. He pleads for future historians to disentangle this scenario[15].

Further structural problems prevent smooth academic research on the Macau topic. The research is quite naturally carried out in three geographical spheres: Portugal, Macau and the People's Republic of China. The three traditions also operate following different logics.

The axis of historical research on Macau in Portugal lies with different institutions in Lisbon. As Macau was part of the *Estado da India*, the overseas "empire" of Portugal from East Africa to East Asia, research is conducted from the imperial perspective, and/or in light of tropical history and missionary history. The setting stays predominantly European as no sinological institution provides links with general Chinese history. Nevertheless many scholars provide very balanced accounts[16].

The centres of historical research in the PRC are mainly Guangzhou (main neighbouring city on the Pearl River) and also Nanjing, Shanghai and Beijing[17]. The institutional side of Macau research on the mainland is not very developed and depends essentially on individual efforts. But Chinese mainland research on Macau is intertwined with the study on the "imperialistic intrusion" of Europe on the Asian continent. Some academics only study the aspect of "imperialistic aggression"[18]. The results of mainland scholarship are often very one-sided and influenced by nationalist (even nationalistic) representations. Language barriers and prejudices often prevent any acquaintance with western methodology[19].

Local research in Macau is divided into studies within the framework of the *Macau Foundation* which promotes monographs in Chinese, the *University of Macau* which does scholarly work on Chinese mainland traditions, unfortunately with a low degree of internationalisation[20], and

14 R. Ptak, "Macau: China's Window to the Latin World", in A.H. Chen (ed.), *Culture of Metropolis in Macau: An International Symposium on Cultural Heritage Strategies for the 21st Century*, *op. cit.*, pp. 329-336, p. 329.

15 Ptak, "Macau and Sino-Portuguese Relations", *op. cit.*, p. 347.

16 *Ibidem*, pp. 344-345.

17 Haipeng, "Die Erforschung", *op. cit.*, p. 215.

18 *Ibidem*, p. 214.

19 Ptak, "Macau and Sino-Portuguese Relations", *op. cit.*, p. 344.

20 Eminent Persons Group Macau, *Macau in the Context of EU-China Relation*, 3 March 1999, pp. 1-31, p. 10. The Eminent Persons Group on Macau was formed in May 1998 on the initiative of the Portuguese Institute of International and Strategic Studies and was composed of an independent group of European personalities from different EU countries who agreed, in their private capacities, to carry out a joint reflection on the role Macau might play in the context of European Union-China relations

the *Cultural Institute of Macau* which stimulates multilingual research and cultural exchanges[21].

The fundamental barrier between the different research traditions is frequently a question of language. The language issue is certainly not neutral. A lusophone article sees history through Portuguese eyes, just as a sinophone article sees it from a Chinese point of view. But the anglophone mediation between Chinese and Portuguese researchers may well be unfavourable too. The Anglo-Saxon world is often influenced by images dating from the period when Macau was still a competitor of Hong Kong and was heavily influenced by eurocentrism. The "neutral observer" Roderich Ptak likes to call this process "image making *à l'anglaise*" and fears that Macau "history" will change profoundly if Chinese scholars only become acquainted with western knowledge through Anglo-Saxon research[22]. *Macao* is gradually being transformed into *Macau*.

The growth of interest in the history of Macau has certainly not balanced out divergent views. Structural obstacles such as institutional and geographic spheres of influence remain. Scholarship is often conducted in separate cultural settings which could feed cultural prejudices. Language barriers and mediation in English influence the objectivity of results. At the same time open-mindedness is steadily growing. But European and Chinese views still clash on the heart of the matter: the origins of Portuguese presence, the qualification of Portuguese relations with China, the influence of the Opium Wars and the general cultural significance of Macau in East-West relations.

B. Origins of Portuguese Presence in Macau

The most debated question remains the 16th century origins of Portuguese presence in Macau. One traditional explanation claims that the Portuguese chased away pirates who were assaulting the Pearl River Estuary, thereby winning permission from the local authorities to settle down. This old theory, which is most probably an invention of Portuguese settlers, has been largely replaced by the evidence of Portuguese corruption in order to obtain permission to establish a trading post in

in the XXI century. The EPG also included a panel of (academic) experts who assisted the Group in its deliberations.

21 Ptak, "Macau and Sino-Portuguese Relations", *op. cit.*, pp. 345-346.

22 Ptak, "Twentieth Century Macau", *op. cit.*, p. 535 and above all: Ptak, "Macau: China's Window to the Latin World", *op. cit.*, pp. 329-331.

1557[23]. A radical mainland Chinese school has "arrogantly" stated that the "real" pirates were the Portuguese thus demolishing all conventional accounts of Western historiography[24].

Passing over the "right" historical tradition can seriously affect Sino-Portuguese relations. On the last celebration of the Portuguese National Day before the handover (10 June 1999), a Portuguese socialist parliamentarian, Antonio de Almeida Santos, declared that the 400 years of Portuguese presence was "a result of a meeting of desires, the natural consequence of an alliance in fighting piracy which at the time was the scourge of the Chinese seas". Maybe because of his age (the man was in his seventies) the speaker was still impregnated with the old Portuguese nationalistic views and certainly hadn't caught up with modern historical research. But the historical claim did not pass without bruising Beijing. The *Ou Mun Daily*, "a quasi-official mouthpiece of Beijing" immediately responded by blaming the Portuguese parliamentarian for "ignoring the historical facts of gradual occupation". In any case, the editor of the *Ou Mun Daily* thought that Portugal should concentrate on economicand structural development instead of making unfounded historical claims"[25].

C. Qualification of Portuguese Presence in Macau and Its Relations with China

Most Chinese authors refer to the Portuguese presence in Macau as an "invasion" and "occupation" and above all as "colonisation". Some mainland Chinese scholars have even argued that the Portuguese never obtained permission to settle there. This Chinese claim seems untenable, even if the exact circumstances in which the Ming dynasty consented to the Portuguese presence on their costal territory are contested. Other authors contend that the Macau trade damaged the Chinese economy[26].

European accounts tend to focus on the flourishing trade which brought profits "not only to Portugal, but also to China". According to this tradition, Sino-Portuguese relationships were based on "mutual benefits and mutual respect"[27]. We can only get an overall view of Sino-Portuguese relations by dividing the almost five centuries of Sino-

23 B.V. Pires, "Origins and Early History of Macau", in R.D. Cremer (ed.), *Macau: City of Commerce and Culture*, Hong Kong, 1987, pp. 7-22; pp. 9-12 and Haipeng, "Die Erforschung", pp. 216-217.

24 Ptak, "Macau and Sino-Portuguese Relations", *op. cit.*, p. 374.

25 The whole incident was reported by: H.Brunning, "History Lesson for Portugal", *South China Morning Post*, 18 June 1999.

26 Haipeng, "Die Erforschung", *op. cit.*, pp. 219-222.

27 Eminent Persons Group Macau, *Macau in the Context of EU-China Relations*, pp. 4-5.

Portuguese relations in Macau into historical periods. The period between the foundation of Macau in 1557 till the tragic end of a Portuguese goodwill mission to Japan and the Qing Manchu conquest of China in the 1640s is often regarded as the Golden Age of Macau in which trade boomed, mainly between Guangzhou and Japan. Several authors have studied the "Macao Formula" of the Ming dynasty and the "Chinese management of Westerners"[28].

The "Mid-Seventeenth Crisis" (not only in Macau but also in China and Japan) was mainly characterised by Qing blockades and Portuguese missions to try to relieve Macau's problems. After 1680 the prohibitions were mainly relaxed, pushing international trade to unknown heights via the Maritime Silk Route. Qing regulations elevated Macau from a trading port to a "service center" for many Northwest Europeans. At the end of the 18th century Macau had a large European community within its city walls.

There are few Chinese contributions on the Golden Age or transitional period[29], but some already see the characteristics of true colonialism present in this period. An eminent Chinese author Fei Chengkan challenged this view by claiming that during the first three hundred years the relations between China and Portugal were harmonious[30]. Western historiography is still adding some important footnotes to this "harmonious" perception, but generally speaking Sino-Portuguese relationships before the Opium Wars were based on mutual respect and diplomacy in the same spirit.

D. Opium Wars and 20th Century Macau

The 19th century brought profound changes to Sino-Portuguese relations. Macau was sandwiched between China and Britain (which attempted to conquer the Portuguese territory) and tried to stay neutral. Even during the Opium Wars no shot was fired in Macau.

When Britain started to bind China through formal contracts, the Portuguese decided to restructure Macau profoundly, transforming it into a free port with modernised infrastructure[31]. The aforementioned governor João Maria Ferreira do Amaral, who was responsible for restructuring Macau, was eventually murdered by Chinese criminals. Chinese mainland research tries to water down this conventional historical view. They omit Portuguese merits and portray the murderers of Amaral as patriotic

---

28 Ptak, "Macau and Sino-Portuguese Relations", *op. cit.*, p. 378.

29 *Ibidem*, p. 382.

30 Haipeng, "Die Erforschung", *op. cit.*, p. 221.

31 A general survey: Pires, "Origins and Early History of Macau", pp. 13-15.

heroes "to the extent that they have almost become revolutionary immortals"[32].

It is true that Macau during the period 1840-1870 was involved in the coolie and opium trade. At the same time the Hong Kong level was much higher and led to more excesses[33]. The coolies, contract workers who were mostly poor Chinese mainland immigrants, were shipped via Macau towards America and South East Asia. Neither the Europeans nor the Chinese took any notice of the humanitarian aspects of the coolie trade.

Chinese authors seldom place the coolie trading in the greater historical perspective in which China was always involved, that is "exporting manpower"[34]. They also have to realise that the coolie trade was not causing Macau's decline[35].

After the Opium Wars, Macau never caught up with Shanghai or Hong Kong. As a result of the weakness of the Chinese imperial court and intrigues, Portugal negotiated the Treaties of Tianjin in which China confirmed the perpetual occupation of Macau. In 1887 the Protocol Respecting the Relations between the Two Countries was signed in Lisbon and conceded the "perpetual occupation and government" to Portugal which promised "never to alienate Macau and dependencies without agreement of China". But China never ratified these and other treaties which upheld Portuguese sovereignty[36].

The upward spiral of mutual respect and benefits broke down and was replaced by inequality and coercion[37]. During this period "real colonialism" appeared, although still a lot has to be done to trace the evolution and interpretation of of international law in this century to evaluate this colonialism[38].

Macau managed to stay neutral during the Sino-Japanese War which gradually led to World War II. Temporarily, the Portuguese territory hosted thousands of immigrants. Portugal designated Macau as a separate overseas province in 1955.

Portuguese control of the Macau territory declined after anti-government riots in 1966. Due to the *coup d'état* in Portugal, the Portuguese

---

32 Ptak, "Macau and Sino-Portuguese Relations", *op. cit.*, p. 389.

33 Ptak, "Macau: China's Window to the Latin World", *op. cit.*, p. 339.

34 Ptak, "Macau and Sino-Portuguese Relations", *op. cit.*, pp. 392-394.

35 Haipeng, "Die Erforschung", *op. cit.*, pp. 221-223.

36 Pires, "Origins and Early History of Macau", *op. cit.*, p. 15.

37 Ngai, "Macau's Identity: The Need for Its Preservation", *op. cit.*, p. 141.

38 Haipeng, "Die Erforschung", *op. cit.*, p. 223, p. 226 and Ngai, "Macau's Identity: The Need for Its Preservation", *op. cit.*, p. 141.

government wanted to leave Macau and it informed the People's Republic of China of its intentions in 1974. Beijing did not agree (because of the 'three steps'-axiom: first Taiwan, then Hong Kong and finally Macau[39]) but from then on Chinese influence grew in Macau. In 1979 a secret agreement defined Macau as Chinese territory under Portuguese administration. Negotiations starting in 1985 resulted in a Joint Sino-Portuguese Declaration in 1987 fixing 20 December 1999 as the date for retrocession.

E. Cultural Significance of Macau as a Bridge between East and West

This chronological survey of Macanese history has left out the most acclaimed aspect of its history: its role as a cultural bridge between East and West, or better defined as Europe and China. The cultural blend of both the East and West is reflected in folklore customs, music and gastronomy[40]. Thanks to their ethnic mix the Macanese were facilitators in this process. Macau hosted the first European university founded in 1597 by the Jesuits for their own and other students. Famous missionaries – the Belgian Ferdinand Verbiest, for instance – were educated in Macau before departing to the Beijing court. Many influential thinkers and leaders in China came from areas near to Macau and therefore they had access to Western learning. The people of Macau were granted religious freedom.

Architecture: for example the famous ruins and façade of San Paulo Cathedral, is a mix of Western style and oriental design. Macau has a long tradition in publishing too. The first Western newspapers in the East were printed in Macau[41].

This positive view of "cultural exchange" does not mean that western influence in Macau was a harmonious amalgam: Dutch riots often challenged the Portuguese presence, as did French, German and British adventurers. Intra-European conflicts were also transferred to the Far East. But the previously quoted Chinese author Fei Chengkang still maintains that: "In spite of its five thousand year-old Chinese culture, Macau is without doubt one of the most significant centers in the cultural exchange between East and West". He even thinks that Macau had

---

39 M. Chan, "Different Roads to Home: The Retrocession of Hong Kong and Macau to Chinese Sovereignty", in *Journal of Contemporary China* XXXVI (August 2003) pp. 493-518, p. 514.

40 For a full account on this theme: A.R. Zepp, "Interface of Chinese and Portuguese Cultures", in R.D. Cremer (ed.), *Macau: City of Commerce and Culture*, *op. cit*, pp. 125-138.

41 Ptak, "Macau and Sino-Portuguese Relations", *op. cit.*, p. 346.

a greater influence on cultural exchanges between the East and the West than the Silk Route[42].

F. Taking Historical Relationships into Account…

History and politics often make for a difficult marriage. If Europe founds its Macau policy on the "long historical relationships" with the territory, it should realise that the Chinese population does not perceive these historical ties with a lot of sympathy. In mainland China the 19th century opium and coolie trade is often projected onto the whole period of Portuguese "occupation". No differentiation is made between the Portuguese and British forms of imperialism. A lot of people think that Portuguese occupation shrank China's trade and that the coolie trade finally led to the decline of Macau.

Europeans often inverse the process. They project the originally "harmonious" cooperation on the presence of "Europeans" and on euro-centrism that obscures the issue of the 19th century of inequitable treaties and the slave trade.

Still, it should be made clear that Macau's history is almost free from "unwanted historical ballast" as Roderich Ptak puts it. Macau disposes of a "noble Latin past" (different from the British tradition!) which it can exploit[43]. Without European presence in Macau it is very unlikely that the fishing village would ever have turned into a major trading port which now has one of the highest *per capita* incomes in the region[44].

Historical research on "views" and "images" on both sides, taking even into account American, Japanese and British opinions, may be the real challenge for future scholarship.[45] This knowledge is an essential process in intercultural learning and eventually in intercultural political cooperation. However, a lot has to be done to reach a consensus on the role of Macau in history. Some consider it very negative for the Chinese mainland and its trade, while others stress the positive influence of the Portuguese presence on Chinese trade figures[46].

An Eminent Persons Group set up to study Macau in the context of EU-China relations has pleaded for academic exchanges not only in the

---

42 Cited by: Haipeng, "Die Erforschung", *op. cit.*, pp. 223-225.

43 Ptak, "Macau: China's Window to the Latin World", *op. cit.*, p. 331.

44 In the same sense of argumentation: H. Bunning, "History Lesson for Portugal", in *South China Morning Post*, 18 June 1999.

45 Cf. Ptak, "Macau and Sino-Portuguese Relations", *op. cit.*, p. 330.

46 Haipeng, "Die Erforschung", *op. cit.*, pp. 227-228.

field of technology but above all in humanities and social science[47]. Also voices in Macau appeal for more in-depth academic research, with an emphasis on humanities, both in Chinese and Portuguese, and an increased interflow of academics[48].

But even if historical consensus grows in the future, national sensibilities will remain and will have to be taken into account by political co-operation.

II. EU-Macau Political Co-operation: Preserving the European Cultural Heritage?

The history of Macau is in many regards "unique". With its 23 km² (much of the surface area is the fruit of land reclamation) and a population of around 430,000 inhabitants, the Special Administrative Region Macau, China (MSAR) is the smallest entity in Greater China. "Big brother" Hong Kong is 62 times larger and has 11 times more population[49]. The small size of the territory and its lack of natural resources prohibit major economic development. Macau's ambition is to become a second service centre and a hub of the Pearl River region.

The population of Macau belongs to three major ethnic groups: the Chinese, the Portuguese and the Macanese. The Macanese, also referred to as "Eurasians", are a minority of 2%. Unlike Hong Kong where British colonists didn't usually marry indigenous people, Macanese are mostly Macau-born people of mixed Portuguese-Chinese origin. Individual or family links with other Eurasians, the Portuguese language, Catholicism and/or self-identification are the basic criteria for defining this group of approximately 10,000 people[50]. About 97% of the Macau population is ethnic Chinese, mainly Cantonese. Larger Chinese minorities are from Fuji and Shanghai. The Guangzhou Cantonese is the current language, although Mandarin has gained ground since 1999. Less than 1% of the population are Portuguese and their number has quite naturally decreased since 1999.

The relationships between these ethnic groups haven't always been smooth. While the Chinese people looked down on the mixed-race

47 Eminent Persons Group Macau, *Macau in the Context of EU-China Relations, op. cit*, p. 17.

48 Ngai, "Macau's Identity", *op. cit.*, p. 141.

49 Edmonds, "Macau and Greater China", *op. cit.*, p. 878.

50 H.S. Yee, "The Eurasians (Macanese) in Macau", *op. cit.*, pp. 113-115. A more recent article cites 15,000 but this seems rather unlikely: B. Hook. and M.S. Neves, "The Role of Hong Kong and Macau in China's Relations with Europe", in *China Quarterly*, t. CLXIX, 2002, pp. 108-135, p. 119.

Macanese, the latter succeeded in attaining government positions and thus a higher social status. But while the Macanese played a prominent role in local politics, they were isolated from business and didn't catch up with the economic growth of the 1980s and 1990s[51]. Also the Portuguese have mainly been involved in politics and have made only minor efforts to integrate into the Chinese or Macanese community[52].

Some anthropologists used the metaphor of a tropical "typhoon" to describe the changing social and political environment that Macau would face after 1999[53]. The major issue of every decolonisation process and thus that of Macau is the "localisation" of the civil service[54]. Since they form the vast majority of the population, the ethnic Chinese really claim this localisation for themselves. Macanese have thus lost their dominant role in the administration and in local politics. As a result of this and a fast growing "Sinicization" the cohesive forces of the Macanese community have weakened. The Lusophone tradition in daily life (not in government) may well disappear in the "not-too-distant future"[55].

The tendency in the transitional period and certainly after the handover of Macau, was to overemphasize "Chineseness" and to dilute Latin characteristics. The Chinese Macau citizens consider that, as a majority, they have the right to react against "imperialism" and to throw "colonial" heritage overboard[56]. As we have pointed out, these feelings are not fully in line with historical accounts but nevertheless they are vehemently present within Macau society. Most Chinese don't even look at Macau as being different from Hong Kong. They use the expression "Kong Ou" for both[57].

A. Cultural Heritage Policy: Between Lisbon, Beijing and Macau

How should one deal with European culture within a society which is rapidly absorbing Chinese elements? The question was first raised on the bilateral level of Sino-Portuguese relations. During the retrocession negotiations the hidden agenda of Portugal has always been to preserve

---

51 Yee, "The Eurasians (Macanese) in Macau", *op. cit.*, pp. 115-118.

52 Edmonds, "Macau and Greater China", *op. cit.*, p. 901.

53 Yee, "The Eurasians (Macanese) in Macau", *op. cit.*, p. 114.

54 S.J. Henders, "So What If It's Not a Gamble? Post-Westphalian Politics in Macau", in *Pacific Affairs*, t. LXXIV, No. 3, 2001, pp. 342-360. Cf. Yee and Lo, "Macau in Transition", *op. cit.*, p. 913.

55 Yee, "The Eurasians (Macanese) in Macau", *op. cit.*, p. 119.

56 Ngai, "Macau's Identity: The Need for Its Preservation", *op. cit.*, p. 144.

57 *Ibidem*, p. 141.

Portuguese cultural heritage and to protect the Macanese minority[58] (even if the Macanese eventually felt betrayed by both Portugal and China[59]). The Portuguese have always accepted a distinct Macanese cultural identity as the "flip side" of their support for Macau's autonomy[60]. This process is not without economic considerations as Macau is seen to be facilitating Sino-Portuguese trade[61].

During the transition period 1987-1999, Portugal spent a lot of public funds on local museums (as for example the Maritime Museum) and archives. At the Macau University of East Asia a new master's degree in Luso-Asian History has been introduced[62].

For Beijing these cultural politics are of no interest as the People's Republic of China wants to reduce foreign influence as much as possible[63]. Several local pro-Beijing forces in Macau have largely condemned the idea of erecting seven monuments to in memory of Sino-Portuguese heritage as "a waste of public funds"[64]. For that reason the Portuguese government has either been "unwilling or unable to pressure the Chinese authorities to take concrete steps to preserve the Portuguese language and culture in post-1999 Macau"[65].

Since the installation of the MSAR in 1999, a third – and more discrete voice has found its way into the discussion between China and Portugal. Within the "one country, two systems" formula the Macau government has developed its own cultural heritage policy in the framework of a *Cultural Institute* under the governmental Secretary for Commerce, Tourism and Culture. This cultural heritage policy wants to stress what makes Macau "unique"[66]. A UNESCO adviser analysed the main asset of Macau correctly: "The phenomenon that a city functions both as a cultural and trade centre is rare in Asia"[67].

---

58 Chan, "The Retrocession of Hong Kong and Macau to Chinese Sovereignty", *op. cit.*, p. 507.

59 Yee, "The Eurasians (Macanese) in Macau", *op. cit.*, p. 121.

60 Henders, "Post-Westphalian Politics in Macau", *op. cit.*, pp. 356-357.

61 Edmonds, "Macau and Greater China", *op. cit.*, p. 905. Cf. Yee and Lo, "Macau in Transition", *op. cit.*, p. 919.

62 Yee and Lo, "Macau in Transition", *op. cit.*, p. 911.

63 Eminent Persons Group Macau, *Macau in the Context of EU-China Relations, op. cit.*, p. 16.

64 R. Clarke, "Row over Financing of Public Projects in Macau", in *South China Morning Post*, 12 April 1993.

65 Yee, "The Eurasians (Macanese) in Macau", *op. cit.*, p. 131.

66 A. Durão, "Cultural Heritage Policy in Macau", in Chen, *Culture of Metropolis in Macau, op. cit.*, pp. 117-120; p. 117.

67 Wuyi, "Small Macau", *op. cit.*, p. 21.

The MSAR can better play its role and become more independent of its bigger neighbour Hong Kong[68], only if it strengthens its heritage Moreover, this option is linked to economic considerations. If Macau integrates further into "Greater China", the SAR may loose the characteristics that can really contribute to its economic development[69]. Without its unique historical and cultural character, Macau is only another Chinese town in the Pearl River region. Further "Sinicization" would impede its trading connection with a broader Lusophone and Latin world.

B. A Role for the European Union? The 1992 EU-Macau Trade and Co-operation Agreement

The outcome of the constitutional procedures regarding the Macau handover was of vital interest within the framework of Sino-European relations, mainly because of the "complex legacy of extra-territoriality" and the international role that the MSAR could take up within the People's Republic of China[70].

During the first Sino-Portuguese negotiations in 1985, a role for the European Economic Community was not at issue as it did not have authority over its external policies. Again, after the Common Foreign and Security Policy was set in action, the authors Hook and Neves recently qualified the EU as "remarkably absent and silent with respect to Macau's transitions, and its involvement did not go beyond the formal diplomatic statements of the European Council"[71].

Maybe this assessment is too severe as will appear from the list of programmes and actions undertaken by the EU. Nevertheless, there is an element of truth in the authors' statement for two reasons: first, the United Kingdom has always refused put the Hong Kong and Macau problems on the EU agenda, and, secondly, Portugal has tried to dissociate the Macau dossier from the tension-fraught Sino-British negotiations[72]. The decolonisation negotiations of Macau and Hong Kong have largely been made within a bilateral framework.

Nonetheless, Portuguese lobbying put Macau on the European negotiation table in 1992. The hidden agenda of Portugal was manifold: the Portuguese wanted to increase the visibility of Macau in Europe but at

---

68 Ngai, "Macau's Identity: The Need for Its Preservation", *op. cit.*, p. 144.

69 Cf. Edmonds, "Macau and Greater China", *op. cit.*, p. 906.

70 Hook and Neves, "The Role of Hong Kong and Macau in China's Relations with Europe", *op. cit.*, pp. 108-135.

71 *Ibidem*, p. 117.

72 *Ibidem*, p. 112.

the same time they saw an EU-Macau agreement as a means to enhance Macau's European heritage. The Portuguese presidency during the first semester of 1992 provided the opportunity to sign an EU-Macau agreement[73].

More general European considerations were detectable between the lines. EU-China relations had deteriorated since the Tiananmen tragedy and the ensuing EU sanctions. The EU also feared that human rights and democratic principles were under threat in Hong Kong and Macau; consequently outside support would be welcome[74].

The EU-Macau Agreement on Trade and Cooperation remarkably combined two areas of interest: the economic-technical layer with a political "cooperation" dimension which involved the promotion of democracy and the protection of human rights. The 1992 Treaty on Trade and Co-operation which came into effect on 1 January 1993 represents for the MSAR "by far the most significant international treaty ever signed by Macau". The agreement was extended after 1999. A *Joint Committee* (composed of both EU and Macau civil servants) annually monitors the agreement and initiates programmes[75].

The agreement did not send EU-Macau trade relations spiralling upwards, because technological cooperation became dominant. Since 1995 programs aiming at business cooperation, SMEs and the service sector have been set up. Also the Asia-Invest plan and its annual fairs have been targeted at Macau[76]. From the Macau point of view, the agreement has not produced the hoped-for economic results[77] and the EU has dropped from the rank of second to third MSAR trading partner.

In general, Macau looks on the agreement more as a cooperation chart than a real trade agreement (this caused a sense of frustration) and therefore believes the agreement is more relevant in a political and cultural perspective[78].

---

73 Henders, "Post-Westphalian Politics in Macau", *op. cit.*, p. 357.

74 Hook and Neves, "The Role of Hong Kong and Macau in China's Relations with Europe", *op. cit.*, p. 112.

75 Council of the European Economic Community, *Council Decision of 14 December 1992 concerning the Conclusion of a Trade and Cooperation Agreement between the European Economic Community and Macau*, Official Journal L 404, 31 December 1992, p. 0026.

76 Wuyi, "Small Macau Consolidates Relations with Big Europe", *op. cit.*, pp. 19-20.

77 Eminent Persons Group Macau, *Macau in the Context of EU-China Relations*, pp. 16-20.

78 *Ibidem*, p. 21.

Indeed, the most positive and visible[79] results have arisen from Chapter 2 of the EU-Macau agreement on other fields of co-operation, and from Article 9 that furthers the cultural dimension, including the conservation of objects of historical interest

Several projects have been set up. At the start small *ad hoc* cultural projects such as the preservation of historical archives or the schooling of interpreters were given priority. A European Info-Centre with links to 250 European infocenters was established immediately. The second wave of programs started in 1995: funding for a degree in European studies resulted in 1999 in a Macau institute for European Studies. A public administration training program sought to develop management skills for directors and improve their links with EU institutions[80]. But these "visible" results haven't had a major impact on bilateral relations. Explicit actions promoting human rights or democracy have been marginalized[81].

In the transition phase the European Union has mainly, consciously or not, aimed at preserving the "historical ties", mostly by initiatives having a cultural or political cachet. Although recognising its "moderate positive" effects, an Eminent Persons Group on Macau regretted that the European Union, had launched short-term programmes, instead of adopting a long-term strategy. Moreover, the initiatives were mainly in the public sector and have not involved non-governmental organisations although Article 134 of the Macau Basic Law states that NGOs would be able to promote external relations, in particular with European counterparts[82].

C. Macau beyond 2000. Still a Role for Europe?

The Commission issued, on 12 November 1999 a Communication to the Council and the European Parliament titled The EU and Macao: Beyond 2000 outlining its commitment to monitor the "one country, two systems" principle after the handover, through annual reporting[83]. The

---

79 Hook and Neves, "The Role of Hong Kong and Macau in China's Relations with Europe", *op. cit.*, p. 131.

80 Wuyi, "Small Macau Consolidates Relations with Big Europe", *op. cit.*, pp. 19-20. Eminent Persons Group Macau, *Macau in the Context of EU-China Relations*, *op. cit.*, pp. 18-20.

81 Hook and Neves, "The Role of Hong Kong and Macau in China's Relations with Europe", *op. cit.*, p. 131.

82 Eminent Persons Group Macau, *Macau in the Context of EU-China Relations*, mainly p. 13 and 22.

83 European Commission, *Communication to the Council and the European Parliament, Entitled "The EU and Macao: Beyond 2000"*, COM(99)484 final, 12 November 1999.

Commission's main responsibility was to secure human rights and democratic principles within the SAR Macau, China.

Some voices have considered the Commission's approach as euro-centric, some even as "Pattenesque", referring to the reputation of the then Commissioner on External Relations Chris Patten during his period as the "last governor" of Hong Kong. Some Chinese see the stress on democratic principles as an attempt by "unelected Eurocrats" to spread their political concepts in an entirely different political context[84].

Three annual reports on Macau have been drafted since the Commission Communication.[85] Some new programs accompanied the handover: a Macau-Europe Center for Advanced Tourism Studies, the final stage of the European Studies Programme and a Service Development programme. Currently the programme on EU-Macau Legal Co-operation is the only one still running (end scheduled in 2005).

The recent EU-Macau negotiations give the impression that the EU-Macau relationship in the future will principally be of a political nature. This partly results from the fact that Macau no longer qualifies under OECD criteria for Development Assistance. Therefore, earlier programmes have to be readapted to Macau's changing needs[86].

The political tie is due to the human link of those Macau residents with Portuguese nationality and because of the SMAR's legal system based on the European legal traditions. The EU-Macau Legal Co-operation Programme trains civil servants in legal matters with the emphasis on maintaining a stable legal system after the departure of Portuguese administrators. The European Union sees Macau as a "laboratory" for testing out foreign ideas on democracy in a Chinese context.

Another highly sensitive issue, which was not clarified in Sino-Portuguese agreements, has been taken up in EU-Macau negotiations: this is the status of the 25% of the Macau population with Portuguese nationality and therefore eligible for European citizenship. (The position

84 H. Brunning, "Asia's Bridge to Europe", in *South China Morning Post*, 19 November 1999.

85 European Commission, *Report from the Commission to the Council and the European Parliament, First Annual Report by the European Commission on the Macau Special Administrative Region*, COM(2001)432 final, 25 July 2001, 8 p.; European Commission, *Report from the Commission to the Council and the European Parliament, Macau Special Administrative Region: Second Annual Report 2001*, COM(2002)445 final, 31 July 2002, 8 p.; European Commission, *Report from the Commission to the Council and the European Parliament, Macau Special Administrative Region: Third Annual Report 2002*, COM(2003)415 final, 10 July 2003, 8 p.

86 J. Quigley, "EU Co-operation Officer For Macau ruled Out", in *EurAsia Bulletin*, t. VII, No. 2, February 2003, pp. 14-15, p. 14.

of these Macanese is unlike that of the Hong Kong Man with a Dependent Territory Passport.) All Portuguese citizens have therefore a right of abode in the EU and are entitled to consular protection, including that of the UK which does not grant similar protection to Hong Kong people). China is opposed to this principle, it does not recognize the Portuguese nationality of the Macau residents; it still regards them as exclusively Chinese[87].

The EU has mainly taken an interest in negotiating visa procedures with the SAR Macau, China. Following a Council Regulation of 15 March 2001, the EU granted visa-free access to Macau SAR passport holders. As a result, an EC-Macau agreement on the readmission of persons residing without authorisation was signed on 13 October 2003[88]. The EU thus overcomes some of the liabilities of Sino-Portuguese (and even Sino-British) relations and could play a positive role in resolving residual problems[89].

From the Macau point of view, some speak of the "consolidation of relations with Big Europe". The Macau-Europe tie is too strong to break and it should not be broken[90]. The European Parliament, mainly through its Portuguese members, has been complaining about the "decline" of programmes that are turning into mere judicial cooperation". Even a tenth Joint Committee meeting for monitoring the 1992 Trade and Co-operation agreement was not scheduled properly[91]; it eventually took place in Macau on 3 March 2004.

"Because of history and long-standing links of more than 500 years" (this was a slight historical exaggeration as the first Portuguese presence is recorded in 1513) the European Parliament asked for a resident "co-operation officer" for the EU-Macau Agreement who would also promote EU-China dialogue[92].The idea was mentioned in the Commission Communication of 1999 but the European Commission finally decided not to appoint this official. The one thing the European Parliament and

87 Yee, "The Eurasians (Macanese) in Macau", *op. cit.*, p. 114.

88 Cf. http://europa.eu.int/com/external_relations/macau/intro (July 2004).

89 Hook and Neves, "The Role of Hong Kong and Macau in China's Relations with Europe", *op. cit.*, p. 133.

90 Wuyi, "Small Macau Consolidates Relations with Big Europe", *op. cit.*

91 European Parliament, *Written Question E-3702/03 by Jose Riveiro e Castro to the European Commission*, P5-QE (2003) 3707, 10 December 2003.

92 European Parliament, *Resolution on the Report from the Commission to the Council and the European Parliament on the Macao Special Administrative Region: First and Second Annual Reports*, P5-TA (2003) 0141, 8 April 2003.

the European Commission seem to agree on is that Macau is progressing "in a satisfactory way"[93].

The lobby for Macau will always single out Macau "as a bridge" between two cultures and two continents. This will remain the Macau's most important asset. The closer the Macau-Europe relationship, the more worthwhile Macau is for Asian countries. Vice versa, a closer Macau-China relationship will attract EU interest[94].

But this pro-Macau lobby forgets that this asset can also be a liability if too vigorously pursued. Preserving European heritage is seen in Beijing a show of "cultural imperialism". Small "but visible" *ad hoc* cultural projects, like those the EU initiated during the transitional phase, are a good way of not bruising Beijing head on.

The EU seems to have left this "cultural" path and is now concentrating on political issues, e.g. visa and readmission agreements. On the other hand, the EU must recognize that the MSAR is mainly looking for economic trading opportunities rather than political or cultural development.

A fourth player could not be forgotten. Although there is still no US-Macau policy act[95], U.S. reports are expressing interest in the "preservation of Macau's unique way of life, particularly respect of civil liberties and human and labour rights". The logic is entirely different because its principal aims are to preserve the market economy and safeguard human rights[96].

Due to the European heritage still existing in Macau, the European Union, taking into account the different preferences of its institutions and within its budget procedures, will have to decide on its future strategy towards Macau. This choice is of a political nature and therefore the job for politician, not for historians.

---

93 Quigley, "EU Co-operation Officer for Macau Ruled Out", *op. cit.*, pp. 14-15.

94 Wuyi, "Small Macau Consolidates Relations with Big Europe", *op. cit.*, p. 21.

95 Hook and Neves, "The Role of Hong Kong and Macau in China's Relations with Europe", *op. cit.*, p. 121.

96 http://www.state.gov/p/eap/rls/rpt/4048pf.htm. US-Macau Policy Act Report of 27 March 2001, released by the Bureau of East Asian and Pacific Affairs. Cf. http://www.usconsultate.org.hk/cg/2002/à5/0801.htm, "US-Macau Relations: Writing the Next Chapter". Remarks by US Consul General Michael Klossen at the University of Macau, 8 May 2002.

The decision concerning future strategies should be made by analysing contemporary accounts, taking conscientious responsibility for Macau's history and the different views on the subject. Slogans of "long-standing historic ties" may be nice for promoting policies but they can also become a liability for intercultural bargaining and political co-operation.

Bangladesh and India

Lamb and Tiger in the Post-ATC Era

Karen DE CLERCQ

Master in European Studies –
Diplômée d'études spécialisées en études européennes, UCL

When the Multifibre Arrangement (MFA) entered into force in 1974, its aims still took into account the rapid liberalisation of barriers to trade in textiles and clothing. However, until 1994 the MFA remained the governing framework in which quotas were imposed upon developing countries by bilateral and unilateral actions. Those quotas restrict imports of textiles and clothing from developing countries into developed countries. Just like the agricultural sector, textiles and clothing always remained a strongly restricted domain until a new wind brought some change. This wind of change was introduced in 1986, the year the eighth round of the GATT, the Uruguay Round, started. Most members were convinced that the textiles and clothing sector needed to be incorporated into GATT rules, which led to the launch of discussions concerning quota implementation. The negotiations took many years, because failure often threatened the Round. However, a final agreement was reached in 1994. The discussions resulted in the replacement of the MFA by the Agreement on Textiles and Clothing (ATC). This Agreement guarantees the progressive integration of quotas into the 1994 GATT rules and, thus, full liberalisation of the textile and clothing sector by January 2005.

Unavoidably, this phasing-out of quotas on textiles and clothing will have serious consequences, since international trade in textiles and clothing has been modified by decades of quantitative restrictions in the sector. Over the years the quota regime has had both a restrictive impact and a reassuring impact. For it not only limited imports but also guaranteed predictability for countries seeking access, which are mainly developing countries. After the phase-out the sector should be liberalised, which will result in a global gain of more than 17 billion US dollars[1]. Eleven billion of this amount will accrue to developing countries, which, naturally, led them to back the ATC during the Uruguay Round. However, it now seems that the liberalisation of textiles and clothing will have negative consequences for certain developing countries. Least developed countries in particular, such as Bangladesh, might suffer from the quota phase-out. For up until the end of 2004, certain least developed countries have duty free and quota free access for their exports to the EU under the Generalised Schemes of Preferences (GSP) and benefit from duty reductions and higher quota rates to the USA. The future liberalisation of textiles and clothing threatens these special and differential treatments that were acquired under the MFA and ATC. Although developing countries can still benefit from preferential treatment after the phase-out, the Doha Development Round aims at the definitive integration of developing countries into the GATT rules[2]. Despite the overall gain the phase-out will entail, the possible negative effects for countries like Bangladesh should be taken into account and the international players should come up with proposals that guarantee those developing countries a secure and prosperous future.

This paper consists of two chapters, each divided into sections. In the first chapter the history of the textiles and clothing sector within the GATT will be dealt with. The first section will discuss the coming into existence of the MFA and how it functioned, whereas the second section will deal with the ATC: its operation, its goals and its implementation. Finally the third section compares the two regimes with regard to their general aspects. The second chapter will then broach the consequences of the MFA, the ATC and the eventual phase-out for developing countries. The first section will discuss the general and technical background related to the quota system in practice, especially in developing countries. The second section will focus on countries like Bangladesh and India, to provide us with more concrete examples of the textiles and clothing sector under the MFA/ATC in developing countries. My choice of Bangladesh is obvious: unless the international players establish a new preferential trading regime for least developed countries (LDCs), this country will be confronted with major problems following the quota phase-out. There are likewise good reasons for choosing India. India is a tiger which has an important share in the world textiles and clothing market. However, the country will face major problems after the quota

1 D. Robertson (ed.), *East Asian Trade after the Uruguay Round*, Cambridge, Cambridge University Press, 1997, p. 61.

2 T.A. Oyejide, "Special and Differential Treatment", in B. Hoekman, A. Mattoo and P. English (eds.), *Development, Trade and the WTO: A Handbook*, Washington D.C., World Bank Publications, 2002, pp. 504-508.

phase-out due to a rigid domestic trade policy. India's competitiveness in textiles and clothing will decrease unless it succeeds in reforming its domestic industrial policies. Indeed, the post-ATC era will not enter into force without negative effects in many parts of the world. However, the overall gain is and remains the objective. Hopefully, we may say, not the only one.

I. History of the Global Textiles and Clothing Trade

A. *GATT and MFA*

Shortly after the Second World War many developed countries faced economic difficulties and balance of payments problems which were reflected in high tariffs, complex systems of customs administration and licensing procedures and a wide range of quantitative restrictions[3]. During the 1950s many nations agreed upon the gradual removal of tariffs and quotas under the GATT. This removal of quotas was accompanied by the reestablishment of the Japanese textile industry in particular and the rise of textile exports from some developing countries. The MFA came into existence shortly after the failure of American attempts to tackle this new situation regarding textiles. The first American initiative dates back to the year 1957, when the USA restricted cotton textile products from Japan by imposing a voluntary export restraint (VER)[4]. Nevertheless, while restrictions were placed on textiles coming from Japan, the American market was flooded by imports from other industrial entrants, like Hong Kong, Portugal, Egypt and India[5]. In order to control cotton imports the USA launched multilateral negotiations which resulted in the Short Term Cotton Textile Arrangement in 1961. This arrangement found its sequel in the Long Term Arrangement on Cotton Textiles which was twice extended until the Multifibre Ar-

---

3 WTO Goods: Market access. "Textiles and Clothing", available at http://www.wto.org/english/thewto_e/whatis_e/eol/e/wto02/wto2_26.htm.

4 A voluntary export restraint (VER) is also known as a voluntary restraint agreement (VRA). It is a variant of an import quota. "A VER is a quota on trade imposed from the exporting country's side instead of the importer's. [...] Voluntary export restraints are generally imposed at the request of the importer and are agreed to by the exporter to forestall other trade restrictions. [...] The difference is that what would have been revenue under tariff becomes rents earned by foreigners under the VER, so that the VER clearly produces a loss for the importing country". Cf. P.R. Krugman and M. Obstfeld, *International Economics: Theory and Policy*, New York, Harper Collins, 1997, p. 203.

5 K. Krishna and L.H. Tan, "The Multifibre Arrangement in Practice: Challenging the Competitive Framework", in Robertson, *East Asian Trade after the Uruguay Round, op. cit.*, p. 59.

rangement (MFA) was born in 1974. The MFA covered more products than just cotton textiles in order to respond to the increasing imports of man-made fibre textile and wool products. The MFA was initially meant to be a temporary solution to protect domestic markets against surges of imports. Its aim was to:

> achieve the expansion of trade, the reduction of barriers to such trade and the progressive liberalisation of world trade in textile products, while at the same time ensuring the orderly and equitable development of this trade and avoidance of disruptive effects in individual markets and on individual lines of production in both importing and exporting countries.[6]

However, the multilateral agreement established bilateral and unilateral actions imposing quantitative restrictions on developing countries. Those restrictions remained in place for twenty-one years. The MFA became one of the most important non-tariff barriers under the GATT. Of course, not only the USA, the initiator of the project, imposed restrictions or asked developing countries to impose restrictions (VER). The European Communities, Canada, Norway, Finland, Sweden and Austria also became important quota imposers under the MFA. Switzerland and Japan, both members of the MFA, did not impose quotas. Generally, the normal growth rate attached to a quota is 6%, but often the assigned rate is lower. Quota levels are determined each year on the basis of the year preceding the year immediately before the allotment year. This year is called the *base year*[7]. Under the MFA the Textiles Surveillance Body dealt with disputes and reported on the bilateral and unilateral actions undertaken. In the course of the years more and more products were covered by the MFA, which entailed four successive rounds of negotiation. The fourth round, called MFA IV, was extended twice and remained effective until 1994. It consisted of 44 members[8].

The MFA, which strongly conflicted with the governing principles of free trade, could not remain into force endlessly. During the Uruguay Round, which started in 1986, it was decided to continue the removal of non-tariff barriers to trade and to liberalise the agricultural and textile sectors, so as to avoid a further loss of efficiency following the imposition of quotas. For not only developing countries would benefit from a

---

6 WTO Goods: Market access. "Textiles and Clothing", available at http://www.wto.org/english/thewto_e/whatis_e/eol/e/wto02/wto2_26.htm.

7 For example, if the allotment year is 1997, the base year is 1995. From: S. Kathuria and A. Bhardwaj, "Export Quotas and Policy Constraints in the Indian Textile and Garment Industries", *SASPR*, New Delhi, World Bank, 1998, p. 5. Available at http://econ.worldbank.org/docs/252.pdf (April 2004).

8 WTO Goods: Market access. "Textiles and Clothing", available at http://www.wto.org/english/thewto_e/whatis_e/eol/e/wto02/wto2_26.htm.

removal of quotas; the consumer surplus and overall national welfare in industrialised countries would also increase following the abolition of VERs[9]. However, the liberalisation of the sector is not easily achieved. The ATC, as will be discussed in the following section, has to surmount considerable difficulties to achieve the final liberalisation aimed at. Most difficulties originate in the severe distortions created by the MFA in the global pattern of trade. The MFA has shifted patterns of global production to markets that would otherwise not have entered the international market as exporters. Less restricted or unrestricted countries started investing in the textile sector, which caused new restrictions to be demanded by the developed countries and new unrestricted markets to be addressed. Global production capacity has expanded considerably and countries which did not originally have a comparative advantage in textiles and clothing have entered the international market. Moreover, the MFA allowed developed, industrialised countries to invest enormously in the textile sector. The fragile textile sector has been turned into a capital intensive sector producing high quality goods and fashion. In most developing countries the sector has remained mainly labour intensive and often these countries have not yet captured a particular niche on the textile market. Nevertheless, the quotas have also forced developing countries to increase the quality of their products, which makes some countries' products true competitors of the developed countries' products. Another problematic aspect of the MFA is the vested interests which were established in both importing and exporting countries under the MFA. Quota rents and market shares have assigned power to particular groups in society that, as is often the case, are not eager to give up the ensuing benefits. The rigidity of those so-called vested interests slows down the phase-out process under the new ATC. Another consequence of the MFA was the circumvention of quotas. It became a major problem in the final years of the MFA and was one of the main reasons for the launch of the ATC and for quota phase-out. The principal positive aspcct of the MFA was the transparency and predictability it provided. Developing countries were assured of market access, albeit restricted access[10].

With the history and the main characteristics of the MFA in mind, we are ready to focus on the Uruguay Round and more specifically on how it treated the textiles and clothing sector within the newly created World Trade Organisation.

---

9 Krugman and Obstfeld, *International Economics: Theory and Policy, op. cit.*, p. 206.

10 The enumeration of the MFA's effects on the world trade are mainly based on: WTO Goods: Market access. "Textiles and Clothing", available at http://www.wto.org/english/thewto_e/whatis_e/eol/e/wto02/wto2_26.htm.

B. WTO and ATC

With the coming into existence of the World Trade Organisation as a consequence of the Uruguay Round (1986-1994), the decision was taken to eliminate the MFA over a transitional period of ten years. The quotas would be gradually removed in three stages – or four, taking into account the final and, probably, most important integration stage on 1 January 2005. The Annex to the Agreement on Textiles and Clothing provides the countries with a list of all the products to be integrated into the 1994 GATT rules. The list is a compilation of all products that were restricted under the MFA, even if only in one bilateral or unilateral action. This annex is almost the same as section 11 of the six-digit level of the Harmonized Commodity Description and Coding System (HS), except for raw fibres. Some lines from other chapters of the HS are also reproduced in the annex. Every integration stage must incorporate products selected from each of the four product categories, so as to ensure that a balanced group of products will be liberalised at the beginning of 2005. These four categories are yarns and tops, fabrics, made-ups and clothing[11]. Despite the efforts made to create an agreement that encompasses all these aspects, the balance often tips towards the integration of low valued items on the list. The high valued items are kept for the end of the ten year transition period. The first stage, which began on 1 January 1995, required integration of 16% of the restricted products in the annex. The second stage, on 1 January 1998, aimed at having 17% of the annex products integrated into the GATT rules and the third stage, which began on 1 January 2002, aimed at an 18% integration. At the beginning of 2005 automatic integration of the final 49% of the products is to follow[12].

This final stage could in fact be called a fourth stage, for it can be assumed that huge adjustments will need to be made after the final integration at the beginning of 2005. The final integration will not be achieved as automatically and smoothly as one might assume from a simple glance at the scheme. Many nations are not well prepared, because the restriction on high value items remains huge until the very end of the transition period[13].

---

11 H. Kheir-El-Din, "Implementing the Agreement on Textiles and Clothing", in Hoekman *et al.*, *Development, Trade and the WTO*, *op. cit.*, p. 187.

12 WTO Goods: Market access. "Textiles and Clothing", available at http://www.wto.org/english/thewto_e/whatis_e/eol/e/wto02/wto2_26.htm.

13 Evolution of Trade in Textile and Clothing Trade World Wide-Trade Figures and Structural Data. http://trade-info.cec.eu.int/textiles/documents/102.doc (May 2004).

Apart from the progressive *integration* of restricted products into the 1994 GATT rules, the quotas on products not yet integrated will be liberalised progressively. To be able to proceed to this liberalisation, all products that remained restricted after the first integration stage needed to be notified to the Textiles Monitoring Body. This implies that the quota for each restricted product needs to grow by 16% in the first stage, 25% in the second stage and 27% in the third stage. Least developed countries and small suppliers are accorded higher growth rates: 25%, 27% and 27%[14]. This provision is called the growth-on-growth provision and is a remarkable feature of the ATC. In order to calculate the growth rate of the quotas the USA, the EC, Norway and Canada had to "notify the former bilateral restrictions, their levels and growth rates" at the beginning of 1995[15]. Moreover, not only MFA quantitative restrictions need to be notified to the Textiles Monitoring Body to be liberalised and integrated; non-MFA quantitative restrictions should also be notified and made compatible with the GATT rules.

Another remarkable feature of the ATC is the fact that the agreement cannot be extended after the transition period, in case the members are not well enough prepared for the final integration. During the integration process the ATC permits a transitional safeguard mechanism which is confined to non-integrated restrictions. Once products have been integrated, members can only fall back on a safeguard mechanism under Article XIX of the GATT[16].

The consequences of the MFA, ATC and the entire phase-out of restrictions on textiles and clothing trade in developing countries will be elaborated upon in the next section. However, before we embark on a more empirical analysis of the MFA/ATC, a theoretical comparison of the two systems should shed some light.

C. From MFA to ATC[17]

The ATC can be distinguished from the MFA in some respects. Unlike the MFA, the ATC is a multilateral trade agreement under the WTO with conditions and agreements established multilaterally. No bilateral or unilateral actions are accepted. The ATC is an integral part of the WTO which cannot violate the non-discrimination principle, whereas

14 Kheir-El-Din, "Implementing the Agreement on Textiles and Clothing", *op. cit.*, p. 188.

15 WTO Goods: Market access. "Textiles and Clothing", available at http://www.wto.org/english/thewto_e/whatis_e/eol/e/wto02/wto2_26.htm.

16 Kheir-El-Din, "Implementing the Agreement on Textiles and Clothing", *op. cit.*, p. 188.

17 This section is mainly based on: *Ibidem*, pp. 187-188.

the MFA was in fact a violation of the non-discrimination principle and a distortion of the GATT. A second difference relates to accession rights. Under the MFA accession of non-GATT members, like China, was possible. However, the ATC does not allow for accession of non-WTO members. Membership of the WTO necessarily involves membership of the ATC. As a third differentiating element it should be mentioned that the MFA could be extended, whereas the ATC is a transitional agreement which irreversibly ends in 2005. Concerning the safeguard mechanism of both agreements, three other differences should be taken into consideration. First, the MFA not only functioned as a safeguard against serious damage to domestic industry, it also served to forestall possible future risks. This is not the case with the ATC which has a safeguard mechanism for goods not yet integrated into the GATT rules and only to be used very rarely. Second, under the MFA only the fact of increased imports needed to be taken into account to make use of a safeguard mechanism, whereas the ATC takes total imports into account. Third, the price factor, highly important for the safeguard mechanism under the MFA, has been abolished by the ATC. Generally, it can be asserted that the ATC safeguard mechanism has been scaled down in comparison to that of the MFA.

The evolution from MFA to ATC did not occur without hitch and the negotiations took many years. Furthermore, it is probable that the transition from the ATC to complete integration into the GATT rules at the end of this year, 2004, will not go smoothly either. The world can be sure of gains in general, but the calculation of gains is nothing but a statistic: promising, but unable to tell us exactly how and to whom the real gains will be allocated. To obtain a more clear-cut idea of what is likely to happen, it is indispensable to look more closely at some developing countries.

II. Textiles and Clothing Trade between Asia and the EU

A. General Consequences of the Quota Regime

Textiles and clothing have become an important sector in international trade, since it accounted for 5.6% of world exports and 342 billion US dollars in 2001 (Table 3[18]). The sector shows some remarkable North-South distinctions, of which the main distinction is the difference between the capital intensive northern sector and labour intensive southern sector.

---

18 The tables are to be found at the end of this chapter.

Although the abolition of quotas is coming nearer, it remains unclear to what extent this will affect international trade. Obviously, international trade in general will benefit from the phasing-out of quotas. Consumers in developed countries will enjoy lower consumption prices and developing countries in general will benefit from unrestricted access. Some developing countries have an unquestionable comparative advantage in the production of clothing due to low wages and an abundance of labour which makes the sector labour intensive. This explains the higher rates of clothing exports from developing countries, for clothing is more labour intensive than textiles. The developing countries' textile and clothing sector accounts for 50% of textiles exports and 70% of clothing exports[19]. Nevertheless, industrial countries remain well represented in the top ten of the largest exporters[20]. Of course, this is mainly a consequence of the quota regime under the MFA. Despite the fact that developed countries no longer had a comparative advantage in the production of textiles and clothing, the quota system was capable of protecting the industries in developed countries. The textile industry was allowed the time to develop new techniques and high quality products due to capital investment. Thus, the sector succeeded in remaining one of the most important export sectors in the world. Table 4 shows that only a few developing countries, which are on the brink of the threshold to be called developed countries, have managed to become major exporters of textiles. For clothing the picture looks different, though still not so different as one would expect. The clothing table shows that Asian countries have become the most important exporters of clothing. However, the most important player within Asia is China, which could be regarded as a country heading towards categorisation as a developed country since it entered the WTO in 2001. China is one of the countries that will certainly benefit from the abolition of quotas. Moreover, it is one of the countries that will become a major competitor of least developed countries like Bangladesh and developing countries like India. Indeed, although India could easily be called a tiger with regard to textile and clothing exports, it should not be forgotten that the country's trade policy is still highly restricted and that bureaucracy still prevents the textile and clothing industry from benefiting from economies of scale.

Before we turn to our discussion of the textiles and clothing sector in Bangladesh and India, some technical explanation of quotas and quota rents seems indispensable. Under the MFA quotas were imposed on

---

[19] Evolution of Trade in Textile and Clothing Trade World Wide-Trade Figures and Structural Data, available at http://trade-info.cec.eu.int/textiles/documents/102.doc (May 2004).

[20] *Ibidem*.

exports coming from developing countries to industrialised countries. It was a common habit of importers to assign the quota administration and quota licensing to the exporting countries, which implies that most quotas under the MFA and ATC are Voluntary Export Restraints (VER). Consequently, the quota rents which are the profits received by the license holder should accrue to the foreign license holders, in this case in developing countries[21]. Obviously, the revenue usually gained by levying tariffs is theoretically lost to the importing government when using quotas. The quota rents accrue either to license holders in the importing country, in case of an import quota, or to license holders in the exporting country, in case of a VER. In the short run the quota rent is a gain for the license holder in developing countries. However, in the long run these quota rents accrue to what are called the vested interests with little immediate gain for the labourer. In fact, the quota system implies a twofold loss: loss to the importing country that loses the revenue and loss to the exporting country that loses unrestricted access to foreign markets. Therefore, the quota system is considered one of the most trade-distorting instruments used. The loss to the exporting country, however, is difficult to measure. A quota gives an exporting country certainties, whereas without quotas the country might lose market access due to a lack of competitiveness. Exactly this might happen to certain countries after the phase-out of quotas in 2005. Normally, exporting countries only accept VERs if other products are freed from restrictions. Often, however, they have to accept quotas by bilateral negotiations "under the threat of unilateral restraints by the importer"[22].

Despite the fact that VERs should result in quota rents for the exporting country, we need to investigate whether this is always true. The buying and selling of quotas has become a very important sector in both importing and exporting economies. It has become part of the vested interests and involves huge amounts of money. Although VERs are costly for the importing country, one needs to be sure whether all rents really accrue to the license holder in the exporting country to be sure of the benefits and losses related to VERs. Krishna and Tan[23] did some research into the MFA and how it functioned in practice. They found that the static model often used to describe the rents received by exporting countries in the case of VERs is not satisfactory. The importing country often succeeds in appropriating part of the rent by bearing part of the quota price.

---

21 Krugman and Obstfeld, *International Economics*, *op. cit.*, p. 203.

22 Kathuria and Bhardwaj, "Export Quotas and Policy Constraints in the Indian Textile and Garment Industries", *op. cit.*, available at http://econ.worldbank.org/docs/252.pdf.

23 Krishna and Tan, "The Multifibre Arrangement in Practice: Challenging the Competitive Framework", *op. cit.*, pp. 59-77.

Moreover, Krishna and Tan found that in many cases a country's adjusted export prices, which should equal the domestic price plus the price of the license, do not correlate with the US price of the imported products. The adjusted export prices often fall below the US price. This might be a consequence of bureaucracy and practices like the 'first-come-first-served' principle which allocate quotas free of charge to exporting firms. Importing countries habitually ask for the price of the quota during negotiations with exporting firms. If the quota was 'free', the price offered will usually not include the license price. Thus, the rents from the quotas accrue to the importers. Krishna and Tan maintain that the standard competitive framework is inadequate to correctly measure welfare under the MFA regime, because too many aspects play a part in determining welfare in supplying countries.

> Details of quota implementation and possible market imperfections affect the degree of quota rent appropriation by exporting countries, and should be taken into account to obtain a clear understanding of how the MFA affects welfare in supplying countries.

Although these elements should be taken into account to measure welfare, Krishna and Tan's study does not provide us with easy tools to do so. In fact, it seems that no foolproof method is available. Generally, one can only conclude that the administration of quotas in exporting countries often leads to rent sharing which diminishes the profits that would normally accrue to developing countries. If it is hard to measure the results of welfare under the MFA and the ATC, it is especially hard to make predictions about the phase-out of quotas. The ATC period should really have brought about huge changes if more and more items became integrated into the GATT rules. However, it appears that few high value items have been integrated. Consequently, the ATC period remains comparable to the MFA period. The difficulty of measuring welfare and distortions is repeated in the difficulty of measuring the impact of the limited quota removal up until now. The USA had only freed 6% of the restrained imports after the second integration stage; the EU less than 5%. Canada and Norway have eliminated more quotas[24]. With few substantial quotas eliminated, it is difficult to judge the impact after 2005. However, on the basis of some empirical data related to the ATC transition period we are able to make at least some general predict-tions.

The next paragraph in this chapter will focus on two countries' textiles and clothing industries: those of Bangladesh and India. We will dis-

---

24 Based on WTO figures of 2000. From Kheir-El-Din, "Implementing the Agreement on Textiles and Clothing", *op. cit.*, pp. 189-190.

cuss their share in the world textile market during the ATC transition period and the shortcomings and pitfalls of their industries, before finally drawing some conclusions with regard to the repercussions of the quota phase-out on these countries.

B. Bangladesh and India

This section aims to depict the situation in Bangladesh and India on the eve of the abolition of quotas on textiles and clothing. During the analysis of India and Bangladesh it might be helpful to keep in mind the Chinese economy as a contrasting element. After all, China will be the obvious winner and beneficiary at the end of the ATC. Although the country will suffer from some convulsions due to necessary adjustments, the overall gain for China is generally accepted and taken for granted. Therefore, it seemed interesting to focus on those countries whose success is less outstanding, like India, or whose industries are seriously threatened by fierce competition from the booming industry in the Far East, like Bangladesh.

1. Bangladesh

Bangladesh is a least developed country according to the WTO categories. There are three categories of countries: industrial, developing and least developed countries. The least developed countries are defined on the basis of the UN list which is defective, because it is based on income and does not reflect trade competitiveness. Moreover, it excludes countries that also have very low incomes[25]. Furthermore, the developing countries category is undefined and is largely used when countries describe themselves as such. Despite the vague definitions and borders for categorising countries, one can easily say that Bangladesh is a least developed country. The World Bank uses a country's Gross National Income (GNI) to categorise it[26]. In 2002 Bangladesh had a GNI per capita of 380 US dollars. Compared to the GNI per capita of China, 960 US dollars, this is extremely low[27]. Bangladesh belongs to the group of low income countries, whereas China comes within the group of lower middle income countries. Despite India's very low GNI, 470 US dollars, and its categorisation within the low income group, the country is generally depicted as a developing country and not as a least developed

---

25 Oyejide, "Special and Differential Treatment", *op. cit.*, pp. 504-508.

26 "Country Classification", available at http://www.worldbank.org/data/countryclass/countryclass.html.

27 Data and Statistics. The World Bank Group, available at http://devdata.worldbank.org/external/CPProfile.asp?SelectedCountry=IND&CCODE=IND&CNAME=India&PTYPE=CP.

country, like Bangladesh. The reason for this difference lies in aspects other than income, as there are other factors such as a country's competitiveness, modernisation or capability of growth.

Bangladesh's textile and clothing industry is of vital importance for the country[28]. The textile and clothing figures for Bangladesh are extremely high and prove the high dependency of this country on the textile and clothing industry for its exports and, thus, for its foreign exchange earnings. The export percentages amount to 68.4%[29] of its total merchandise exports in 1996 and to 80% of total exports in 2003[30] (Tables 5). The ready-made garment industry in Bangladesh employs around 65% of the population which means about 1.5 million people who are directly dependent on the clothing industry and 15 million people who are indirectly dependent on the sector[31]. The Bangladesh textile and clothing industry can be traced back to the seventies when neighbouring countries experienced political turmoil and price increases. Foreign investors were attracted by the country's potential. One of the main attractions was an abundance of labour and low wages. The country's industry had growth potential because of the start-up of the textile and clothing sector, on the one hand, and because of government support and differential treatment regarding market access to developed countries on the other hand. Under the MFA/ATC Bangladesh benefited from quota and duty free access to European markets under the GSP and "Everything But Arms" regime and from generous quotas on American markets[32]. Those preferential treatments form an important factor in the growth process of the Bangladesh textile and clothing industry. Bangladesh fears that once the safe "shelter"[33] of the ATC has disappeared, it will lose out entirely to China, India and Pakistan which have indigenously established textile industries and, therefore, all stages of the production chain at their disposal. This endows them with an absolute comparative advantage in textiles and clothing. Bangladesh's clothing industry will have serious difficulties in competing with the large textile and clothing producers of Asia. Therefore, Bangladesh seeks support from the EU

---

28 Evolution of Trade in Textile and Clothing Trade World Wide-Trade Figures and Structural Data, available at http://trade-info.cec.eu.int/textiles/documents/74.pdf.

29 *Ibidem.*

30 M. Subhan, "Trade in Textiles and Clothing after 2005", in *EurAsia Bulletin*, May 2003, vol. 7, n° 5, pp. 9-11, available at http://www.eias.org/publications/bulletin, pp. 9-11.

31 Report by the Secretariat, WT/TPR/S/68", in *Trade Policy Review*, 3 April 2000, available at http://www.wto.org/english/tratop_e/tpr_e/tpr_e.htm.

32 *Ibidem.*

33 *Ibidem.*

and the USA, since those two markets are of vital importance for the survival of Bangladesh. 97.5% of its exports are to the USA and the EU[34]. 47% of its exports are to the EU[35]. Moreover, it has succeeded in penetrating the Japanese market. The forthcoming liberalisation threatens its access to these markets, especially to the USA and Japan. Consequently, Bangladesh hopes for renewed differential access after 2005. Differential access to EU markets under GSP would allow Bangladesh to benefit from SAARC[36] accumulation which would mean that it could find a solution for the Rules of Origin problem by importing fabric from India or Pakistan, countries with an indigenously established textile and clothing industry and members of the SAARC. The EU's SAARC rule says that imports from the same region, in this case the SAARC, count as if the products were produced by the domestic industry. Bangladesh's chairman of the Textile Mills Association came out in favour of the EU 'Rules of Origin' policy, because this policy has up until now not affected Bangladesh, whereas it has affected its neighbours and competitors. The Rules of Origin policy could be regarded as a non-tariff barrier, though the EU asserts it is a stimulator of local fabric production. And indeed, one could say that the two-stage EU GSP Transformation Rules of Origin have been beneficial to Bangladesh in so far as it has stimulated the growth of local textiles and fabric production[37]. One could say that the MFA and ATC (because little 'real' phase-out has been achieved up until now) had a positive impact on Bangladesh in that they enabled the country to develop its textile and clothing sector. Of course, the development of the industry in Bangladesh is mainly due to the trade-distorting, shifting pattern associated with the quota regime. Bangladesh was protected under the MFA and ATC. The future liberalisation and the WTO demand for reciprocity[38] endanger Bangladesh's future position in international trade in clothing. At the Conference held in Brussels on 5 and 6 May 2003 Pascal Lamy clearly showed his concern over the vulnerable position of Bangladesh and other countries, such as Sri Lanka. He pleaded for the maintenance of preferential treatment, even once the

34 M.A. Awal, "Benefits of Quota Elimination?", in *EurAsia Bulletin*, May 2003, vol. 7, n° 5, p. 16.

35 R. Kamphöner, "Bangladesh in the GSP", in *EurAsia Bulletin*, March 2003, vol. 7, n° 3, p. 27.

36 South Asian Association for Regional Cooperation. Members of the SAARC can use their membership to avoid barriers set by the Rules of Origin.

37 Awal, "Benefits of Quota Elimination?", *op. cit.*, p. 16.

38 Developing countries are expected to phase out quantitative restrictions and reduce tariff barriers within the course of the years. The Uruguay Round has reduced the differential and preferential treatment under the MFA to nothing but mere transitional periods towards liberalisation. From Oyejide, *op. cit.*, pp. 506-507.

Doha Development Round had achieved its goal of demanding more access to developing countries[39]. In a recent speech Mr Lamy again stressed the importance of guaranteeing LDCs "unimpeded" access to European markets for products in which these countries have a comparative advantage. Mr Lamy also stressed the importance of access to intra-Asian markets, like those of China and India[40]. China and India will indeed be the winners in the ATC phase-out. However, it would be simplistic to think that these two countries will be spared any growth pains. Indeed they will not, especially India if it fails to carry out huge reforms in its textile and clothing policy.

2. India

In India 38 million people work in the textiles and clothing sector[41]. Tables 5 shows the relative difference in importance of the sector to India and Bangladesh. Although this sector is very important for the Indian economy, the entire economy does not depend on it, as is the case with Bangladesh. The Indian clothing sector boomed during the 70s and 80s. India is the largest producer of jute, the second largest producer of silk (after China) and the third largest producer of cotton (after China and the USA)[42]. India is the second largest textile producer after China[43]. However, this does not mean that the Indian textile and clothing industry is beyond criticism. One could assume that India's raw materials guarantee the country a comparative advantage in almost all stages of the textiles and clothing production chain. This is true to a certain extent, but the advantage is not absolute and might be overturned if the Indian government does not quickly change its policies.

The distortive quota system has had an immensely negative impact on the country's organisation. The quota rents that should be received by India often accrue to the importing license holder and the resources that should be used to make lucrative investments are often used in the pursuit of quotas. A huge and non-transparent quota system has deve-

---

39 Subhan, "Trade in Textiles and Clothing after 2005", *op. cit.*, pp. 9-11.

40 P. Lamy, "Liberalising Textiles Trade – Rising to the Challenge of Change", PES Group Seminar, European Parliament, Brussels, 25 March 2004, available at http://europa.eu.int/comm/commissioners/lamy/speeches_articles/spla219_en.htm.

41 "Report by the Secretariat, 22 May 2002, WT/TPR/S/100", in *Trade Policy Review*, available at http://www.wto.org/english/tratop_e/tpr_e/tpr_e.htm.

42 ITUT GMBH, Market Study Cleaner Production in Indian Textile Industry, Leipzig, 2003, available at http://europa.eu.int/comm/europeaid/projects/asia-invest/download2002/mpm143_report.pdf.

43 "Report by the Secretariat, 22 May 2002, WT/TPR/S/100", in *Trade Policy Review*, available at http://www.wto.org/english/tratop_e/tpr_e/tpr_e.htm.

loped which is the cause of much inefficiency and distortion[44]. In a recent study Kathuria *et al.* develop the concept of implicit export taxes, which they call Export Tax Equivalents (ETE)[45], to study the impact of quotas on the textile and clothing industry in India. ETEs are derived from the quota value divided by the product price without a quota imposed on it. High ETEs reveal high restriction, whereas lower ETEs reveal lower restriction. The study uses ETEs from 1996 and 1999. Although the ETEs dropped in 1996, they increased again in 1999. This shows that developed countries are only slowly removing their quotas on high-value items. Quite surprisingly, the EU ETEs of quotas for India increased much less (to an average of 20%) than the USA ETEs (to an average of 40%) in 1999[46]. The quota system has not only impeded India from developing as it should and could; all developing and especially least developed countries have been hindered. For developing economies have felt threatened by quotas and have not dared to invest in technology or more generally in economies of scale.

Nevertheless, not all problems in India can be attributed to the MFA, for India has a strong and long tradition of state intervention in domestic industry. Samar Verma calls the Indian textile policies "archaic government policies" and "a legacy of a largely abandoned economic ideology"[47]. The Indian government has always favoured decentralised production which entails the advantage of cheap labour and flexibility of production, but the disadvantage of hampering investment, production increases and the growth of the apparel industry. Not only is capital low in the decentralised sector, risk is also low. This low risk/low capital strategy is itself favoured by the Indian government for many reasons, one of which is the quota regime imposed by developed countries. But as mentioned above, this is not the sole explanation. More is at stake. Since its independence the Indian government has always scorned modernisation. No clear explanation can be given to explain the government's restrictive policies, but they can be attributed to "ad hocism, fragmented vision and political opportunism"[48]. According to Verma

---

44 Kathuria, "Export Quotas and Policy Constraints in the Indian Textile and Garment Industries", *op. cit.*, available at http://econ.worldbank.org/docs/252.pdf; S. Kathuria, W. Martin and A. Bhardwaj, "Implications for South Asian Countries of Abolishing the Multifibre Arrangement", World Bank, New Delhi, 2001, available at http://econ.worldbank.org/files/2729_wps2721.pdf (April 2004).

45 *Ibidem*, p. 7. Kathuria defines ETE as "the value of the quota divided by the price received by a producer who does not own quota for this product".

46 *Ibidem*, p. 20.

47 S. Verma, "The Competitiveness of Indian Textiles and Clothing. Needed: Domestic Policy Reforms", in *EurAsia Bulletin*, July-August 2002, p. 5.

48 *Ibidem*, p. 5.

this explains the incredible decline in India's share of the global textile and clothing market: from 12% in 1951 to under 3% in 2000[49]. One example of the distortive policies in the Indian economy is the policy regarding Foreign Direct Investment (FDI). FDI was low before 2000 due to the fact that the sector was "subject to small-scale sector reservation and hence to a limit of 24% foreign equity participation"[50]. The New Textile Policy 2000 has changed this and has allowed 100% of FDI. Not surprisingly, FDI accounted for 2.6 billion US dollars in 1998, whereas in 2000 FDI suddenly amounted to 4.3 billion US dollars[51]. Moreover, the government has always supported the decentralised sector, whereas the "organised" mill sector was left with little support. The decentralised sector consists of handloom and power loom units. The government strongly supports this sector, because it is convinced that the handloom sector provides employment to 12.4 million weavers[52]. Tax exemptions and water and energy subsidies have enabled the sector to remain price competitive as compared with the mill sector. In addition, the small-scale industry also prevented the garment sector from becoming truly competitive. The garment sector does not meet international quality standards and produce substantial quantities. Moreover, the traditional focus on decentralised production and the lack of FDI due to the small-scale industries have deprived India of modern technological adaptation and, thus, of competitiveness. Not only the garment sector lacks modernisation; fabric production, which makes up 55% of a garment, and the processing sector also lack technological equipment to distinguish Indian products from other products. Recently, the government has changed the status of woven garments: they no longer need to be manufactured by small-scale units. In the future it will be indispensable to the competitiveness of the Indian Textile and Clothing Industry that knitted fabrics and knitwear are also "dereserved"[53] from the small-scale sector. Furthermore, Indian productivity is far too low due to a lack of technological equipment and management.

Although India is the world's second largest textile producer, its climate suffers from weather fluctuations which endanger the cotton pro-

---

49 *Ibidem*.

50 "Report by the Secretariat, 22 May 2002, WT/TPR/S/100", in *Trade Policy Review*, available at http://www.wto.org/english/tratop_e/tpr_e/tpr_e.htm.

51 Data and Statistics. The World Bank Group, available at http://devdata.worldbank.org/external/CPProfile.asp?SelectedCountry=IND&CCODE=IND&CNAME=India&PTYPE=CP.

52 Kathuria, "Implications for South Asian Countries of Abolishing the Multifibre Arrangement", *op. cit*, p. 14.

53 Verma, "The Competitiveness of Indian Textiles and Clothing. Needed: Domestic Policy Reforms", *op. cit.*, p. 7.

duction that is almost entirely rain fed. Despite the risks associated with cotton production, the government has always been biased towards fibres. It has supported cotton production and neglected the production of man-made fibres. The government's import regime is also too restrictive and needs to be opened up after the quota phase-out. All these elements within Indian domestic policy make India less competitive than other developing countries and, especially, China[54]. India will have to reform its domestic policy to respond adequately to the new situation created after 2004.

Conclusion

This paper took us from the very beginning of the GATT to the recently established WTO, which will soon try to liberalise sectors that have been restricted for many decades. From 1957 onwards developed countries have tried to stop the flood of textiles and clothing coming from developing countries. The USA was the initiator at the time, but other countries and unions soon joined the MFA, established in 1974. The Agreement lasted for 21 years. It was extended many times and enabled developed countries to protect their domestic industry against the comparative advantage of developing countries. The MFA had a distortive effect on international trade, for it caused shifts in trading patterns, manipulated the law of comparative advantage, forced developing countries to abide by Western quality standards and established vested interests related to the quota rents. One positive aspect of the quota system was the predictability in market access it guaranteed.

The Uruguay Round signalled the last days of the restrictive regime. Those days became ten years. The ATC transition period allowed developed countries a slow phase-out of quantitative restrictions so as to prepare their economies for the final liberalisation. However, it seems that after three stages of integration the liberalisation effects are not overly impressive. The developed countries have mainly liberalised relatively low value items. The main bulk of quotas is thus awaiting liberalisation on 1 January 2005. What the effect will be is hard to say. Economists agree that there will be an overall gain from the liberalisation of textiles and clothing. Nevertheless, it is hard to make precise predictions as to how the "wealth" freed-up will be distributed.

As a least developed country Bangladesh will suffer most from the liberalisation of textiles and clothing. Under the MFA it benefited from preferential access to the markets of the USA, EU and even Japan. The

54 "Report by the Secretariat, 22 May 2002, WT/TPR/S/100", in *Trade Policy Review*, available at http://www.wto.org/english/tratop_e/tpr_e/tpr_e.htm.

forthcoming liberalisation threatens Bangladesh's position, for without preferential treatment it will have huge difficulty in remaining competitive. Bangladesh also benefits currently from the European 'Everything But Arms' initiative. It is rumoured within the EU that Bangladesh will continue to benefit from preferential treatment under the new GSP after 2005. One can only hope that this promise will be fulfilled. Nevertheless, even if Bangladesh gets preferential access, it will have to improve the quality of its products, increase production and become more efficient in order to compete with other Asian countries.

The Indian textile and clothing industry has huge potential. However, much of its potential has been hampered by the restrictive quota regime of the developed countries and by its own restrictive domestic policy. India's textile industry and textile policy lack long term strategy, economies of scale, the production of high value items and technological equipment. The trade policy and textile and clothing industry is rigidly managed and needs to open up to international standards. Large-scale modernisation is the only imperative that can turn India into an important competitor on the international market. If it succeeds in responding to these imperatives and implements large-scale reforms, India will certainly benefit from the abolition of quotas.

Developed countries will have to be careful not to start undermining comparative advantage by non-tariff barriers, such as rules of origin, once quotas are abolished. This would only give rise to new distortions and similar problems somewhere in the world. It is of crucial importance to find practical means to aid the adjustment process. Developed and developing countries alike should think about how to respond to the problems facing them. All the international players should shoulder their responsibilities and think about the future of the least developed countries; after all, lambs, like Bangladesh, need protection from tigers and dragons. India will have to reform its domestic trade policies and open up more to imports, in order to become a strong and competitive tiger that is not afraid of looking the Chinese dragon in the eyes.

Annexes

Table 1. Integration Stages (percentage of volume of 1990 imports)[55]

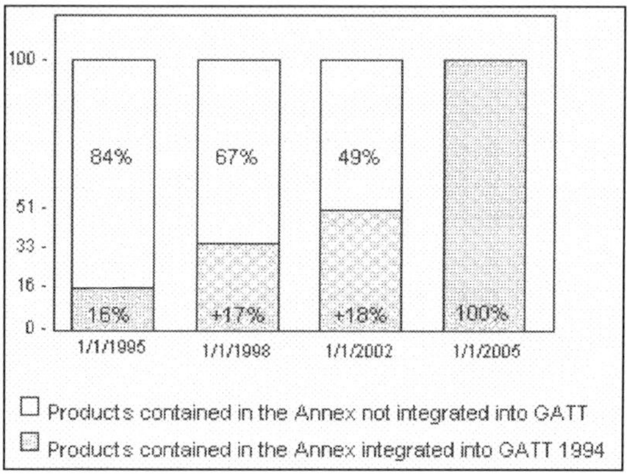

Tables 2. Evolution of Trade in Textile and Clothing Trade World Wide[56]

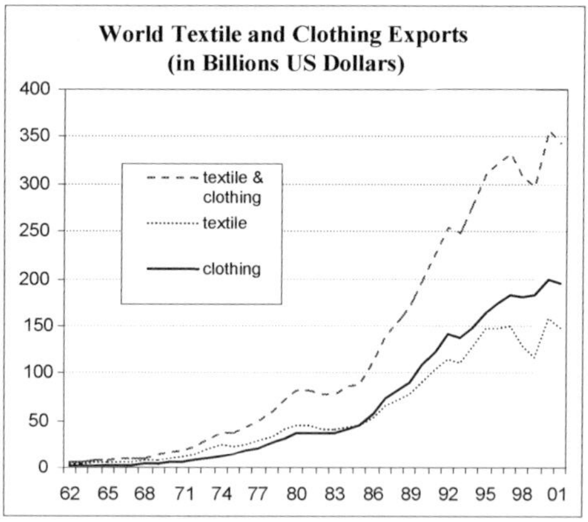

[55] Source WTO: http://www.wto.org/english/thewto_e/whatis_e/eol/e/wto02/wto2_26.htm.

[56] Trade Figures and Structural Data: http://trade-info.cec.eu.int/textiles/documents/102.doc (May 2004).

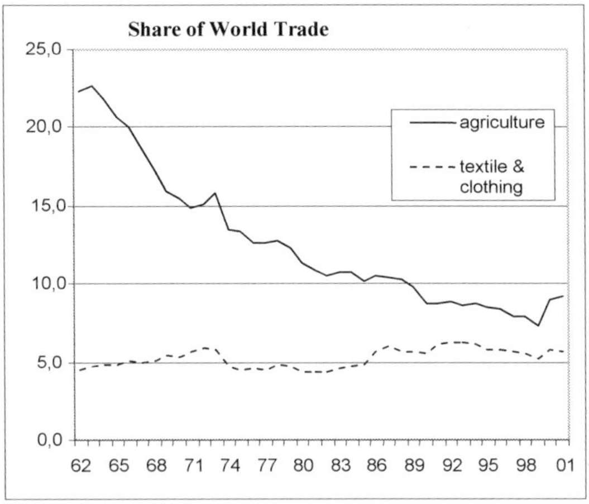

Table 3. Ten Largest Exporters and Importers[57]

Textiles

Exporters	Importers
China	United Sates
Korea	China
Germany	Germany
Italy	United Kingdom
Chinese Taipei	France
United States	Italy
France	Japan
Belgium-Luxembourg	Belgium-Luxembourg
Japan	Canada
United Kingdom	Korea

Clothing

Exporters	Importers
China	United States
Italy	Germany
Hong Kong, China	Japan
United States	United Kingdom
Germany	France
Turkey	Italy
France	Netherlands
United Kingdom	Belgium-Luxembourg
India	Switzerland
Korea	Mexico

[57] Source WTO: http://www.wto.org/english/thewto_e/whatis_e/eol/e/wto02/wto2_26.htm.

Table 4. Evolution of Trade in Textile and Clothing Trade World Wide[58]

	Textiles[b]			Clothing[c]			Textile and Clothing[d]			Textile and Clothing[d]		
	1980	1990	1996	1980	1990	1996	1980	1990	1996	1980	1990	1995
EU 15	3,9	3,4	2,8	2,3	2,7	2,4	6,2	6,1	5,2	6,3	5	4,2
Sweden	1,4	1,1	1	1	0,7	0,5	2,4	1,8	1,5	2,6	1,6	1,2
Finland	1,4	3	1,5	5,1	1,9	0,6	6,5	4,9	2,1	6,7	3	2,2
Denmark	2,5	1,9	1,7	2,3	2,3	2,5	4,8	4,2	4,2	4,8	3,8	3,2
United Kingdom	2,8	2,4	2,1	1,7	1,6	2	4,5	4	4,1	5,4	4,6	4,4
France	3	2,8	2,5	2	2,2	1,9	5	5	4,4	6,7	5,2	4,3
Netherlands	3,1	2,2	1,6	1,2	1,7	1,5	4,3	3,9	3,1	3,8	2,8	2,4
Germany	3,3	3,3	2,6	1,5	1,9	1,4	4,8	5,2	4	4,5	3,3	2,8
Spain	3,4	2,7	2,8	1,5	1,1	1,3	4,9	3,8	4,1	9,2	6,3	5,9
Ireland	5,3	2,4	1,3	2,5	1,9	1,1	7,8	4,3	2,4	7,2	3,7	2,5
Italy	5,3	5,6	5,3	5,9	7	6,4	11,2	12,6	11,7	10,2	10,5	10,6
BelgiumLuxem.	5,5	5,4	4,3	1,5	1,7	1,7	7	7,1	6	7,3	6,9	6,6
Austria	6,1	5	3,5	3,3	2,8	2,4	9,4	7,8	5,9	8,1	5,9	4,6
Greece	9,4	6,2	4,8	7,7	21	16,8	17,1	27,2	21,6	20,7	17,7	14,2
Portugal	13	8,1	6,8	13,6	21,3	15,1	26,6	29,4	21,9	19,5	19,4	16,6
Canada	0,4	0,5	0,8	0,3	0,3	0,6	0,7	0,8	1,4	6,4	4,7	4,3
USA	1,7	1,3	1,3	0,6	0,7	1,2	2,3	2	2,5	5,6	4,6	4,4
Japan	3,9	2	1,7	0,4	0,2	0,1	4,3	2,2	1,8	6,1	4,4	3,7
Selected developing countries												
Indonesia	0,2	4,8	5,7	4	6,4	7,2	4,2	11,2	12,9	10	11,9	17,3
Malaysia	1,2	1,2	1,7	1,2	4,5	3	2,4	5,7	4,7	7	6,4	5,3
Brazil	3,3	2,4	2,1	0,7	0,8	0,5	4	3,2	2,6	9,9	8,3	6,8
Hong Kong	4,6	7,5	6,5	23,6	31,9	32,7	28,2	39,4	39,2	40,1	35,4	26,4
Morocco	4,9	4,8	3,3	4,7	16,9	16,1	9,6	21,7	19,4	15,8	16,5	15,9
Thailand	5,1	4	3,4	4,1	12,2	7,2	9,2	16,2	10,6	18,9	22,8	25,2
Taiwan	9	9,1	10,4	12,3	5,9	2,8	21,3	15	13,2	14,8	10,8	9,3
Turkey	11,8	11,1	11,7	4,5	25,7	28,3	16,3	36,8	40	14,7	14,4	14
Korea	12,6	9,3	9,8	16,8	12,1	3,3	29,4	21,4	13,1	18,2	10,2	9,6
India	13,3	12,1	14,2	6,9	14,1	13,4	20,2	26,2	27,6	20,7	14,3	14,3
China	14	11,6	8	8,9	15,6	16,6	22,9	27,2	24,6	17,2	13,7	12,3
Pakistan	33,5	47,6	52,8	3,9	18,1	20,1	37,4	65,7	72,9	20,2	28,9	20,8
Bangladesh	52,2	18,3	13,6	0,2	35	54,8	52,4	53,3	68,4	40,3	33,9	32,6

a: Ranked according to share of textile exports in 1980 within EU and within other listed countries. - b: Share of textile exports in total merchandise exports - in %. - c: Share of clothing exports in total merchandise exports - in %. - d: Share of clothing and textile value added in total value added of manufacturing industry; data stem from 1995.

Source: J. Francois, H. Glismann and D. Spinanger, In Kiel Institute of World Economics Working paper n°997, August 2000 and our calculations.

58 Trade Figures and Structural Data: http://trade-info.cec.eu.int/textiles/documents/74.pdf (May 2004).

Tables 5. Evolution of Trade in Textile and Clothing Trade World Wide[59]

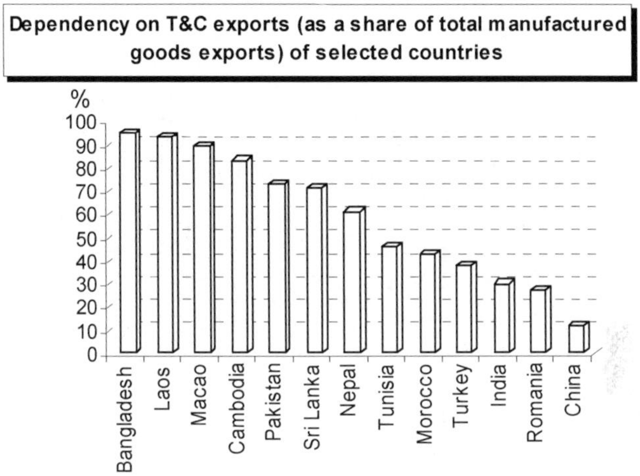

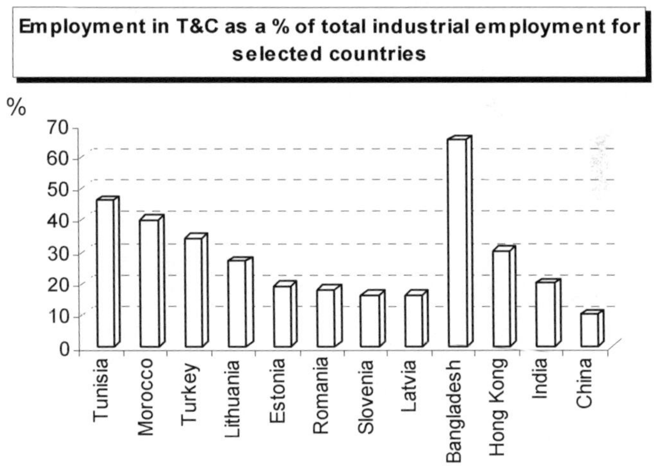

[59] Trade Figures and Structural Data: http://trade-info.cec.eu.int/textiles/documents/74.pdf (May 2004).

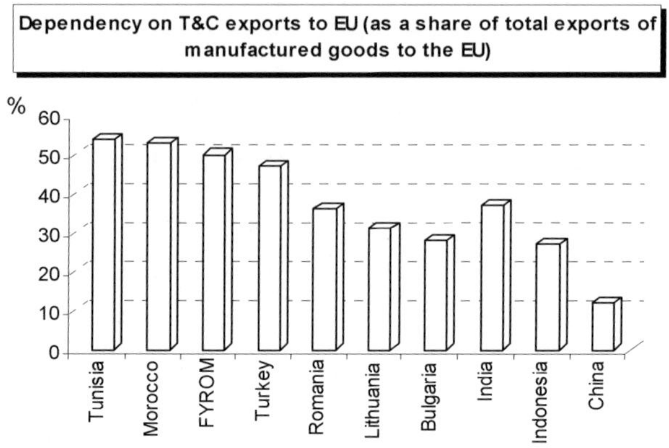
Dependency on T&C exports to EU (as a share of total exports of manufactured goods to the EU)
%
60
50
40
30
20
10
0
Tunisia
Morocco
FYROM
Turkey
Romania
Lithuania
Bulgaria
India
Indonesia
China

Personalia

Jacques Bourrinet est licencié ès Lettres et docteur d'État en Droit et docteur d'État ès Sciences Économiques. Il est actuellement professeur à la Faculté de droit et de science politique de l'Université d'Aix Marseille III où il est aussi directeur du Centre d'Études et de Recherches Internationales et Communautaires (CERIC) – formation associée au Centre National de le Recherche Scientifique (CNRS UMR 6108). Vice Président de l'Association Internationale des Économistes de langue française, Jacques Bourrinet est aussi président honoraire de la Commission pour l'étude des Communautés européennes, CEDECE (Association française des facultés de sciences sociales travaillant sur les questions européennes). Par ailleurs, il est aussi expert auprès de la Commission et de diverses organisations internationales, Docteur Honoris Causa de l'Université de Tübingen et Commandeur dans l'Ordre des Palmes académiques. Directeur de la collection « Monde européen et international » (La documentation Française, Paris) et de la collection « Travaux du CERIC » (Éditions Bruylant, Bruxelles), il a publié une centaine d'articles et ouvrages principalement dédiés à l'intégration européenne (relations extérieures, coopération au développement, monnaie européenne, pacte de stabilité et de croissance etc.) et dirigé plusieurs ouvrages collectifs parmi lesquels : *La sécurité alimentaire dans l'Union européenne* (Bruylant, 2003) ; *Le commerce international des organismes génétiquement modifiés* (La documentation Française, 2002) ; *Union européenne et protection sociale* (La documentation Française, 2002) et *Le Comité des régions de l'Union européenne* (Economica, 1997).

Michel Cartier, reçu en 1955 boursier de Licence au Concours de l'École Normale Supérieure, poursuivra sa formation à l'Université de Nancy – Licence en Histoire et géographie (1956) et diplôme d'études supérieures en Histoire (1958) –, et s'orientera vers des études de japonais et chinois à l'École Nationale des Langues Orientales Vivantes (Examen de troisième année de japonais et deuxième année de chinois, 1958). Après divers séjours à Pékin et à Tokyo (1958-1961), il rejoint l'Université de Bordeaux en tant qu'assistant de chinois (mars 1963-septembre 1964). Chef de travaux à l'École des Hautes Études en Sciences Sociales (1965), il obtient un doctorat de 3e cycle en études orientales à l'Université de Paris (1968). Il entre, en 1971, à l'École des Hautes Études en Sciences Sociales et sera, dès 1983, directeur d'études. Professeur invité dans diverses universités, Michel Cartier est aussi impliqué dans la rédaction de plusieurs revues scientifiques : *Revue Bibliographique de Sinologie*, *Bulletin de liaison des études chinoises en Europe*, *Mondes Asiatiques. Revue française des problèmes asiatiques contemporains*, *Aujourd'hui la Chine, revue trimestrielle de l'Association des Amitiés franco-chinoises*. Il est en outre l'auteur de nombreux travaux sur l'Asie parmi ceux-ci retenons ceux consacrés à la démographie asiatique : « Plus de 1200 millions de Chinois », in J.-Cl. Chasteland et J.-Cl. Chesnais (dir.), *La population du monde, enjeux et problèmes*, Paris, INED, 1997, pp. 93-116 ; « Les aléas de l'enfant unique en Chine », in H. Léridon (dir.), *Populations. L'état des connaissances : la France, l'Europe, le monde*, Paris, La Découverte, 1996, pp. 249-252 ; « 1300 millions de Chinois au terme d'une transition démographique atypique », in J.-Cl. Chasteland et J.-Cl. Chesnais (dir.), *La population du monde. Géants démographiques et défis internationaux*, Paris, INED, 2002, pp. 119-146 ; et « Les territoires des minorités ; Du clan à l'enfant unique ; L'histoire de la population » ; « La transition démographique ; Planning familial ou contrôle des naissances », in P. Gentelle (dir.), *Chine, peuples et civilisation*, Paris, La Découverte, 2004, pp. 57-61 ; 90-110 (textes révisés et augmentés).

Jean-Guy Daigle a obtenu son doctorat en histoire contemporaine à l'Université de Grenoble en 1972. Il est actuellement professeur titulaire au département d'histoire de l'Université d'Ottawa dont il a été le directeur de 1996 à 2002. Il a aussi été conférencier invité à l'Université Laval (Québec), à l'École normale supérieure (Paris), à la Southwest Normal University (Chongqing) et à l'Academia Sinica (Taipei). Il a été membre de comités de rédaction de revues savantes et a agi comme consultant auprès du ministère canadien de la Citoyenneté et de l'Immigration. Au cours de sa carrière, ses recherches ont notamment porté sur la société de l'Angleterre victorienne (*Alphabétisation et culture populaire dans l'Angleterre victorienne*, 1977), sur l'impérialisme occidental aux XIXe et XXe siècles (*Cent ans d'histoire du monde. De 1880 à nos jours*, 1987) et sur les rapports entre culture et marché au XXe siècle (*Publicité de masse et masse publicitaire. Le marché québécois des années trente aux années soixante*, 1999). Plus récemment, ses travaux donnent lieu à des publications sur l'immigration chinoise au Canada : *Greater Chinese Immigration to Canadian Urban Centres* (2002) et sur la Chine à la fin de l'ère impériale. Sur la gestion des sociétés urbaines, il a publié *La contestation d'un espace urbain au temps de l'impérialisme* (2001) ; sur le mouvement des Taiping, *Dieu le Père et sa famille chinoise* (2003) ; et sur la situation des convertis chinois, *Challenging the Imperial Order: The Precarious Status of Christian Converts in Late-Qing China* (2004).

Pierre-Henry DE BRUYN est docteur en sinologie et maître de conférence à l'Université de La Rochelle en France, il enseigne la langue et la culture chinoise. Après avoir mené des études de chimie, de philosophie et de théologie en Belgique et à Taïwan, il a rédigé une thèse de doctorat en sinologie (Le Wudang shan – Histoire des récits fondateurs) sous la direction du Professeur John Lagerwey à l'université Paris VII. Le Wudang shan est un grand centre religieux taoïste, situé dans la province du Hubei en Chine, et reconnu comme site protégé de l'UNESCO depuis 1996. En 2000, Pierre-Henry de Bruyn a participé à un colloque sur le Taoïsme religieux dans la Chine moderne qui se tenait à Hong Kong et contribué à un recueil spécialisé sur l'histoire de cette tradition religieuse chinoise (Brill, 2001). Il a contribué également à la rédaction et à la correction des épreuves du Grand Dictionnaire Ricci de la langue chinoise (Desclée de Brouwer, 2000). Il est intervenu dans plusieurs colloques, dont ceux organisés par Espace-Asie à Louvain-la-Neuve (« La mort et l'au-delà » en 1999 ; « Traditions chinoises et droits humains : quels angles d'approches ? » en 2001 ; « Mouvements religieux d'Orient et d'Occident : entre inculturation et acculturation » en 2003). Il a montré dans un colloque international à Pékin en 2001 combien les questions de pédagogies des langues – si essentielles à la constitution européenne – l'intéressent. Comme directeur du département de Langues étrangères appliquées il a, dans le même esprit, élaboré avec ses collègues le projet d'une section de Langues étrangères appliquées aux affaires européennes.

Karen DE CLERCQ holds Master's Degrees in Germanic Languages (Ghent, 2003) and European Studies (Louvain-la-Neuve, 2004). At the University of Ghent she specialised in American literature and became interested in issues of global ethics. As a matter of fact, it is this interest that explains her focus on the correlation between ethics and international textile trade policies.

Hélène DE PIERPONT est chercheur et assistante en économie auprès de l'Institut d'études européennes de l'Université catholique de Louvain. Licenciée en Sciences économiques, elle prépare actuellement une thèse de doctorat en macro-économie. Son expérience se situe auprès du Parlement Européen, des Nations Unies et du Bureau Fédéral du Plan, organisme de prévision macro-économique du gouvernement belge.

Michel DUMOULIN est professeur ordinaire à l'UCL dont il a présidé l'Institut d'études européennes de 1994 à 2004. Coordonateur général de la Chaire Glaverbel, il préside aussi le Comité directeur de l'Institut historique belge de Rome. Membre de l'Académie royale de Belgique et membre correspondant de l'Academia portuguesa da historia, il poursuit ses recherches dans les domaines de l'histoire de la construction européenne et de la Belgique contemporaine.

Eneko LANDABURU commence une carrière politique en tant que député du Parti Socialiste Ouvrier Espagnol (PSOE) au Parlement du Pays Basque espagnol (1980). Devenu directeur de l'Institut de Recherche sur les Multinationales de Genève (1983-1986), il entre à la Commission européenne en tant que directeur général de la Politique régionale et Cohésion (juillet 1986-décembre 1999). Devenu directeur général de l'Élargissement – il est Chef des négociations avec les pays candidats (janvier 2000-août 2003) –, il est, depuis septembre 2003, directeur général des Relations extérieures. Parallèlement à sa carrière à la Commission européenne, notons qu'il a été aussi membre suppléant du Conseil d'administration de la Banque européenne d'investissement (BEI) (mai 1993-décembre 1999) et membre du Conseil de surveillance du Fonds européen d'investissement (FEI) (juin 1994-décembre 1999). Il est enfin, depuis 1996, membre du Conseil scientifique de l'Institut d'Études européennes de l'UCL et membre du Conseil d'Administration de « Notre Europe », association présidée par Jacques Delors.

Philippe PAQUET est licencié en journalisme et communication de l'Université libre de Bruxelles (1978-1982). Il part ensuite étudier le chinois à l'Institut des Langues de Pékin (1982-1984) avec une bourse de la Communauté française (CGRI) et du gouvernement chinois. Dès son retour à Bruxelles (octobre 1984), il entre à *La Libre Belgique* où il couvre depuis lors l'Extrême-Orient mais aussi, depuis 1994, l'Amérique du Nord et, depuis 1997, l'ex-URSS. Président de la Société des Rédacteurs (l'association professionnelle de *La Libre Belgique*) depuis mai 1997, il a effectué de nombreux reportages dans tous les pays de la région Asie-Pacifique et principalement en Chine, où il retourne régulièrement. Il a fondé et dirigé une revue trimestrielle sur le monde chinois, *Encres de Chine*, ainsi qu'une ASBL destinée à promouvoir une meilleure connaissance de l'Asie en Belgique (1985-1988). Après avoir été le correspondant pour les pays communistes d'Asie de la revue *Est&Ouest* créée par Jean-François Revel, il collabore à différentes publications étrangères. Il a publié en janvier un *Abécédaire de la Chine* chez l'éditeur français Philippe Picquier et travaille actuellement à une biographie de Madame Chiang Kai-shek qui paraîtra en 2006 aux éditions Perrin.

Young-Chul PARK obtient d'abord une licence en diplomatie française à l'Université des Langues étrangères (Corée du Sud). Il se rend ensuite en Belgique où il décroche une licence en Communications sociales et une licence, puis une maîtrise en Sciences économiques à l'Université catholique de Louvain. Docteur en économie de cette même université, il est, un temps, Senior fellow à l'Université Sofia de Tokyo (Japon). Il est actuellement professeur d'économie au département d'économie et de gestion à l'Université Wonkwang (Corée du Sud). Spécialiste des problèmes macro-économiques – il a travaillé 14 ans à la Banque mondiale et deux ans à la tête de l'Institut économique international de Corée (KIEI) –, il a publié, entre autres, ces dernières années les articles suivants, en anglais : « Evaluating the Performance of Government-Invested Enterprise in Republic of Korea », in *World Bank Discussion papers*, n° 3 (1986) ; « Evaluating the Performance of Korea's Government-Invested Enterprises », in *Finance and Development*, June 1987, vol. 24 ; « Uranium in Niger », in *A Collection of General Research Work on Africa*, The Hankuk University of Foreign Studies (1983). Il est en outre l'auteur de plusieurs articles en coréen parmi lesquels : « The End of the USA Economic Boom? Its Impacts on the Korean » (2002); « Analysis of Factors and Policies Underlying the 1992-97 Economic Growthof the United State » (2001), « IT Revolution in the USA and Analysis of Its Impacts on Productivity » (2000); « NAFTA, Mexico, and Korean Foreign Investment » (2000).

Violet SOEN studied modern history at the Catholic university of Leuven (KUL) and at the University of Bielefeld (Germany). The master programme in European Studies in Louvain-la-Neuve aimed at broadening her academic scope. From October 2004 she starts working as research assistant of the Fund for Scientific Research Flanders – Belgium (F.W.O.-Vlaanderen) and will be part of the Department of Modern History (section Early Modern History) at the KUL. Her research will focus on the relationships between "church" and "state" during the reign of Charles V in the Low Countries (1515-1555).

Malcolm SUBHAN, from India, is a founder-member and Vice-Chairman of the European Institute for Asian Studies, a non-profit organisation established in Brussels 15 years ago in order to raise the profile of the European Union's relations with Asia. He has written extensively on this subject since Britain's first unsuccessful attempt to join the 6-nations European Economic Community in 1962. Until recently, he also lectured regularly on the economic problems of developing countries, in the framework of the training programme organised by the Belgian Ministry of Development Cooperation. He is currently setting up an EU-India civil society Internet Forum on behalf of the EU-India Round Table, established by Commissioner Chris Patten and the former Foreign Minister of India. He is the editor of the Institute magazine, the EurAsia Bulletin and writes a weekly column for the Financial Express India's financial newspaper. He holds degrees in journalism and political science from Northwestern University (USA), and also studied at the University of California (Berkeley) and the University of Oxford.

Mario TELÓ est professeur à l'Université libre de Bruxelles où il est directeur de recherches à l'Institut d'études européennes et directeur de l'École doctorale en études européennes. Il a enseigné dans plusieurs universités, y compris en Chine, au Vietnam et au Japon. Il a été consultant pour la Présidence du Conseil Européen et du Parlement européen. Par ailleurs, il est aussi membre de l'Expert Group in Social Sciences for an European Research Area (ERA) auprès de la DG Recherche de la Commission européenne. Ses livres et publications portent sur l'histoire des idées politiques, l'Union politique de l'Europe et les relations internationales. Parmi ses derniers livres : *European Union, New Regionalism and Global Governance* (Ashgate, Aldershot, 2001) et *L'Europa, potenza civile* (Laterza, Roma, 2003).

Maxime WOITRIN est maître en sciences de gestion des Facultés Universitaires de Namur. Il s'est spécialisé en droit des affaires, en études des organisations et en marketing. Son thème de mémoire portait sur l'éthique sociale des entreprises. Il a terminé le *Master* en études européennes de l'Université catholique de Louvain majeur politiques et institutions. Il travaille depuis juillet 2004 à la DG élargissement de la Commission européenne.

Veerle WULTEPUTTE is a Functional Analyst Project Manager of Dolmen Computer Applications, an IT service provider that offers integrated total solutions at both infrastructure and applications levels. She graduated in 'Commercial Engineering in Management Informatics' with distinction at the Catholic University of Leuven (KUL) in 2003. The subject of the (Master's) thesis was 'The integration of RosettaNet in Biztalk' (tutor Prof. Dr J. Vandenbulcke). She completed a post-academic Master in European Studies, Major European Policies and Institutions with great distinction at the Catholic University of Louvain (UCL) in 2004. The (Master's) thesis discussed the democratic deficit of the EU (major theme) and the Swedish position on ESDP (minor theme).

Actes de la Chaire Glaverbel d'études européennes

La *Chaire Glaverbel d'études européennes*, créée dans le cadre de l'Institut d'études européennes de l'Université catholique de Louvain, entend contribuer de manière significative à la formation et à la réflexion sur des thèmes centraux de la construction européenne. Son ambition est de mieux former les étudiants à la lecture de leur environnement économique, social, politique et culturel et de favoriser ainsi leur capacité d'adaptation dans un monde en mutation.

Un volume annuel publie les articles émanant des professeurs et experts internationaux invités à l'occasion des conférences et cours organisés dans le cadre de la chaire en histoire, sociétés, civilisations, science politique, droit et économie, ainsi qu'une sélection des meilleurs rapports remis par les étudiants.

Directeur de collection : Michel DUMOULIN
en collaboration avec Luc-Dominique BERNARD,
Christian FRANCK, Yves LEJEUNE
et Geneviève DUCHENNE

Année académique 2003-2004 : n° 5– *L'Europe et l'Asie*, textes réunis par Michel Dumoulin et Geneviève Duchenne, Bruxelles, P.I.E.-Peter Lang, 2004, ISBN 90-5201-263-6.

Année académique 2002-2003 : n° 4– *L'Union européenne et les États-Unis/ The European Union and the United States*, textes réunis par Michel Dumoulin et Geneviève Duchenne, Bruxelles, P.I.E.-Peter Lang, 2003, ISBN 90-5201-216-4.

Année académique 2001-2002 : n° 3– *La Belgique, les petits États et la construction européenne*, textes réunis par Michel Dumoulin, Geneviève Duchenne et Arthe Van Laer, Bruxelles, P.I.E.-Peter Lang, 2003, ISBN 90-5201-217-2.

Année académique 2001-2002 : n° 2– *Les petits États et la construction européenne*, textes réunis par Michel Dumoulin et Geneviève Duchenne, Bruxelles, P.I.E.-Peter Lang, 2002, ISBN 90-5201-112-5.

Année académique 2000-2001 : n° 1– *L'Europe et la Méditerranée*, textes réunis par Michel Dumoulin et Geneviève Duchenne, Bruxelles, P.I.E.-Peter Lang, 2001, ISBN 90-5201-967-3.

Actes des conférences et séminaires
de la Chaire Glaverbel d'histoire, sociétés
et civilisations européennes

disponibles à l'Institut d'études européennes –
Université catholique de Louvain
1 Place des Doyens – B-1348 Louvain-la-Neuve
Tél. ++32 (0)10 47 85 50 – Fax ++32 (0)10 47 85 49
Email : secretariat@euro.ucl.ac.be

Année académique 1995-1996 : *Le contrat social en Europe. De Jean-Jacques Rousseau à la dimension sociale de Maastricht*, Louvain-la-Neuve, Institut d'études européennes – Université catholique de Louvain, 1997, 240 p.

Année académique 1996-1997 : *Héros, valeurs et symboles de l'Europe*, Louvain-la-Neuve, Institut d'études européennes – Université catholique de Louvain, 1998, 166 p. [épuisé].

Année académique 1997-1998 : *Marchands, banquiers et hommes d'affaires dans l'espace européen, du Moyen-Âge à nos jours*, Louvain-la-Neuve, Institut d'études européennes – Université catholique de Louvain, 1998, 159 p.

Année académique 1998-1999 : *L'Europe à un an de l'an 2000*, Louvain-la-Neuve, Institut d'études européennes – Université catholique de Louvain, 1999, 144 p.

Année académique 1999-2000 : *Vers une Europe élargie/Towards an Enlarged Europe* , Louvain-la-Neuve, Institut d'études européennes – Université catholique de Louvain, 2000, 259 p.

Kolibri 360 GmbH
Ferdinand-Jühlke-Straße 7
99095 Erfurt, Deutschland
produktsicherheit@kolibri360.de

Druck:
CPI Druckdienstleistungen GmbH
im Auftrag der
Kolibri 360 GmbH
Ferdinand-Jühlke-Str. 7
99095 Erfurt